Herausgegeben von
Carl Deußen und
Anne Haeming

Aus Indien nach Santa Cruz durch die Ethnologie

Fragmente
des Forschungs-
reisenden
Wilhelm Joest

Inhalt

Einleitung 7

1. KAPITEL | 1879, PATIALA 13

Ein Besuch bei dem Maharadscha von Patiala (1895 [1880]) 17

2. KAPITEL | 1880, SULAWESI 41

Die Minahassa (1895 [1886]) 46

3. KAPITEL | 1881, JAPAN 75

Allerlei Spielzeug (1893) 79

4. KAPITEL | 1884/85, AFRIKA 97

Reise in Afrika im Jahre 1883/4 (1885) 101

Um Afrika – Kimberley (1885) 125

5. KAPITEL | 1890, GUYANA 139

Ethnographisches und Verwandtes aus Guyana (1890) 143

6. KAPITEL | 1897, SANTA CRUZ 187

Tagebuch XXIV 192

Anmerkungen 223
Biografische Daten 251
Abbildungsverzeichnis 252
Literaturverzeichnis 253
Über die Herausgeber*innen | Dank 256

Einleitung

Es gibt eine Lücke in Wilhelm Joests Testament. Obwohl er es immer wieder angepasst hat, etwa bevor er zu längeren Reisen aufbrach.
 Ende November 1896 dann die finale Fassung: »Dies ist mein letzter Wille.« Seine Schwester Adele Rautenstrauch ist Haupterbin. Joest hinterlässt genaue Anweisungen. Er vermacht seine Sammlungen und instruiert, dass »kein Stück verkauft«, nur verschenkt werden dürfe, »an Museum oder Kunstsammlungen«. Er vermacht Geld, etwa an das »Museum für Völkerkunde« in Berlin und an die Berliner Gesellschaft für Anthropologie, Ethnologie und Urgeschichte, kurz BGAEU. Er vermacht seine Bibliothek und Fotografien. Er vermacht die künftigen Tantiemen aus seinen Publikationen. Er verfügt, dass sein Name immer erwähnt werden solle: »Wilhelm Joest« habe die Objekte geschenkt, die Neuerwerbungen finanziert.
 Aber es bleibt eine Lücke in diesem Schriftstück: Seinen wissenschaftlichen Nachlass, seine Forschung erwähnt er nicht.
 Diese Lücke mag ein Grund dafür sein, dass Wilhelm Joest nach seinem Tod 1897 vor allem als Sammlungsbegründer bekannt wurde: Das Kölner Rautenstrauch-Joest-Museum trägt seinen Namen, seine Schwester Adele Rautenstrauch initiierte es mit Objekten des Erbes als Grundstock.
 Bekannt also als Kölner Privatsammler, nicht als Ethnologe, nicht als Wissenschaftler, nicht als Teil des interdisziplinären Berliner Forschungsnetzwerks rund um Adolf Bastian und Rudolf Virchow, die beiden BGAEU-Mitbegründer.

Der vorliegende Sammelband will einen Auftakt machen, diese Leerstelle zu schließen. Joest hat 8 Bücher veröffentlicht, knapp 20 wissenschaftliche Aufsätze, von den vielen Rezensionen und Reisereportagen für *Kölner Zeitung*, *National-Zeitung*, *Globus* etc. ganz zu schweigen.

Hier nun also eine Sammlung von sechs Texten, die Joests Reichweite dokumentieren: von 1879 bis 1897, von Indien über Guyana bis Santa Cruz, von reinen Forschungsaufsätzen über Reisereportagen für ein breiteres Publikum bis zu einem Auszug aus seinem letzten Tagebuch – einmal quer durch die Ethnologie des späten 19. Jahrhunderts.

Dieser Band ist das Ergebnis des ersten umfassenden und unabhängigen Forschungsprojekts über Wilhelm Joest (finanziert von der Museumsgesellschaft RJM e.V. [2019–2020] und der Fritz Thyssen Stiftung [2020–2023]). Ausgangspunkt des Projekts am Rautenstrauch-Joest-Museum war der Wunsch nach einer kritischen Aufarbeitung der Museumsgeschichte – und Joest als Akteur erstmals genau zu analysieren. Sei es in seiner Funktion als Sammler, der privat finanziert unterwegs war, um Objekte etwa auch im Auftrag von kolonial ausgerichteten Forschungsinstitutionen wie dem Berliner Museum für Völkerkunde zu erwerben, zu organisieren, einzusammeln. Wie auch in seiner Rolle als Ethnologe, der mit seiner wissenschaftlichen Arbeit an der Erzählung eines imperialen Systems mitschrieb.

Als Ethnologe des 19. Jahrhunderts war Joest verwurzelt in der imperialistischen Weltanschauung eines immer weiter expandierenden Europas. Er versuchte, die Welt um sich herum zu verstehen, aber sein Blick war dabei immer schon vorgeprägt. Er sah eine Welt eingeteilt in »~~Rassen~~«[1], mit der weißen, europäischen an der Spitze. Und als genauer Beobachter des Kolonialismus sah Joest, wie die »weiße ~~Rasse~~« ihre Herrschaft ausweitete und jeden Widerstand zerschlug. Manchmal bedauerte Joest diese Gewalt und schrieb zum Beispiel zu seinem Herzensthema Tätowierungen: »So wie der Erdkreis prädestinirt erscheint, von der weissen ~~Rasse~~ beherrscht zu werden, vor welcher, wo sie sesshaft wird, die ~~Eingeborenen~~ dahinschwinden, man weiss nicht warum, so schwindet auch die Tätowirung vor dem Hauch des weissen Mannes.«[1]

---

[1] Joest verwendet in seinen Tagebüchern und Publikationen verschiedene rassistische Begriffe aus der »rassenkundlichen« Anthropologie, teils deskriptiv, teils explizit als Herabwürdigung. Die hier verwendeten Begriffe werden in ihrem historischen Kontext wiedergegeben, sollten aber in Gegenwartstexten nur zensiert oder gar nicht verwendet werden. Um dies auch visuell zu verdeutlichen, sind die entsprechenden Begriffe in diesem Buch durchgestrichen. Mehr zu dieser visuellen kritischen Distanzgeste bei Susan Arndt, *Rassistisches Erbe. Wie wir mit der kolonialen Vergangenheit unserer Sprache umgehen*, Berlin 2022.

Das ethnologische Forschen ging nicht nur bei Joest einher mit dieser Art selektiver Wahrnehmung: hier beobachten und dokumentieren, dort wegsehen oder die Augen verschließen vor den Machtstrukturen, die jenes »Dahinschwinden« verursachten. Denn Joest wusste sehr genau, warum der europäische Imperialismus so tödlich war für Menschen und Kulturen. Nur aufschreiben konnte oder wollte er es nicht.

Auch deshalb nicht, weil er selber in diesen zerstörerischen Strukturen verwurzelt war. Die Familie Joest hatte seit dem ausgehenden 18. Jahrhundert ihren Reichtum mit Stahlexport und Zuckerhandel erwirtschaftet: Sie profitierte von Plantagen und Sklaverei, vor allem in Südamerika. Wenn Joest auf Reisen war, nutzte er diese Mittel und Netzwerke ebenso wie die Infrastruktur des Kolonialismus – Boote, Eisenbahnen, Militär. Er gefiel sich in der Rolle des weißen Entdeckers, mal voll romantischer Sehnsucht für die »dahinschwindenden Naturvölker«, mal voll rassistischer Arroganz. Und er übte dabei selbst Gewalt aus – auf mehreren Ebenen: Einen Großteil seiner Sammlung kaufte er, war jedoch auch immer bereit, Objekte »für die Wissenschaft« zu stehlen. Auch seine Texte gehören zur Gewalt des Imperialismus: Sie verleihen rassistischen Denkmustern wissenschaftliche Legitimität.

Die folgende Auswahl an Texten[2] dokumentiert daher auch die verschiedenen Momente von Wissensproduktion: Sie erlauben nachzuvollziehen, wie Ethnografie in Ethnologie übergeht, wie das Einsammeln von Objekten und Informationen mündet in Analysen, Kategorien, Definitionen.

Das ganze Spektrum an Textgattungen, von Forschungsaufsatz über Reisebericht bis Tagebuchauszug, zeigt noch etwas auf: Die Persönlichkeit eines einzelnen Akteurs wird sichtbar, ein Individuum. Und damit, wie sich Joests Stimme im Laufe seiner Karriere entwickelt und wie er kontinuierlich an die Grenzen seiner Weltsicht stößt. Eine Subjektivität, die in die Disziplin selbst eingeschrieben ist: als *graphein* in Ethnografie und als *légei* in Ethnologie, als Schreiben, Zählen, Sprechen.

Damit kann Joests Welthaltung mit all ihren – auch unauflösbaren – Widersprüchen sichtbar werden: Er war kein simpler Kolonialpropagandist, genauso wenig wie die Ethnologie eine reine Propagandawissenschaft war. Gleichzeitig wurde er trotz all seiner Beobachtungen und Erfahrungen mit der Zerstörungswut Europas nie ein Gegner dieser Ideologie und Politik. Sein Schreiben blieb einer rassistischen Weltsicht verhaftet, und selbst in seinen kritischsten Momenten forderte Joest nie mehr als eine möglichst humane Ausbeutung; kombiniert mit der vermeintlichen Bewahrung der von Europäern zerstörten Kulturen in europäischen Museen.

Das Individuum verschwindet bei der Aufarbeitung von europäischem Unrecht im Kolonialkontext gerne hinter Abstraktem wie Institutionen, Museen, Archiven. In der Gesamtheit dieser Werkausgabe taucht es wieder auf: als subjektive Perspektive eines Einzelnen, als Teil einer imperial geprägten Gesellschaft, einer Nation mit Weltmachtanspruch.

Um Zugang zu diesen verschiedenen Ebenen anzubieten, sind Joests Originaltexte daher kommentiert und stets flankiert von einigen Seiten Einleitung, Kontext und Inhalt kritisch einordnend; um jene Weltsicht aufzuzeigen, ohne sie zu reproduzieren, sind etwa rassistische Begriffe durchgestrichen, als visuelle Distanzgeste.

Und dennoch wirft die vorliegende Veröffentlichung eine grundsätzliche Frage auf: Wie lassen sich Texte wie die von Wilhelm Joest heute rezipieren? Um sich wirksam mit der gewaltvollen Vergangenheit des Kolonialismus auseinanderzusetzen, reiche es nicht, Akteur*innen der Vergangenheit von heute aus zu verurteilen, argumentiert der haitianische Historiker Michel-Ralph Trouillot.[3] Das sei zwar notwendig, erklärt er in seinem einflussreichen Band *Silencing the Past*. Aber man mache es sich damit zu leicht, es sei anachronistisch. Vielmehr komme es darauf an, so Trouillot, vergangene Gewalt mit der Gegenwart zu verknüpfen: um zu zeigen, wie sie fortwirke. Auch deshalb lohnt es, sich mit Joest und seinen Originaltexten auseinanderzusetzen – um ebenjenes Fortwirken aufzuzeigen und nachzuvollziehen.

Ethnologen wie Wilhelm Joest waren Erzähler und Kommentatoren des Imperialismus, sie dokumentierten ihre Perspektive auf die Welt außerhalb Europas in ihren Schriften. So zerrissen und von Gewalt geprägt wie die Zeit, in der sie lebten. Sie mögen nicht als Vorbilder für unsere Zeit taugen, ihre Weltsicht mag nicht heutigen demokratischen Werten entsprechen.

Wilhelm Joest ist lange tot, aber die Konsequenzen seines Handelns und Denkens, seiner Weltsicht bleiben. Texte wie die von Joest über eingesammelte Objekte und eingesammelte Informationen gehören zum Fundament ethnologischer Museen als Gattung. Sie sind damit Teil der Verantwortung, die europäische Imperialgeschichte aufzuarbeiten, die die Gesellschaft bis heute prägt.

Kapitel 1

1879, Patiala

My dear Mr. Joest

I herewith beg to Send you some Ivory articles Rc & a Photo of his Highness The Maharajah & one of The President Lahili, Two Silver Coins one Raja Lhahee[1] + one Kotla[2] – The gold Mohur[3] is Like the Raja Lhahee Rupee.

With best complements, Beg to Remain
Yours Sincerely
Iwala Singh

BRIEF VON STAATSSEKRETÄR IWALA SINGH
AN WILHELM JOEST, 22. MÄRZ 1879

Der Reisebericht »Ein Besuch bei dem Maharadscha von Patiala« aus dem Jahr 1880 ist der erste veröffentlichte Text von Wilhelm Joest und stellt einen Wendepunkt in seinem Leben dar.[4] Mit seiner Publikation in der renommierten nationalliberalen Zeitschrift *Die Gegenwart* deutete sich zum ersten Mal an, dass Joests Reisen mehr sein könnten als reiner Zeitvertreib, vielleicht sogar der Kern einer neuen, professionellen Identität. Noch sah Joest sich nicht als Ethnologe oder Forschungsreisender, aber er wollte eben auch kein bloßer Tourist mehr sein. Und so beginnt der Artikel auch mit einem Versuch der Abgrenzung von dieser Gruppe, zu der Joest so lange gehört hatte und mit der er jetzt nichts mehr zu tun haben will. Dass Joest selbst praktiziert hat, was er nun kritisiert – das Reisen im vergleichsweise luxuriösen Dampfzug, das Abklappern von Städten, die Feindseligkeit deren Bewohner*innen gegenüber –, verschweigt er geflissentlich. Als Autor hat er es selbst in der Hand, welches Bild er von Indien zeichnet und wie er seine eigene Rolle beschreibt, was er betonen, was weglassen und was er vielleicht auch frei erfinden kann. Für Joests Zeit in Indien sind keine Tagebücher erhalten, er hat sie wahrscheinlich selbst verbrannt, daher lässt sich nicht nachprüfen, welche der teilweise fantastisch klingenden Geschichten und Erlebnisse, die ihn vor Ort angeblich in die höchsten Kreise führten, sich tatsächlich so zugetragen haben. Spätere Texte, zu denen Tagebücher existieren, zeigen aber, dass Joests Reiseberichte stets mit einer gewissen Skepsis gelesen werden sollten.

Gleichzeitig war Joest als weißer Mann und deutscher Offizier mit einem ganzen Stapel von Empfehlungsschreiben in der Tasche sicher außergewöhnlich genug, um das Interesse der indischen Oberschicht zu wecken. In seinem Text zeigt sich ein Phänomen, das Benedict Anderson als »tropical gothic« bezeichnet: weiße Männer, die in ihren Heimatländern einfache Bürger waren, werden in den Kolonien plötzlich aufgewertet, sie erlangen infolge ihres Weißseins eine Position, die in Europa eher der des Adels entsprochen hätte.[5] So konnte ein Mann wie Joest, zum Zeitpunkt seines Aufenthalts in Indien erst 27 Jahre alt und ohne jegliche offizielle Position, plötzlich mit Einladungen zu Empfängen, fürstlichen Audienzen und großzügigen Geschenken rechnen, wie etwa der Brief von Staatssekretär Iwala Singh zeigt. Auf Joest, der sich zeit seines Lebens Anerkennung und gesellschaftlichen Aufstieg wünschte, muss das wie ein Wunder gewirkt haben. Plötzlich war er nicht mehr der ungeliebte Sohn eines bürgerlichen Zuckerfabrikanten oder der gescheiterte Student auf Reisen, sondern Reiseschriftsteller, Repräsentant des deutschen Kaiserreichs und geschätztes Gegenüber der indischen Maharadschas.

Im Zentrum seines ersten Artikels steht der Staat Patiala, einer der wichtigsten politischen Akteure im Indien des 19. Jahrhunderts. Durch die Expansion des Sikh-Reichs unter Maharadscha Ranjit Singh bedroht, hatte Patiala 1809 das Bündnis mit Großbritannien gesucht. Dieses Bündnis hielt bis zum Ende des britischen Empires und sorgte dafür, dass Patiala seine relative Unabhängigkeit behaupten und zum wichtigsten der indischen Fürstenstaaten aufsteigen konnte. Von diesen politischen Fragestellungen ist in Joests Artikel aber wenig zu finden. Er interessiert sich mehr für den Glamour am Hofe des Maharadschas und für dessen (vermeintliche) Exzesse. Die Erzählstrategie bedient dabei den rassistischen Topos der Verkindlichung. Joest reduziert die indischen Herrscher auf ihre Extravaganz: In seiner Darstellung sind sie launisch, hedonistisch und charakterschwach und entsprechen so in keinerlei Hinsicht dem preußischen Männlichkeits- und Herrscherideal. Indien erscheint hier mehr wie ein orientalisches Märchenland denn als ein Ort politischer Auseinandersetzungen und imperialer Machtkämpfe – ein Effekt, den Edward Said als »Orientalismus« bezeichnet hat.[6]

An einigen Stellen im Text wird deutlich, dass das, was wir lesen, auch Joests Projektionen sind. Er, der sein ganzes Leben lang täglich und ausgiebig Alkohol konsumierte, verspottet den vermeintlichen oder tatsächlichen Alkoholkonsum der indischen Fürsten. Er, der sein Leben damit verbrachte, allerlei Objekte aus der ganzen Welt zusammenzutragen, kann in der Sammelleidenschaft des Maharadschas von Patiala nur Eitelkeit und fehlenden Geschmack erkennen. Am Ende bleibt seine Position wie so oft in seinem Leben ambivalent: Joest sehnt sich nach dem vermeintlichen orientalischen Idyll und verurteilt es zugleich als verweichlicht und bizarr. Die Sorge, dem Fremden zu nahe zu kommen, durchzieht den Text in Form von Joests ironischer Distanz, eine Distanz, die es ihm letztlich unmöglich machte, seinen am Anfang des Textes formulierten Ansprüchen eines echten Reisenden gerecht zu werden. Am Ende seines Aufenthalts in Indien hatte auch Joest kaum mehr gelernt als, in seinen eigenen Worten, »etwa ein Patagonier[7] beim Durchblättern eines chinesischen Bilderbuchs«.

I.

EIN BESUCH BEI DEM
MAHARADSCHA VON PATIALA.

Wilhelm Joest, »Ein Besuch bei dem Maharadscha von Patiala«, in: ders., WELT-FAHRTEN. BEITRÄGE ZUR LÄNDER- UND VÖLKERKUNDE, Bd. 2, Berlin 1895 [1880], S. 3-38.

Der Reisende, der heutzutage Indien flüchtig besucht, zumal wenn er zu der grossen Klasse der *globetrotter* gehört, die seit den letzten Jahren schaarenweise die Reise um die Welt unternehmen und von Europa in Bombay ankommend, schleunigst die Tour *up country* über Baroda, Jeypore oder Alahabad, Cawnpore, Lucknow, Agra bis Delhi und von dort über Benares nach Kalkutta[8] machen, wird sich enttäuscht fragen: »Ist dies Land das Indien, von dem du so viel gehört und gelesen, das Land der Märchen und Gedichte, der Grossmogule[9] und weisen Brahminen[10]; das Land, um dessen Besitz sich alle die bewarben, die Herren der Erde werden wollten, von Alexander dem Grossen bis auf Napoleon; das Land der schönen Mädchen und Bajaderen[11], der Tiger und Elephanten, der Nawabs und Maharadschas?«[12]

Nichts ist prosaischer und nüchterner, als Indien in dieser Weise abzureisen; man nimmt sein »*Cooks Excursion Ticket*«,[13] setzt sich in ein luftiges, durch allerhand künstliche Vorrichtungen kühl gehaltenes und gegen // SEITE 6 // die sengenden Strahlen der Sonne geschütztes Coupé,[14] streckt sich Nachts auf seiner zum Bett umgewandelten Bank aus und hat während der Fahrt dreimal täglich Gelegenheit, sich durch eine Mahlzeit für weitere Strapazen zu stärken. Auf diese Weise durchfliegt man, ohne es zu merken, hunderte von Meilen. An jeder Station erwarten den Ankommenden ein Haufe Gepäckträger, ebenso einige rothbeturbante, zudringliche Kerle, durch kupferne Platten, die sie an einer Art von Bandolier tragen, als Hoteldiener kenntlich. Er rasselt in baufälliger Droschke nach einem der mehr oder weniger schlechten Hotels, lässt sich von irgend einem englisch radebrechenden Führer, die ihn mit Bänden von Zeugnissen bestürmen, die Sehenswürdigkeiten der Stadt zeigen, fährt rasch durch den Bazar, um bei einem Ankauf fürchterlich betrogen zu werden und kann dann mit dem tröstenden Gedanken weiter reisen: Diese Stadt haben wieder einmal glücklich abgethan; da sind wir »dajewesen«!

Leider gibt es eine grosse Anzahl von Leuten, hauptsächlich Engländer, die auf diese Weise Indien, unstreitig eins der interessantesten Länder der Erde, bereisen und die nach kurzem Aufenthalt sich ein Urtheil über dasselbe erworben zu haben glauben, ja womöglich ein Buch über Indien schreiben, während sie doch nur die grösseren Städte gesehen, in denen das englische Element allmälich indische Sitten und Gebräuche, indische Poesie verdrängt, und wo sie nur mit der Sorte der Ein- // SEITE 7 // geborenen in Berührung kamen, die jeden Tag zu ihren Göttern beten: »Herr, gib mir auch heute wiederum Gelegenheit, einen Engländer zu betrügen!«[15] – Diese Reisenden sind es dann, die von den Indiern nur als von »~~Niggers~~«[16] und von Indien im Allgemeinen als von »schauerlicher Gegend« reden. Sie versuchen es natürlich nie, sich die Sprache des Landes auch nur einigermaassen anzueignen und haben am Ende ihrer Reise ebensoviel gelernt, wie etwa ein Patagonier beim Durchblättern eines chinesischen Bilderbuchs.

Erst seit der Reise des PRINZ VON WALES nach Indien,[17] als die Nachrichten von den grossartigen, dem Prinzen zu Ehren veranstalteten Festlichkeiten, als Berichte von dem märchenhaften Luxus und den unglaublichen Reichthümern, den die ~~eingeborenen~~ Fürsten hierbei entfalteten, nach Europa drangen, und als später die Geschenke derselben an den Prinzen ausgestellt wurden, da begann auch unter dem grossen Publikum das Interesse an Indien wieder reger zu werden, man begann einzusehen, dass hier und da, wo die Eisenbahn noch nicht vorgedrungen ist, noch viel Wunderbares zu sehen sei und besonders dem Leben und Treiben der vielen mehr oder minder unabhängigen Könige und Souveräne schenkten Schriftsteller und Reisende eine erhöhte Aufmerksamkeit.

Damals erschien ein höchst unterhaltendes Buch eines englischen Malers, Mr. Prinsep,[18] dem von der indischen Regierung der Auftrag geworden war, ein grosses Bild // SEITE 8 // der bei Gelegenheit der Erklärung der Königin von England zur Kaiserin von Indien »Kaisar-i-Hind« in Delhi versammelten Grossen des Reichs zu malen.[19] Mr. Prinsep schildert seine Schicksale an den Höfen der verschiedenen Radschas in launigster Weise. Vor Allem verlangten dieselben stets möglichst fett, in dem Idealzustand des Radschathums, mit all ihren Diamanten und

JOEST, WELTFAHRTEN.   TAFEL 9
zu Bd. II, S. 15.

MAHINDAR SINGH, MAHARADSCHA VON PATIALA.

Fotografie des Maharadschas Mohinder Singh, die Joest bei seinem Besuch als Geschenk erhielt und danach in den *Welt-Fahrten* veröffentlichte.

Perlen bedeckt, gemalt zu werden. Das »Sitzen« wurde ihnen ungeheuer schwer; nicht etwa das Sitzen an sich, denn Dutzende von Dienern waren stets beschäftigt, ihnen Kissen unterschieben [sic], Kühlung zuzufächeln und sie mit Wohlgerüchen zu begiessen; wohl aber war ihnen das Gefühl, etwas thun zu müssen, ein ganz neues und unerträgliches. Jeder verlangte nach einer Viertelstunde zu sehen, wie weit das Bild vorgeschritten war, eine Verlegenheit, aus der sich der Maler mit der gewandten Redensart half: »Aber Hoheit, Gott brauchte dreissig Jahre, um Ew. Hoheit in der Vollendung zu schaffen, in der Ew. Hoheit sich zu befinden die Gnade haben, was kann Ew. Hoheit in der kurzen Spanne Zeit von mir armen Sterblichen erwarten?«[20]

Einer dieser Souveräne hatte vor den Morgensitzungen meist noch nicht gefrühstückt, er war in Folge dessen hungrig und schlechter Laune, reckte sich in seinem Sessel und gähnte fortwährend, worauf alle Höflinge nie unterliessen, vorzustürzen und ihre Hände über den königlichen Mund zu halten, um so die bösen Geister zu verhindern, sich in den geheiligten Schlund // SEITE 9 // hinabzustürzen; nach dem Frühstück dagegen war Se. Hoheit wiederum ungeheuer schläfrig, verlangte zu rauchen und bewies durch verschiedentliche Laute, die wir eher als ein Zeichen gestörter Verdauung betrachten, wie vorzüglich er gegessen, wobei dann wieder der ganze Hof sich zur Erde beugte, die Hand an die Stirn hielt und Sr. Hoheit ein lautes »*Salaam*«, »Heil, Segen, Wohl bekomm's!« zurief. Zum Schluss schlief er regelmässig ein.

Solcherlei Berichte und die Erzählungen mancher Bekannten reizten mein Interesse aufs Höchste und ich versäumte keine Gelegenheit, die eingeborenen Grossen des Landes kennen zu lernen und sie womöglich in ihrem Privatleben zu beobachten. In Kalkutta sind die meisten schon zu zivilisirt, man sieht deren täglich mehrere in prächtigen Equipagen gegen Sonnenuntergang auf dem *Strand*, dem indischen *Rotten Row*, spazieren fahren, sie passen aber recht schlecht zu der sie umgebenden europäischen Eleganz und machen eher, hingestreckt in goldenen Gewändern, blossen Kopfs, mit ihren äusserst nichtssagenden Gesichtern einen kläglichen Eindruck.[21]

Auch die birmanischen Prinzen, die frühzeitig genug von der Hauptstadt MANDALAY geflohen waren, um sich dem Vizekönig von Indien in die Arme zu werfen und so dem Schicksal entgingen, das ihr regierender Cousin seinen übrigen Vettern und Basen bereitete, nämlich in der scheusslichsten Weise massakrirt zu werden[22]; selbst diese schienen sich, trotz der Pracht ihrer Diamanten // SEITE 10 // und Rubine und der zur Schau getragenen Gleichgültigkeit am Hofe Lord Lytton's durchaus nicht wohl zu fühlen.[23]

Dass mancher der Fürsten im Innern des Landes Sinn und Geld für kostspielige Liebhabereien hatte, davon konnte ich mich dennoch in Kalkutta überzeugen; so hatte z. B. der RADSCHA VON SCINDH[24] bei dem bekanntesten Goldschmied einen grossen Thronsessel aus Silber und Gold anfertigen lassen und für ihn war auch ein zweispänniger Wagen, ganz aus gediegenem Silber, in Arbeit.

Der bei Kalkutta als Gefangener lebende Exkönig von OUDH[25] huldigte einer, vielleicht in sich verwandten Liebhaberei für schöne Frauen und Schlangen; von ersteren besass er 400, von letzteren über 10 000; überhaupt war er ein Freund von wilden Thieren, liess dieselben aber so wenig beaufsichtigen, dass mehrmals Tiger sich aus dem ihnen angewiesenen Aufenthaltsort entfernten, über den Fluss schwammen und sich den gegenüber liegenden botanischen Garten als Tummelplatz aussuchten, wobei sie aus Versehen mehrere Menschen tödteten und einmal den deutschen Direktor schwer verletzten.[26]

In Kalkutta besuchte ich auch den wegen seiner Liebhaberei für Hindumusik bekannten RADSCHA SOURINDRO MOHUN TAGORE.[27] Er ist ein aus uralter Familie stammender, eben so liebenswürdiger und gelehrter wie hässlicher Hindu, Ritter hoher europäischer Orden und // SEITE 11 // mit Recht stolz auf die grosse Photographie Sr. Majestät des Kaisers Wilhelm mit dessen eigenhändiger Unterschrift. Er zeigte mir seine Sammlung äusserst kostbarer indischer Musik-Instrumente, meist aus Elfenbein mit edlen Steinen besetzt, und war freundlich genug, mir zu Ehren eine höchst originelle musikalische Abendunterhaltung zu veranstalten, sowie mir seine sämmtlichen Werke, über 30 reich gebundene Foliobände, zu verehren.[1]

---

1 Einer der Künstler spielte in ganz merkwürdiger Weise auf einem Paar von Blasinstrumenten. Es waren silberne, tubenförmige Trompeten ohne Tonlöcher

In Lahore wohnte ich im Palast des Radscha KARBANS SINGH[28] einer Theater-Festvorstellung bei, die sowohl wegen des anwesenden Publikums – darunter der gesammte ~~eingeborene~~ Adel, sowie die bedeutenderen Dichter und Schriftgelehrten in prächtigen goldgestickten und mit Juwelen überladenen Gewändern, dem grossen weissen, golddurchwirkten Turban, an dem gar mancher Solitair // SEITE 12 // funkelte, der dennoch den Glanz der grossen intelligenten, schwarzen Augen in keiner Weise beeinträchtigte – wie auch wegen der Musik und der darstellenden Künstler eine äusserst sehenswerthe war.[29]

Es wurden drei Opern gegeben, die eine sollte fünf, die andere drei und die letzte zwei Stunden dauern. Ich begnüge mich mit der ersten: Eine Fee verliebt sich in einen schönen Prinzen und verspricht ihm, ihn in den Sonnenpalast des Gottes Indra einzuschmuggeln, wird hierbei von dem bösen Genius abgefasst, zum Tode verurtheilt, rührt aber den im Grunde nicht bösartigen Gott durch stundenlangen Gesang dermaassen, dass er ihr vergiebt und ihr sogar gestattet, den besagten Prinzen in das Paradies mitzubringen.

Der Gesang war stets rezitativ, hindustanisch oder persisch, das Orchester bestand aus mehreren mir unbekannten Hinduinstrumenten. Die Künstler spielten und sangen aus dem Gedächtniss; die Motive waren ziemlich einfach und ansprechend, aber durch ewige Triller und Ueberschläge, keinerlei Modulation der Stimme, stets nasale oder Falsettöne wirkte der Gesang auf die Dauer ermüdend. Alle Darsteller waren Männer, die Feenrollen wurden durch unangenehm schöne und kokette Knaben dargestellt, auch waren die Kostüme reich und geschmackvoll, nur trugen die jugendlichen Künstler, wahrscheinlich auf Befehl des Radscha, um uns Europäern zu zeigen, dass man hier zu Lande // SEITE 13 // auch wisse, was man von einer wohlerzogenen Fee verlangen kann – weisse Glacéhandschuhe. Nach einigen Stunden verabschiedete ich mich von meinem etwas champagnerseligen königlichen Gastfreunde und mir

---

oder Schallbleche von 44 cm Länge. Diese setzte er rechts und links von seinem Kehlkopf an den Hals und liess die Tuben ertönen, gerade so als ob er in dieselben hineinbliese. Eine Täuschung war ausgeschlossen; die Schallwellen wurden durch stossweise Bewegungen der Halsmuskeln erzeugt. Der Radscha schenkte mir eine Photographie des spielenden Künstlers und ein Paar der Originaltrompeten – allerdings aus Kupfer.

war zu Muthe, wie etwa einem Hindu, der den Bayreuther Festspielen beigewohnt hätte. –

Von Lahore machte ich, da der Besuch indischer Fürstenhöfe für mich durchaus nicht Hauptzweck der Reise war, der Einladung des englischen Befehlshabers SIR S. BROWN[30] folgend, über Teschawar, Ali Musjid und Jellalabad einen Ausflug nach AFGHANISTAN.[31] Der Krieg wurde damals von beiden Seiten mit grosser Erbitterung geführt, dennoch blieben die Engländer auch hier mitten in Feindesland zäh ihren alten englischen Gewohnheiten treu.[32] So wurden eines Morgens in einem Gefecht vier Afridis[33] gefangen, an demselben Nachmittag auf einem freien Platz erschossen und eine Stunde später spielten Offiziere und Soldaten auf eben demselben Terrain ihr Polo, Criquet und Lawn-tennis.

Dicht jenseits Ali Musjid entdeckte ich ein beinahe gänzlich von Sand und Erde verschüttetes reich mit gräko-buddhistischen Skulpturen versehenes »Tope« (Grab, Denkmal, Heiligthum), das ich mit Hilfe einiger mir zur Verfügung gestellten Soldaten freilegte.[34] Die Skulpturen befinden sich jetzt im Museum von Lahore.

Vor Jellalabad traf ich den englischen Major CAVAGNARI[35] (angeblich ein Bruder Napoleon's III.) der als Vertreter der Kaiserin von Indien an den Emir von // SEITE 14 // Afghanistan entsandt worden war, um die Friedensunterhandlungen einzuleiten. Ich war einen Tag lang Gast des Majors, dann zog er nach Norden, um bald darauf in Kabul ermordet zu werden; ich lenkte meine Schritte wieder nach Süden und kehrte über den Indus nach Lahore zurück. Hier fand ich eine Einladung des damals noch unmündigen MAHARADSCHA VON PATIALA vor, ihn in seiner Hauptstadt zu besuchen, eine Aufforderung, der ich gerne Folge leistete.

Bekanntlich wurden nach dem Niederwerfen des grossen indischen Anstandes, der *Mutiny*, in den Jahren 1857–56, die Territorien der Rebellen meistens von der englischen Krone, die von der *East-India-Company* die Zügel der Regierung übernommen hatte, annektirt und deren bisherigen Könige (Maharadschas) ersucht, in irgend einer möglichst entfernten Provinz ein Gnadengehalt von der Regierung entgegenzunehmen; sie wurden in goldenen Käfigen als Gefangene eingesperrt. Ihre Einkünfte wurden konfiszirt, dafür zahlt ihnen England aber oft recht angenehme Pensionen, so erhält z. B. der oben erwähnte Exkönig von OUDH 100,000 Pfund Sterling jährlich.[36]

Diejenigen Könige und Regenten dagegen, die den Engländern treu geblieben waren, wurden in ihren Besitzungen bestätigt, sie erhielten ausser dem Titel »Hoheit« mehrere bedeutende Vorrechte und haben u. A. Anspruch auf einen Salut von 2–7 Schüssen, was ihnen ungeheuer viel Vergnügen macht. Mancher Nawab oder Radscha opfert gern eine Million Rupien für wohlthätige oder // SEITE 15 // sonstige Zwecke, er unterhält auf seine Kosten ganze Kavallerieregimenter, nur um 1 Salutschuss mehr bewilligt zu bekommen. Die englische Regierung benutzt diese Eitelkeit der indischen Fürsten sehr geschickt zu ihrem Vortheil und zum Vortheil des Landes.

Wo es der Regierung passend oder nöthig erschien, setzte sie einen englischen Residenten ein, manche Potentaten dagegen liess sie frei in ihrem Lande weiter schalten und walten.

Zu den letzteren gehörte der Maharadscha MAHINDAR SINGH VON PATIALA[37], ein ziemlich gebildeter, liebenswürdiger junger Mann, der noch die Ehre hatte, den Prinzen von Wales zu empfangen, dann aber bald darauf im Alter von 26 Jahren einem unter seinesgleichen nicht ungewöhnlichen Uebel, allzu vielem Branntwein- und dergleichen Trinken, erlag und mit allen seinem Stande entsprechenden Feierlichkeiten bestattet wurde.

PATIALA ist ein Staat von noch nicht gezählten Quadratmeilen, liegt ungefähr unter dem 30. Breitengrad zwischen Radschputana und dem Punjab und erfreut sich einer Einwohnerzahl von etwa 6 Millionen Seelen.[38] Letztere, resp. deren Besitzer, sind meistens weder Hindus noch Mohammedaner, sondern *Sikhs*, Reste der früheren Herren des Landes, schöne stattliche Menschen mit intelligenten Gesichtern; sie rauchen nicht, d. h. keinen Tabak, dafür aber desto mehr Opium und sind grosse Liebhaber von allen, besonders aber von guten geistigen Getränken.[39] Der Lieblingstrank der Reichen ist der so // SEITE 16 // genannte *Champagne Peg*[40] (*Peg*, »Nagel«, d. h. jedes Glas ein Nagel zum Sarge, bedeutet eigentlich Kognak oder Whisky mit Sodawasser), ein Gemisch von Champagner und Kognak oder umgekehrt, aber auch anderen Stoffen sind sie nicht abgeneigt, wie der bei Delhi begrabene Prinz MIRZA JEHANGIR[41] bewies, der sich ein frühzeitiges Ende durch stündliches Vertilgen eines Humpen voll Kirschbranntwein bereitete.

Das ganze Land Patiala gehört dem Maharadscha, dem die Unterthanen als einzige Steuer eine Grundrente zahlen, wodurch der Fürst ein Einkommen von 8 Millionen Mark geniesst.[42] MAHINDAR SINGH hinterliess bei seinem Tode mehrere unmündige Knaben von verschiedenen Müttern und für diese sandte die indische Regierung einen Leibarzt, DR. SKEEN[43], um über ihr Wohl zu wachen, d. h. dafür zu sorgen, dass sie nicht vergiftet, noch überfüttert würden. Die Regierung des Staats übernahm ein Ministerrath, bestehend aus einem Präsidenten und zwei Mitgliedern, die bisher ihres Amts zu völliger Zufriedenheit des indischen Gouvernements gewaltet hatten.[44] An diese Herren war ich empfohlen worden. –

In Europa wird es wohl wenige Leute geben, denen es glaubhaft erscheint, dass man in Indien frieren kann, nicht etwa in den Schluchten des Himalaya, sondern unten in der Ebene, unter demselben Breitengrade wie die Wüste Sahara; aber gerade hier zu Lande, wo die Sonne bei Tage dermaassen ihre versengenden Strahlen heruntersendet, dass selbst die Pferde durch grosse Hüte // SEITE 17 // gegen dieselben geschützt werden müssen, ist die Abkühlung bei Nacht eine desto empfindlichere und ein eisiger Wind wehte uns entgegen, als ich an einem frühen Märzmorgen den von Lahore südwärts gehenden Zug in Radschpura verliess und wir in offenem Vierspanner, den mir der Maharadscha gesandt hatte, gen Patiala trabten.[45]

Vielleicht eine Meile von der Stadt kam uns eine andere Equipage entgegen, aus deren pelzgefüttertem Innern sich zwei wohlgenährte Herren entwickelten, der eine der Justizminister, der andere der glücklicherweise englisch sprechende Staatssekretär IWALA SINGH[46], die mich im Namen des Maharadscha begrüssten und sich mit endlosen Redensarten nach meinem Befinden erkundigten. Ich stieg in deren Wagen über und in kurzer Zeit, gerade bei Sonnenaufgang, passirten wir das Thor der Haupt- und Residenzstadt PATIALA. Die beiden Herren froren entschieden noch mehr als ich, doch merkte ich an ihrem wohlriechenden Athem, dass sie schon einen Bittern oder sonst eine Herzstärkung zu sich genommen hatten und dessen Spuren durch Kauen irgend eines Gewürzes zu verwischen suchten.[47]

Die Stadt lag noch im tiefen Schlafe, nur hin und wieder sah ich nackte unheimliche Gestalten, Fakire, die widerlichsten Strassentypen, denen man in Indien begegnet, Holzfeuer in kleinem irdenem Topf anblasen, den sie dann, um sich zu erwärmen, auf den Magen legen, eine Art äusserliches Frühstück.[48] // SEITE 18 // Nur der Geruch verrieth, dass wir uns im *Bazar* befanden. Jedes Land hat seinen eigenen Geruch, so China, Egypten und die Negerländer, und Niemand, der jemals in Indien war, wird den spezifisch indischen Geruch vergessen. Es ist ein Gemisch von starken Gewürzen, Curry und Knoblauch, schlechtem Tabak und der Ausdünstung vieler, auf einen Punkt zusammengedrängter farbiger Menschen, zu dem dann oft noch die Dünste brennender Leichen, eine Art süsslicher Küchengeruch hinzukommt.[49]

Wir durchfuhren die ganze Stadt, die keinen unangenehmen Eindruck machte, und draussen, vor einem palastartigen Landhaus, inmitten duftender Mangos und Orangen, empfing mich der englische Leibarzt des Maharadscha und wies mir ein reizendes Unterkommen an.

Nachdem wir das Festprogramm für den Tag entworfen und ich durch Dr. Skeen einigermaassen über das Hofzeremoniel und die Spitzen der Behörden unterrichtet worden war, begaben wir uns in Begleitung des Staatssekretärs, der diesmal in Lackschuhen und vollkommen in weisse golddurchwirkte Gewänder gehüllt erschien, zuerst nach dem *Moti Bagh*, einem Park mit Marmorlusthaus, wie man solche in jeder indischen Residenz findet, dann nach dem Palast des Maharadscha.

Letzterer hatte, ohne dazu irgendwie verpflichtet zu sein, der englischen Regierung 2000 Mann Hilfstruppen gegen die Afghanen zur Verfügung gestellt, aus welchen diese 1200 der besten Leute auswählte. Diese Verringerung der bewaffneten Macht erklärte wohl die be- // SEITE 19 // scheidene Zahl der Palastwache, da auf das Kommando des Wachthabenden nur fünf Mann antraten und das Gewehr nach englischer Art, auch nicht viel schlechter als englische Truppen, präsentirten, während der

Rest dieser Braven sich in seinen häuslichen Beschäftigungen: waschen, oder rasiren lassen, oder in der zoologischen Inspektion der Montirungstücke durchaus nicht stören liess.[50]

Eine gewisse Uniformirung war insofern zu bemerken, als alle barfuss gingen und einen grossen rothen Turban trugen, bei einigen war dies, abgesehen von dem in Indien üblichen Hüftentuch, die ganze Ausstattung, während Andere einst roth gewesene Röcke besassen; Hosen bemerkte ich bei Keinem von ihnen.

Der Palast, ein grosser Komplex von Gebäuden, die sich unregelmässig um ein altes Fort gruppiren, barg, ausser den Staatsgemächern, dem Harem etc., die Schätze und sogenannten Sammlungen des verstorbenen Fürsten.

MAHINDAR SINGH war zwar, wie schon erwähnt, ein grosser Freund von geistigen Getränken und dies in solchem Maasse, dass ihn in der letzten Zeit vor seinem Tode überhaupt Niemand mehr nüchtern gesehen hat, im Uebrigen aber erfreute er sich als liebenswürdiger, leichtsinniger, kaum zum Manne herangewachsener Jüngling, dem Geld genug zu Gebote stand, eine jede seiner Launen zu befriedigen, allgemeiner Beliebtheit.[1] // SEITE 20 // Bei seinem zeitweisen Aufenthalt in Kalkutta pflegte er die verschiedensten Kaufläden zu besuchen, etwa den eines Goldschmieds, Uhrmachers, Schusters oder eine Missionsbuchhandlung. Zuerst erkundigte er sich nach den Preisen einzelner Gegenstände und hatte er gerade wieder einmal stark gefrühstückt, so machte er meist dem Handel ein rasches Ende durch die Frage: »Was kostet der ganze Kram?« So häufte er allmählich in seinem Palaste eine Unmenge aller möglichen und unmöglichen Dinge an, von denen er auch nicht den hundertsten Theil jemals gebrauchen konnte; er war der beste Kunde aller *shopkeeper* in Kalkutta, die ihm ihre ältesten Ladenhüter zu den tollsten Preisen verkauften. Die Sammlung dieser Gegenstände bildet heute eine Sehenswürdigkeit von Patiala.

Nachdem wir eins der alten Festungsthore passirt und einen weiten Hof durchschritten, geleitete mich mein Führer zuerst in den Hauptempfangs- und Audienzsaal, einen rechteckigen von Säulen getragenen Raum, an dessen hinterer Seite eine Art Bühne angebracht war, wo der

---

1 Geradeso heute sein Sohn.

Maharadscha auf silbernem Throne zu sitzen pflegte, wenn er Gesandte und Besuche empfing und sich den Grossen seines Reiches zeigte.

Ich glaubte mich in dem Magazin eines Krystall- oder Glaswaarenhändlers zu befinden, denn venezianische Spiegel jeder Grösse bedeckten die Wände; alle Tische, Bänke und Konsolen waren überladen mit Vasen, Schalen und Gläsern; die Säulen dicht garnirt mit Lampen, // SEITE 21 // Ampeln, Sternen, Guirlanden und künstlichen Blumen, Alles aus Krystall, und von der Decke hingen dicht neben einander gereiht 36 grosse und mindestens ebenso viele kleine Krystallkronleuchter in allen möglichen Farben und Mustern!

Hier in diesem Saale hatte man auch den berühmten Krystallspringbrunnen mit den entsprechenden Kandelabern untergebracht, für welche der Verstorbene einen eigenen Palast gebaut hatte, ohne aber dessen Vollendung zu erleben. Diese Krystallfontaine hatte auf der Wiener Ausstellung keinen Liebhaber gefunden und kam durch irgend welchen Zufall nach Kalkutta, wo sie sofort von MAHINDAR SINGH, für den sie wie geschaffen schien, käuflich erworben wurde. Das Ganze ist ein ungefähr 10 Meter hoher pyramidaler Bau von etagenförmig um eine Säule von geschliffenem Glas über einander gereihten Krystallschalen, in dessen Spitze ein Springbrunnen mündet, dessen Wasser von Schaale zu Schaale herunterrieseln und sich zu unterst in ein grosses Marmorbassin ergiessen soll. Ich sage soll, denn das Werk leidet seit seiner Ankunft in Indien an einem organischen Fehler und die Wasserröhren sind so geschickt zwischen Glas und Krystall verborgen, dass man sie weder ausbessern noch reinigen kann – die ganze kostbare Spielerei dient also zu gar nichts. Zu dem Springbrunnen gehören zwei ebenso hohe und geschmacklose Kandelaber und diese drei Stücke legte sich der Maharadscha für die ungeheuerliche Summe von 240 000 Mark zu.[51] // SEITE 22 // Trotz der verrückten Anhäufung all der Kronleuchter, von denen keine zwei zu einander passen, muss der Effekt bei Nacht, wenn Tausende von Lichtern tausendfach in den Spiegeln zurückgestrahlt werden und in ihrem Glanze sich die Grossen des Reichs in den bunten gold- und juwelenüberladenen Trachten bewegen, ein zauberischer sein.

Das kleine Thronzimmer für offizielle Privataudienzen ist ziemlich einfach; in Mauernischen rechts und links vom Thron sind zwei grosse Tiger aus Pappdeckel untergebracht. Hier hat man auch das transportable Schlafzimmer des Verstorbenen aufgestellt, das er auf die Jagd oder bei sonstigen Ausflügen, zu den *Durbars*[52] des Vizekönigs etc. mitzunehmen pflegte. Es ist ein hübscher Pavillon, der gerade Raum für ein Bett und einige Stühle bietet, das Ganze, sowie alle Möbel aus gediegenem Silber.

Wir durchwanderten mehrere Säle, alle recht geschmacklos mit englischen Tapeten, Oeldruckbildern, alten schlechten Stahlstichen und den bekannten französischen bunten weiblichen Brustbildern mit aufgeklebten goldenen Papiersternen und -streifen, dann einigen Dutzend Marmor- und Bronzestatuen und ebenso vielen Spieluhren geziert, und nichts hätte mich merken lassen, das ich mich auf asiatischen Boden befand, wenn nicht mein Blick überall auf Bildnisse jeder Art und Grösse in allen möglichen Stellungen und Uniformen des verstorbenen Maharadscha gefallen wäre, der ein schöner   // SEITE 23 //   Mann gewesen war, wenn er auch, wohl in Folge seiner Schwäche für gebrannte Wasser, eine etwas zu radscha-mässige Taille besass.

In einem der Säle hatte man die Juwelen MAHINDAR SINGHS ausgelegt. Nur selten war es Sterblichen vergönnt gewesen, dieselben nach dem Tode des Königs zu sehen, und auf die Nachricht, dass man sie mir zu Ehren aus der Schatzkammer hervorholen würde, waren eine Menge der hervorragenderen Kaufleute und Beamte nach dem Palast geeilt, so dass ich, nachdem ich mich durch eine Unzahl von Pantoffeln, die man hier zu Lande vor der Thüre stehen lässt, glücklich durchgearbeitet hatte, den Raum beinahe vollkommen mit maschinenmässig bei meinem Eintritt sich bis zur Erde verbeugenden ~~Eingeborenen~~ angefüllt fand.

Die Juwelen waren in Kästen aus Sandelholz mit grünem Sammtfutter auf einem von hohen Beamten umringten Tisch ausgelegt, doch wurde mir jedes einzelne Stück in die Hand gegeben und dabei dessen Geschichte erzählt. Wenn man bedenkt, dass diese Juwelen nur den Privatschmuck darstellten, den der Maharadscha bei grossen Gelegenheiten selbst trug, dass dieser ausserdem seine unzählige [sic] Frauen und Freundinnen mit Diamanten zu überladen pflegte, und dass die

nicht grosse Sammlung vor mir, von Kennern auf 400 000 Pf. Sterl., also auf mehr als 8 Millionen Mark taxirt worden war, so kann man sich eine kleine Vorstellung von dem Luxus dieser asiatischen Fürsten machen.[53]
// SEITE 24 //   Das Hauptstück der Sammlung war eine *Rivière*[54] von Diamanten, die früher den Hals der KAISERIN EUGENIE[55] schmückten. Die Nachricht von der Absicht der Ex-kaiserin, ihre Juwelen zu verkaufen, war kaum nach Indien gedrungen, als der Maharadscha sofort nach London telegraphirte und, ohne einen Preis zu bestimmen, den Auftrag ertheilte, den schönsten Diamantschmuck, bestehend aus zwei Reihen grosser Brillanten mit einem daranhängendem birnenförmigem Diamant von wunderbarem Wasser, zu kaufen. Es ist sehr schwer, die Grösse eines Edelsteines zu beschreiben, daher ich nur den Preis nennen will, den der Maharadscha zahlte: 1 800 000 Mark.[56]

Vor allem war er Freund von Perlen und Smaragden, erstere trug er in dicken Schnüren um den Hals und am Turban oder ganze Bündel derselben, grösser als Bohnen, an wahren Riesen von Smaragden und Rubinen befestigt, als Agraffen, Ohrringe u. dergl. Seine Uhr war ein Kunstwerk von Rubinen und Diamanten mit einer Kette, bestehend aus 5 Schnüren von je 100 vollkommen gleichen Perlen, daran als Agraffe das Emaillebild der Kaiserin Viktoria von Brillanten eingefasst. Unter den Smaragden fiel mir besonders der königliche Stirnschmuck auf, eine indische Krone aus geschnittenen Steinen mit Smaragdtropfen, deren kleinster grösser war als eine Haselnuss; dann ein Schmuck aus 5 geschnittenen Smaragden, viele hundert Jahre alt, mit dazu gehöriger Gürtelschnalle, letztere ein Stein von   // SEITE 25 //   der Grösse und Dicke eines Pakets Spielkarten. Ich erwähne noch verschiedene Garnituren brasilischer und afrikanischer Diamanten, ebensolche von indischen Brillanten, die flach und oft thalergross sind, aber wenig Feuer haben, dann unzählige Topase und Türkise, ungefähr 30 Ringe, alles Solitaire, Rubine oder Katzenaugen, einige indische Emailgarnituren und glaube genug gesagt zu haben, um das Ganze als eine sogar für die Liebhaberei eines Maharadscha recht bedeutende und selbst beneidenswerthe Kollektion erscheinen zu lassen.

Nachdem wir diese Schätze genügend beschaut, begaben wir uns nach dem Gebäude, das, wie oben erwähnt, gebaut worden war, um die

Krystallfontäne unterzubringen, wo aber jetzt in mehreren Sälen die übrigen Sammlungen des Maharadscha aufgestellt sind. Trotz all seiner Fehler war letzterer nicht nur ein gütiger Regent, der viel für sein Land gethan, Schulen, Hospitäler, Kanäle und Strassen baute, sondern auch ein begeisterter Sportsman, vorzüglicher Schütze und schneidiger Reiter. Darum schaffte er sich eine Sammlung von mehreren hundert Büchsen und Flinten jeden Systems und Kalibers an. In sauberen Lederkasten, alle mit seinem Monogramm oder Namen und Titel versehen, ruhen sie neben einander, die Vogelflinte neben der kanonenartigen Elephantenbüchse, die Zündnadel friedlich neben dem Chassepot, die Wind- neben der Donnerbüchse.[57] In Schranken liegen vielleicht 4–500 Revolver, vom kleinsten Taschenformat bis zu einer Art Mitrailleuse, // SEITE 26 // von denen der Maharadscha wohl kaum jemals einen einzigen abgefeuert hat.[58] In einem zweiten Saale ist das Messerdepartement vertreten: mehrere hundert Jagdmesser, Hirschfänger und Dolche schmücken die Wände, ebenso Lanzen, Pulverhörner, Patronen- und Jagdtaschen, kurz ein Arsenal, vollständig genug, um ein Regiment Nimrode auszurüsten;[59] Alles nur für den Privatgebrauch des Königs bestimmt. Hier verwahrt man auch seine Lieblingsschwerter, meist Geschenke indischer Fürsten, des Vizekönigs oder des Prinzen von Wales, Klingen von oft gar nicht zu schätzendem Werth, von denen einige vielleicht schon von der kräftigen Faust eines TAMERLAN[60] geschwungen wurden.

Vor Allem kostbar war sein Paradesäbel, die Klinge von wunderbarem Damaskusstahl mit Arabesken aus eingelegtem Gold und die ganze goldene Scheide sowohl wie der Griff mit Diamanten und anderen Edelsteinen besät.[61] Hier lag auch das Schlachtschwert des gegenwärtig regierenden Maharadscha, ein Säbel von der Grösse der Nürnberger Säbel, mit denen unsere Knaben zu spielen pflegen, dafür aber von vorzüglichem Stahl und der Griff mit Diamanten besetzt.[62]

Nun folgte noch eine Reihe von Sälen, die ich mit ermüdender Genauigkeit besehen musste. Hier waren zusammengestapelt hunderte von Reise-, Taschen-, Wand- und Stutzuhren, ein Chaos von Drehorgeln und Billards, Zahnbürsten und Marmorstatuen, Sitzbädern und Veloci- // SEITE 27 // pedes, Eau de Cologne und Prachtbibeln, Regenschirmen und goldenen Bonbonnièren – kurz jeder erdenkliche Schund neben kostbaren Kunstwerken.[63]

Zum Unglück hatte das Gebäude noch einen zweiten Stock, dessen Sammlungen aber theilweise interessanter waren. Da lagen die Jagdtrophäen des Verstorbenen, ganze Haufen von Tigerfellen, Tausende von Geweihen und Schädeln und unzählige Panther- und Leopardenhäute; ein anderer Saal war voller Sättel und Zaumzeug mit allem Zubehör, vom einfachen englischen bis zum prächtigen indischen mit Purpurdecken und Gold- oder Kaschmirstickerei; dann ein mächtiger Raum voller Elephantensättel, mehr als 60 Stück, alle aus getriebenem Silber und mit Edelsteinen bedeckt.

Um nicht allzu lang zu werden, will ich unsere Wanderung in dem Saale beschliessen, der die Jagd- und Reise-Ausrüstungen des Maharadscha enthielt. Hier stand unter Anderem eine kostbare goldene Kasette mit dem Monogramm A, die, mit Juwelen gefüllt, als Geschenk für die Prinzessin von Wales bestimmt war, aber nicht überreicht werden konnte, da das Reisebudget des Prinzen nicht für ebenso kostspielige Gegengeschenke eingerichtet war. Ich öffnete mehrere Reisekoffer, die vorwiegend Reihen von goldenen oder silbernen Flaschen mit mysteriösen Inschriften wie »Brandy«, »Whisky«, »Porte« oder »Bitters« enthielten, und zum Schluss zeigte man mir die beiden Monstrenecessaires, die für den Elephantenrücken bestimmt waren und Alles in sich // SEITE 28 // bargen, was selbst ein verwöhnter indischer Despot für den Privatgebrauch nur irgendwie wünschen kann, jeder Gegenstand aus Silber mit Emailmonogramm.[64] Für diese Spielerei zahlte der Maharadscha, der die Sachen niemals benuzte, 180 000 Mark.[65]

Den Vorsehlag, ein drittes Gebäude, das Möbel, Lampen und Gott weiss was noch enthalten sollte, in Augenschein zu nehmen, lehnte ich dankend ab mit der Bemerkung, dass mich von der Hinterlassenschaft Seiner Hoheit nur noch zwei Dinge interessirten, seine Pferde und seine besseren Bruchtheile – Hälften wäre hier nicht der passende Ausdruck. Da letztere aber offiziell für mich nicht vorhanden waren, so wanderten wir nach den Ställen. Unter offenen Hallen, die eine Art Exerzierplatz umschlossen, waren die Pferde nach Landesart untergebracht, d. h. durch lange Seile mit jedem Fuss an je vier Pflöcke festgebunden. Ueber 450 arabische und indische Pferde und ebenso viele Kaschmir- und Afghan-Ponies führten hier ein sorgen- und müheloses Dasein. Hier standen auch die Ponies, auf denen der jetzige Maharadscha seine ersten Studien in der edlen Reitkunst machte, in silbernen Halftern und Purpurdecken, frassen aber das Zuckerrohr, das ich ihnen bot, ganz wie die weniger Bevorzugten ihres Geschlechts. Ich besuchte noch das Untergeschoss des Palastes, wo ungefähr 90 Wagen jeder Art zusammengestellt waren, darunter zwei vergoldete Staatskarossen mit dem Patialaschen Wappen geschmückt, das ich schon auf der // SEITE 29 // Palastflagge bemerkt hatte: eine etwas wunderbare Zusammenstellung eines Tigers, Elephanten, einer wenig bekleideten Dame und einer auf oder untergehenden Sonne mit der Umschrift: »Heaven's light our guide«, und war dann herzlich froh, als ich zu meinem freundlichen Wirth zurückkehren und mich dort durch eiskalten Champagner und vorzügliches *Tiffin* für weitere Anstrengungen stärken konnte.[66] –

Noch stand die Sonne hoch zu unsern Häupten, kein Hauch wehte Erfrischung, kein Laut störte die Todtenstille, die ganze Natur schien unter dem erdrückenden Einfluss der Hitze erlahmt zu sein, als schon wieder die Staatskalesche[67] vorrasselte und mein persönlicher Adjutant, diesmal in blauer goldgestickter Seide, an der Schwelle des Hauses, die er nicht überschreiten durfte, ohne dazu aufgefordert zu sein, erschien, um mich zum *Durbar*, dem Empfang oder der »Cour« des Maharadscha *Rajendar Singh*[68] abzuholen. Ich gestehe, dass ich viel lieber der Siesta weiter gepflogen hätte, als mich umzukleiden, um einem siebenjährigen jungen Herrn meine Aufwartung zu machen, aber ich hatte einmal zugesagt und so trabten wir denn bald nach dem nahe gelegenen *Baradari*, dem Sommerpalast des regierenden Maharadscha. Sämmtliche verfügbaren Truppen waren aufgestellt und präsentirten, ein etwas defektes Musik-Korps stimmte die preussische Nationalhymne an, die ihm durch »*God save the Queen*« bekannt war, und während das zuschauende Publikum sich tief in // SEITE 30 // den Staub beugte, hielt mein Vierspanner vor einer breiten Marmortreppe.[69] Wenige Schritte brachten uns an den Eingang des Hauptsaals und nachdem Diener in purpurnen langen Röcken und Turbanen die schweren goldgestickten Vorhänge emporgehoben, sah ich vor mir eine interessante echt indische Szene.

In mässig hellem, stark durchräuchertem Raum hatten sich vielleicht 30 Personen halbkreisförmig um mehrere Sessel, deren mittelsten der Maharadscha einnahm, gruppirt, schöne kräftige Gestalten mit langen Bärten und edlen Gesichtszügen, in malerischen Trachten, meist goldgestickten weiss oder buntseidenen Gewändern und rothen, golddurchwirkten Turbanen. Hinter ihnen standen rothgekleidete Diener, die mit grossen Fächern aus gold- und edelsteinverzierten Pfauenfedern Kühlung zuwehten, während hinter dem Sessel des jungen Königs zwei graubärtige Alte mit dem eigenthümlichen Symbol der Macht, eine Art Wedel oder Busch aus Pfauenfedern, Email und Diamanten, postirt waren. Das Ganze bot ein anziehendes orientalisches Bild.

Der Maharadscha war bei meinem Eintritt aufgestanden, von seinem Sessel heruntergeklettert und kam mir, ebenso wie sein noch jüngerer Bruder, freundlich die Hand bietend, mit einem, für diese Tageszeit nicht mehr ganz geeigneten »*Good morning*« entgegen, womit allerdings auch der Schatz seines damaligen englischen Wissens beinahe erschöpft war. Er hatte wohl eine Zeit lang einen englischen Lehrer gehabt, aber wie kann man von einem // SEITE 31 // Kinde Liebhaberei am Lernen erwarten, das nur gewöhnt ist zu befehlen und den Begriff »Gehorchen« gar nicht kennt, während Hunderte von Dienern stets mit gefalteten Händen bereit stehen, eine jede seiner Launen wie einen göttlichen Befehl zu erfüllen! Er war ein hübscher intelligenter Knabe von sieben Jahren und sah in seinem langen goldenen Röckchen, weissen enganliegenden Hosen und Lackstiefeln, mit seinem Säbel an edelsteinbesätem Bandolier und unter einem roth-goldenen Turban, der beinahe grösser war, als er selber, recht herzig und possirlich aus.

Nachdem ich noch dem Präsidenten des Ministerraths KHALIFA SEYID MOHAMMED HASSAN KHAN BAHADUR[70] die Hand geschüttelt, führte mich der Maharadscha an der Hand nach dem Sessel zu seiner Rechten, links von ihm stand sein Bruder, ebenfalls ein hübsches dunkelfarbiges Kind, und neben diesem der Finanzminister, während zu meiner Rechten der Präsident, dann DR. SKEEN und der Minister des Auswärtigen SIRDAR

Dewa Singh[71] folgten. Auf ein Zeichen des jungen Fürsten nahmen wir Alle gleichzeitig Platz, Hinter mir stand der Dolmetscher und ich konnte mich eines Lächelns nicht erwehren, als ich die Unterhaltung mit der Frage nach dem Befinden meines Nachbars einleitete und ihn zuerst mit »Ew. Hoheit« anredete.

Seine Hoheit, der erst wenige Europäer gesehen hatte, machte anfangs einen etwas einfältigen Eindruck: mit offenen Mund und grossen erstaunten Augen starrte // SEITE 32 // er mich an und musste mehrmals von seinem Erzieher einen leisen Rippenstoss erhalten, um auf meine Fragen acht zu geben. Nachdem die erste Scheu überwunden, thaute er nach und nach auf, stellte selbst tausend Fragen und wurde zuletzt ganz zutraulich. Er musste meine Uhr besehen, befühlte mit seinen braunen Fingerchen die Narben in meinem Gesichte,[72] frug, ob das auch wehe gethan, erzählte mir von seinen Ponies, kurz, benahm sich gerade so wie jedes gewöhnliche 7jährige Menschenkind. Auf meine Frage, ob er auch englisch lerne, begann er ein kleines Gedicht: »*Twinkle, twinkle, little star*«, wurde aber verlegen und blieb, trotzdem ihm sehr stark soufflirt wurde, bei der dritten Strophe stecken. Am meisten interessirte ihn, wie seinen ganzen Hofstaat, mein Augenglas, das er vergeblich einzukneifen versuchte und es unterhielt mich in hohem Grade, jedesmal, wenn ich das Glas aus dem Auge fallen liess, die ganze Gesellschaft, die sonst unbeweglich mit gefalteten Händen dastand, zusammenzucken zu sehen, um es aufzuheben, in der Idee, das Monokel sei zu Boden gefallen.

Nach ungefähr einer halben Stunde erhob ich mich, worauf auch alle Uebrigen von ihren Sitzen emporschnellten. Ein Diener trat heran, dem Maharadscha zwei silberne, reich mit Türkisen und Rubinen verzierte Gefässe auf den Knieen reichend. Dieselben enthielten »*Attar*« und »*Pan*«, ersteres ein starkriechendes pomadenartiges Rosenöl, das andere ein Gemisch von Arekanuss, // SEITE 33 // Kardemum, Zimmtblüthe, Gewürznelken und Kalk in ein grünes Betelblatt eingeschlagen; Beides wird als Zeichen hoher Gunst dem scheidenden Freunde überreicht. Der Maharadscha strich mit dem Finger etwas *Attar* in mein Taschentuch und nachdem er mir ein Paketchen *Pan* in den Mund gesteckt – das Zeug schmeckt nicht unangenehm, reizt nur sehr zum Trinken – und mir zwei weitere in Gold- und Silberflitter eingewickelt auf den Weg mitgegeben, führte er mich unter den nicht ganz ungewöhnlichen Worten: »*I was very glad to see you*«, an der Hand bis zur Thüre. Während die ganze übrige Gesellschaft wieder zusammenknickte wie bei einem plötzlichen Kolikanfall, verabschiedeten wir uns im aller Freundschaft.

Draussen harrten meiner und meines englischen Wirths zwei prächtige Elephanten. Man hatte das grösste Thier des verstorbenen Königs für mich ausgesucht, ein wahres Riesenexemplar, dabei von sehr harmloser Gemüthsart. Dasselbe war dermaassen mit Gold, Silber und Purpur bedekt, dass man von ihm selbst sehr wenig zu sehen bekam. Sein Rüssel war kunstvoll mit blau und rothen Zeichnungen und Schnörkeln bemalt und in den Ohren, mit denen er wohlgefällig klappte, trug er einige Kilo Silberschmuck. Der Rest des Kopfes war bedeckt mit silbernen Platten, Schildern, Ketten, künstlichen Federn und bis über den Rüssel hinab fiel ein goldener Stirnschmuck. Vom Hals bis über den Schweif, auf allen Seiten den Boden berührend, verhüllte ihn // SEITE 34 // eine oft zolldick mit Goldstickerei bedeckte Purpurschabracke, auf welcher tanzende Figuren und Gottheiten dargestellt waren, in der allein ein enormer Werth stecken musste. An goldenen Bändern hingen silberne Glocken bis zur Erde, deren Getön dem alten Dickhäuter, der schon den Urgrossvater des jetzigen Landesherrn getragen hatte, viel Vergnügen zu machen schien, denn mit regelmässiger Bewegung zupfte er rechts und links an den Bändern, während er ebenso regelmässig mit den Füssen stampfte, um welche man Ringe von grossen silbernen Glocken angebracht hatte.

Der Führer oder *Mahaut*, ein schön gewachsener junger Radschpute in der Tracht seines Landes, rothem Riesenturban und ein rothes Tuch um die Hüften gewunden, rief seinen Pflegling zu, mich zu begrüssen, was dieser nach Elephantenweise durch Emporheben des Rüssels und Berühren seiner Stirn that, eine recht komische Bewegung, die an den indischen »*Salaam*« erinnert. Der *Mahaut* bestieg das Thier dann in seiner Art, d. h. er liess sich von ihm auf den Hals emporheben und bewog es durch einen leisen Stich mit dem Stahlhaken, niederzuknien. Man brachte eine silberne Leiter von 8 Stufen, mit deren Hülfe ich den Sattel erreichte, einen Thronsessel aus getriebenem Silber, zwei Drachen vorstellend, deren Zungen und Augen durch Rubine vertreten waren. Hinter mir nahm ein alter langbärtiger *Sikh* Platz und schützte mich durch einen roth- und goldgestickten Schirm gegen die Strahlen der // SEITE 35 // untergehenden Sonne. Die Truppen präsentirten wieder, ein Theil derselben schloss sich uns als Eskorte an, während die Thiere uns in raschen Schritten nach Hause brachten. Kaum war ich eingetreten, als der Präsident im Vierspänner vorgefahren kam und mir im Namen seines Fürsten den Gegenbesuch machte, ebenso der Minister des Aeusseren, beides recht gebildete und mit europäischen Manieren vertraute Herren, die durch verschiedentliche Fragen zumal über *Mr. Prince Bismarck* verriethen, dass sie auch mit deutschen Verhältnissen einigermaassen bekannt waren.

Mit den ihrem Rang gebührenden Ehren führte ich den Präsident an der Hand bis zu seinem Wagen, begleitete den Minister bis zur Thüre und konnte mir dann wieder eine Erhohlungszigarette gönnen. –

Die Nacht hatte ihre Schatten über Patiala gesenkt, ohne dass eine erfrischende Brise die glühende Hitze kühlte, mit der die ganze Natur die während des Tages eingesogenen Sonnenstrahlen wieder aushauchte, als wir uns in die Wohnung eines vornehmen ~~Eingeborenen~~ begaben, um einem *Nautch*, der Vorstellung indischer Tänzerinnen, die man mir zu Ehren veranstaltet hatte, beizuwohnen. Die Mädchen waren von seltener Schönheit und zwei derselben bewiesen durch ihre helle Hautfarbe, dass sie dem Wunderland Kaschmir entstammten, wenngleich lange seidene goldgestickte Gewänder und Schleier sowie eine Unmenge von Silberschmuck in Ohren und Nase, an Stirn, Händen, // SEITE 36 // Armen, Brust, Beinen und Füssen die Tänzerinnen beinahe vollkommen bedeckten. Der Tanz besteht in merkwürdigen Bewegungen des Oberkörpers und der Hüften und taktmässigem Stampfen der mit silbernen Glocken und Ketten überladenen Füsse, dabei singen die Mädchen melancholische Liebeslieder zu den Klängen ihrer silbernen Kastagnetten und einiger indischen Instrumente, hauptsächlich Violine und Handtrommel. Tanz und Gesang sind gleich einförmig und wir Europäer können es schwer begreifen, dass hiesige Kunstmäzene diesen Mädchen oft Hunderte, ja Tausende von Rupien in den Schooss werfen. –

Schon vor Sonnenaufgang weckten uns am nächsten Morgen Gebell und Hufschlag – es waren Vettern, Brüder und Freunde des verstorbenen Fürsten, die mich zur Hetzjagd abholten. Ich bestieg ein Leibross MAHINDAR SINGH'S, zwar ein vorzügliches Thier, das mir aber seit dem Tode seines Herrn nicht mehr geritten zu sein schien, denn als meine Ehrenwache ins Gewehr trat und der Hornist seinem Instrument einige Töne zu entlocken versuchte, nahm mein Schimmel dies übel und mit einigen, vielleicht nicht bös gemeinten, Fusstritten beförderte er Hornist, Trompete und wachthabenden Unteroffizier in eine naheliegende Dornenhecke, während der Rest der Wache sich nur durch schleunige Flucht vor dem gleichen Schicksal rettete.

Draussen vor der Stadt harrten unserer Jagdpanther, Hunde und Falken und bald jagten wir in toller Hetze // SEITE 37 // über die Haide, wobei ich die Ruhe und Gewandtheit bewundern musste, mit der meine Begleiter ihre prächtig aufgezäumten arabischen Hengste über Hecken und Graben setzen liessen. Mancher Eber fiel unsern Speeren zum Opfer, die *Chittas*, vorzüglich abgerichtete Panther oder vielmehr Leoparden, brachten uns Antilopen, die Falken holten Tauben, Kraniche und Papageien aus luftiger Höhe, Hyänen wurden zu Tode gehetzt und schon stand die Sonne, unbarmherzig auf uns herabbrennend, hoch am Himmel, als wir mit reicher Beute beladen, zurückkehrten. –

Ich hatte meine Abreise beschlossen; der Maharadscha sandte mir noch neben mehreren werthvollen Geschenken seine und seines Vaters Photographien, und nach herzlichem Abschied von meinen freundlichen asiatischen und englischen Wirthen brachte mich der Viererzug des Königs nach Umballa[73], wo mir Kühlung und Erfrischung aus der Ferne zuwinkten die schneebedeckten Berge des HIMÁLAYA.

Kapitel 2

1880, Sulawesi

Ich bin gespannt, wer besser civilisiert. Die Missionäre mit der Bibel oder die Controlleurs mit dem Frohndienst.[1]

WILHELM JOEST, TAGEBUCH X, 17. JANUAR 1880

Gerade einmal einen Tag ist Wilhelm Joest auf der Nordhalbinsel Sulawesis, als er diesen Gedanken in seinem Tagebuch notiert. Er bleibt zwei Wochen, kehrt jedoch anderthalb Monate später, nach einem Trip Richtung Osten zu den Molukken, noch einmal zurück für drei, vier Tage.

Seit einem knappen Jahr ist er auf Reisen, er wird erst im September 1881 wieder in Deutschland ankommen. Joest ist Ende 20, im Herbst traf er Adolf Bastian in Jakarta, den Direktor des Berliner Museums für Völkerkunde. Eine Begegnung, die nachwirkt: Wilhelm Joest beschließt, sich eine Karriere aufzubauen, die ihm erlaubt, unterwegs zu sein. Sobald er wieder zu Hause ist, will er in Berlin bei Bastian Ethnologie studieren. Noch ist er interessierter »Globetrotter«, wie er es selbst formuliert. Dass er bereits anfängt, den Blick auf seine Umgebung zu ändern, wird vor allem ab der Zeit auf Minahasa deutlich. Er organisiert Objektkonvolute, die er auf dem Rückweg einsammelt, und notiert in seinem Tagebuch ausführlich, wie er die Kolonialmacht Holland vor Ort wahrnimmt – und zeigt, wie stark seine Perspektive von dem gängigen rassistischen Narrativ europäischer Kolonialmächte geprägt ist: Aus Europa stammende Menschen seien »civilisiert«, Teil eines »Kulturvolks« – alle anderen »wilde Barbaren«[2], »Naturvolk«.

Fünf Jahre nach seiner Rückkehr, 1886, veröffentlicht er den hier vorliegenden Text »Die Minahassa« zum ersten Mal; wieder ein knappes Jahrzehnt später nimmt er ihn in seine Sammelband-Reihe *Welt-Fahrten* auf.

Seine Perspektive zeigt sich im Tagebuch 1880 ebenso wie in der Veröffentlichung von 1895: Sein Fokus liegt auf der wirtschaftlichen Ausbeutung der Region. Die Bevölkerung sieht er ausschließlich als Arbeitskräfte, die für den holländischen Exporthandel Ressourcen ernten, allen voran Kaffee. Von der Missionierung zum Christentum hält er jedoch nicht viel – er selbst ist zwar Kölner, jedoch Protestant und kein überzeugter Kirchgänger. Dennoch pflegt er einen engen Austausch mit den beiden deutschen Missionaren, die in den frühen 1830ern im Auftrag der Niederländischen Missionierungsgesellschaft ihre Arbeit auf Minahasa aufgenommen haben. Das hat mehrere Gründe: Er weiß, dass er deren jahrzehntelange Expertise nutzen kann, sei es um in den Besitz ethnografisch interessanter Objekte zu kommen oder auf die Missionare als Dolmetscher und Kontaktvermittler vor Ort zurückzugreifen. Ein paar Jahre später kontaktiert er sie erneut: Er benötige linguistisches Material und Beratung für seine Doktorarbeit über »Holontalo«[3], das die Bevölkerung aus der Gegend rund um die Küstenstadt Gorontalo auf Minahasa spricht.

In »Die Minahassa« stehen jedoch seine Eindrücke jener Reise 15 Jahre zuvor im Zentrum. Bemerkenswert ist, dass der Text in zwei Teile zerfällt, auch stilistisch. Auf der einen Seite fokussiert sich Joest darauf, wie die holländische Kolonialmacht mit der Bevölkerung umgeht und Rohstoffe für sich nutzbar macht. Nach seiner Wortwahl zu schließen scheint er geradezu begeistert, wie sich die Bevölkerung – unterstützt von den christlichen Missionaren – verändert hat. Es habe Krieg gegeben, schreibt Joest bereits im Tagebuch, »bis 2 deutsche Missionäre Riedel + Schwarz + nach ihnen holländ. Pioniere d. Civilisation den Leuten Feldbau lehrten, sie anhielten sich niederzulassen, ihnen Kleider, Sprache + einen Glauben gaben + mit einem Schlag, ohne Uebergang aus ~~wilden Barbaren~~ einen heiteren, tanzenden, harmlosen Menschenschlag machten; natürlich waren die Leute eminent kulturfähig«.[4] Die direkte Folge aus seiner Sicht ist der Exporterfolg: »Nur darum erzielen die Holländer in der Minahassa so auffallende Ergebnisse, weil sie die ~~Eingeborenen~~ zur Arbeit erzogen haben.«[5]

Gleichzeitig kritisiert er die Art und Weise, wie die holländische Verwaltung und Handelsgesandte mit der Bevölkerung umgehen: »Diese an die Minahasser gestellten Anforderungen sind einfach übertrieben«, schreibt er im Text. »Durch solche Verordnungen ist der Willkür keine Schranken gesetzt.« Und weiter: »Dieser Zustand ist jedoch bedenklich mit Sklaverei verwandt.«[6]

Mitten im Text findet sich dann ein Abschnitt, der eher nach einer von Joests typischen Reisereportagen klingt – der andere Teil, den sein »Die Minahassa« ausmacht. Von »Prediger Schwarz« vermittelt besucht er einen alten Mann. Der Wechsel im Kapitel ist unüberlesbar – er spricht sein Publikum auf einmal direkt an: »Ich bitte den Leser, [...] bei Tagesanbruch aufzubrechen, um in Tondano [...] eins der schwerfälligen, aus einem Stamme ausgehöhlten Kanoes [...] zu besteigen.«[7]

In diesem Stil geht es einige Seiten weiter, nach der Flussfahrt angekommen, besucht Joest einen »Alfurenhäuptling«. Er beschreibt den Mann, seine Persönlichkeit, sein Zuhause samt Tischtuch und macht die Szene damit lebendig, als verfasse er eine journalistische Reportage: »Verstehen wir es aber, ihn merken zu lassen, dass wir uns für die Minahassa und deren Geschichte interessiren, dann wird er seine Schätze auskramen [...].«[8] Er macht den Mann damit zu einem Protagonisten – um ihn als Beispiel holländischer »Erziehung« vorzuführen: Er, der »in seiner Jugend noch nackt ging, der Köpfe erbeutete«, biete ihm nun eine Zigarre an – sei also »erzogen« worden, »civilisiert«.

Was Wilhelm Joest bei all dem übersieht, ist die Vielfalt der Nordhalbinsel Sulawesis und ihrer Bedeutung, entstanden infolge jahrhundertelanger Handelsbeziehungen im weit ausgedehnten Malaiischen Archipel. Er übersieht sie, obwohl er sie beschreibt, etwa indem er über den Namen der Halbinsel ausführt:

> Die Erklärung des Wortes ist nicht schwer: die Wurzel »ssa« (issa, essa) bedeutet in den meisten Sprachen von Nord-Celébes die »Einheit«; durch das determinierende Präfix »ha« erhält der Stamm den Begriff des Kollektiven; das Präfix »ma« macht die Form verbal: »m-in-a-ha-ssa«, also »ma-ha-ssa« mit dem Infix »in« des Passivs, bedeutet demnach »zu einer Einheit geworden«. Unter diesem Namen bezeichneten die Eingeborenen ihre Verbindung gegen die gemeinsamen Feinde, und der Name wurde später dem Lande selbst beigelegt.[9]

Joest benennt die Diversität der Bevölkerung damit lediglich, stellt fest, dass aus den verschiedenen Bevölkerungsgruppen eine »Einheit« erwachsen ist – jedoch ohne daraus Schlüsse zu ziehen. Er könnte jenen Zusammenhalt positiv kommentieren. Er könnte auch bemerken, dass er womöglich selbst zur Gruppe der »gemeinsamen Feinde« gehört. Er geht darüber hinweg: Die Vielfalt der Minahasa als Wert, der nichts mit europäischen Interessen zu tun hat, existiert für Joest in diesem Text nicht.

IV.

DIE MINAHASSA

(NORDOST-CELÉBES.)

Wilhelm Joest, »Die Minahassa¹⁰ (Nord-Celébes)«, in: WELT-
FAHRTEN. BEITRÄGE ZUR LÄNDER- UND VÖLKERKUNDE, Bd. 2,
Berlin 1895, S. 179-223.¹¹

Wenn ich mir erlaube, den Leser nach einem der entferntesten Theile des Malayischen Archipels zu führen, so thue ich das mit der Absicht, demselben eine flüchtige Skizze eines der schönsten und interessanten Punkte unserer Erde, den ich aus persönlicher Anschauung¹² kennen gelernt habe, zu entwerfen: schön in jeder Beziehung, die Götter des Feuers und des Meeres¹³ scheinen ihr Können und Wollen mit Flora und Ceres vereint zu haben, um das Vollendetste zu schaffen, was in ihren Kräften stand; interessant, weil die Bewohner der Minahassa sich, ganz im Gegensatz zu ihren nächsten Nachbarn, den Buginesen oder Gorontalen¹⁴ nicht nur durch ihre angenehmen Züge, ihren durchgängig sanften und freundlichen Charakter auszeichnen, sondern weil wir hier ein Volk beobachten können, das in einem überraschend kurzen Zeitraum von dem Standpunkt vollkommenster malayo-polynesischer Barbarei zu dem Grade äusserlicher und innerlicher europäischer Zivilisation sich erhoben hat, zu dem ein Mutterland¹⁵ überhaupt im Stande ist, die Bewohner seiner Kolonien zu erziehen.¹⁶ // SEITE 182 // Die Minahassa bildet den nördlichen Ausläufer der erst nördlich, dann östlich, zuletzt gerade nach N-O, von dem Zentrum der vierzackigen Insel Celébes¹⁷ aus sich abzweigenden Halbinsel. Politisch und administrativ zu der holländischen Residentschaft Manado¹ gehörig,¹⁸ erstreckt sie sich zwischen dem 124° 18' und 1250 15 O. L. v. Gr., während sie bei dem 1° 4' ihren nordwestlichsten, bei dem 0° 50' Nördl. Br. ihren südlichsten Punkt erreicht. Die Grenze der Minahassa nach Süden hin bildet das Reich Bolang Mongondo, in welchem die Holländer erst seit wenigen Jahren ihren Einfluss geltend zu machen begonnen haben; westlich bespült das Meer von Celébes die Halbinsel, im Norden die Bangkastrasse, im Osten die Molukkensee. Die Grösse der Minahassa beträgt etwa 4800 Quadratkilometer.¹⁹

Wie dem Leser bekannt ist, befinden wir uns im Malayischen Archipel, in dem, die Ausläufer des alten Kontinents Asien umspannenden,

---

1   Ueber den Namen Manados s. Tjidschrift für Ind. Taal-, Landen Volkenkunde Bat. Gen. Th. XVII. »Hef oppergezag der Vorsten van Boläang over de Minahassa.

Gürtel von meist noch thätigen Vulkanen, der sich von Sumatra aus über Java und die Sunda-Inseln bis Timor östlich, dann nach Norden über Banda und die Molukken hin erstreckt, um von Halmahera nach dem nördlichsten Celébes, eben nach der Minahassa überzuspringen und sich von // SEITE 183 // dort über die Philippinen hin nach Formosa[20] fortzusetzen. Ich beobachtete im nördlichen Theil von Formosa eine starke Erderschütterung, verbunden mit einem plötzlich entstehenden Aufbrausen der See an demselben Tage, an welchen Manila im J. 1880 in Trümmer fiel, an demselben Tage, an welchem ein Freund von mir auch in der Minahassa ein heftiges Erdbeben verspürte.[21]

Die Minahassa ist vulkanischen Ursprungs, oder vielmehr sie besteht eigentlich nur aus Vulkanen, die durch ausserordentlich fruchtbare Thäler mit einander verbunden sind. Unter der Humusdecke brodelt der unterirdische Kessel ewig weiter. In Betreff der Solfataren[22], Schlammvulkane und heissen Quellen kann sich heute selbst nicht mehr Neu-Seeland mit der Minahassa messen. Hier erreicht Celébes im Klabat (Kalawat), Saputan und Lokon seine grössten Höhen (über 2000 Meter).

Die Geschichte der Minahassa ist in Kurzem folgende: Zu der Zeit, als die Portugisen von Westen, vom Kap der Guten Hoffnung kommend, und von Indien aus den Spuren arabischer Händler folgend, den Weg nach den Gewürzinseln fanden, zur Zeit, als die Spanier von der Südspitze des neuentdeckten amerikanischen Kontinents aus die fremde Südsee von Osten her durchkreuzten und unerwartet in den Molukken erschienen, befand sich der nordöstliche Theil von Celébes unter der Herrschaft des Sultan von Ternate. // SEITE 184 // Die Frage nach der Urbevölkerung der Minahassa, also nach den Vorfahren der jetzigen Bewohner, ob sie wirklich autochthon oder aus der Vermischung einwandernder Malayen mit ebenfalls eingewanderten Polynesiern entstanden ist, wollen wir hier nicht weiter berühren. Das scheint festzustehen, dass der Sultan von Ternate damals wenig in der Minahassa zu sagen hatte und dass die Bewohner es vorzogen, sich in das Dickicht ihrer Wälder zurückzuziehen, statt sich für ihren Herrscher bei dessen ewigen Fehden mit dem Sultan von Tidore todtschlagen zu lassen; auch scheint der Islam anfangs nur wenige Anhänger gefunden zu haben. Erst gegen

Beginn des 16. Jahrhunderts drang der im ganzen Malayischen Archipel siegreiche Glaube Mohammeds auch in die Minahassa ein, aber zu spät, denn zu derselben Zeit fassten auch die Portugisen festen Fuss auf Nord-Celébes. Seit jenem Augenblick hat das Christenthum, erst als Katholizismus, dann als reformirte Lehre in der Minahassa feste Wurzel gefasst.

Die Portugisen mussten Ende des 16. oder Anfang des 17. Jahrhunderts ihren siegreichen Gegnern, den Spaniern, weichen, und letztere wurden wiederum Mitte des 17. Jahrhunderts von den Holländern verdrängt. Seit jener Zeit hat die Minahassa nur noch einmal den Herrn gewechselt: Während der kurzen Herrschaft der Engländer wehte auch hier die britische Flagge, doch wurde das Land 1819 den Holländern wieder zurückgegeben.[23] // SEITE 185 // Die Portugisen und Spanier sind dahingegangen, ohne andere Spuren ihrer kolonisatorischen Thätigkeit zu hinterlassen, als einen grossen Schatz von romanischen Wörtern, die von den Bewohnern der Minahassa in deren Sprachen aufgenommen wurden und später auch in das ihnen aufgezwungene Malayisch übergingen. Man kann ganze Sätze in Minahassa-malayisch zusammenstellen, die nur aus portugisisch-spanischen Wörtern bestehen.[24]

Auch das katholische Christenthum ist später verschwunden, hier sowohl wie beinahe im ganzen Malayischen Archipel. Abgesehen von dem portugisischen Theil von Timor befindet sich nur noch eine kleine katholische Gemeinde in Larantuca auf Flores.

Um 1660 beginnt die Herrschaft der Holländer, d. h. der Niederländisch-Ostindischen Kompanie[25], welche sich anschickte, die Minahassa nach altbewährtem Muster zu verwalten.

Wir wollen versuchen, uns ein Bild von den damaligen Bewohnern der Minahassa, deren gesellschaftlichen und politischen Einrichtungen zu machen.

Das fällt nicht schwer, und ist durchaus kein Phantasiebild, weil wir mit voller Sicherheit annehmen können, dass dieselben Zustände, wie sie damals in der Minahassa herrschten, vollständig denen entsprechen, wie wir sie heute bei den noch unzivilisirten[26] Bewohnern von Celébes, oder von Seram und Buru vorfinden, und dann, weil eine gründliche

Änderung dieser Zustände // SEITE 186 // in der Minahassa erst seit kaum 60 Jahren herbeigeführt worden ist.

Die ~~Eingeborenen~~ führten durchaus kein idyllisches Dasein. Von Süden her wurden sie durch ihre Nachbarn von Bolang bedrängt, im Osten drohte ihnen der Sultan von Ternate, und von Norden und Westen her machten Seeräuber häufige Einfälle, brannten und mordeten, oder schleppten die Weiber und Kinder mit sich in die Sklaverei. Ausserdem lagen die einzelnen ~~Stämme~~ der Minahassa unter einander in fortwährender Fehde, weil durch die leidige Sitte des Köpfejagens, Familien- oder Dorfzwiste sich ins Endlose ausspannen [sic]. Es gab keine ~~Stämme~~, keine Gemeinden, die mehr bedeutet hätten, als ihre Nachbarn; einzelne Gruppen scharten sich, ängstlich nach aussenhin sich abschliessend, zusammen, und nur auf diese Weise lässt sich die ganz unglaubliche Menge von verschiedenen Sprachen, nicht Dialekten, erklären, die wir in Nord-Celébes finden. Noch heute werden in der kleinen Minahassa neun verschiedene Sprachen geredet, so dass der Eine den durch keinerlei politische oder geographische Grenzen von ihm getrennten Dorf-Nachbarn nicht verstehen, noch sich ihm verständlich machen kann.

Entsprechend dieser politischen Zerfahrenheit war auch das Leben des ~~Eingeborenen~~ im Allgemeinen. Seine Kleidung war die bescheidenste: ein schmaler Streifen aus geklopftem Baumbast (bei den Frauen eine Matte aus Palmblättern) bedeckte seine Blösse; im un- // SEITE 187 // zugänglichen Waldesdickicht auf hohen Pfählen baute er seine Hütte, stets vor dem hinterlistigen Feinde zitternd; Jagd und Köpfejagen bildete die Beschäftigung des Mannes, fiel erstere einmal schlecht aus, so wurden auch Schlangen, Würmer und Larven nicht verschmäht; auch Spuren von Menschenfrass lassen sich nachweisen.

Auf der Frau lastete die schwerere Hälfte des Daseins: sie musste den Sago klopfen, Früchte des Waldes suchen, die Kinder pflegen, und konnte immerhin noch froh sein, dass man sie, wenn sie beim Wasserholen plötzlich von hinten überfallen wurde, nur als Sklavin nach der nächsten besten Ansiedlung schleppte, statt ihr an Ort und Stelle den Kopf abzuschneiden. Ungeziefer bedeckte ihren Körper, Krankheiten herrschten vielfach, zumal bei Kindern, und die Einzigen, die es damals schon verstanden, sich auf Kosten ihrer Mitmenschen das Leben so angenehm wie möglich zu machen, waren die Priester. Aus dem Fluge und Zwitschern der Vögel, dem Herzen der Schweine, sagten diese »wahr«, Angenehmes oder Unangenehmes, je nachdem sie bezahlt wurden, kurz, ein grosser Einfluss von Priestern auf die Minahassa-Alfuren lässt sich schon seit Jahrhunderten nachweisen.

Eine Änderung dieser Zustände trat ein, als sich zu den schon genannten Feinden auch noch die Spanier gesellten. Da war es der Selbsterhaltungstrieb, der die ~~Eingeborenen~~ veranlasste, sich zu einer Konföderation, zu einer Bundesgenossenschaft zusammenzuschliessen, und hiervon stammt der Name »Minahassae«. // SEITE 188 // Die Erklärung des Wortes ist nicht schwer; die Wurzel »ssae« (*issa, essa*) bedeutet in den meisten Sprachen von Nord-Celébes[1] die »Einheit«; durch das determinirende Präfix »ha« erhält der Stamm den Begriff des Kollektiven; das Präfix »ma« macht die Form verbal: »*min-a-ha sa*«, also »*ma-ha-ssa*« mit dem Infix »*in*« des Passivs, bedeutet demnach »zu einer Einheit geworden«. Unter diesem Namen bezeichneten die ~~Eingeborenen~~ ihre Verbindung gegen die gemeinsamen Feinde, und der Name wurde später dem Lande selbst beigelegt. –

Wie ich oben sagte, richtete die Holländische Kompagnie sich häuslich in der Minahassa ein; nachdem sie dann Anfang dieses Jahrhunderts vor dem Bankerot nur dadurch bewahrt wurde, dass die holländische Regierung deren ganzen überseeischen Besitz nebst 112 Millionen Gulden Schulden übernahm, wurde die moderne holländische Kolonial-Verwaltung mit frischen Kräften auch auf der beinahe vergessenen Minahassa eingeführt und dank dieser hat das Land einen Kulturstandpunkt[27] erreicht, der einfach an das Wunderbare grenzt.

Leider fehlt mir die Gabe der Darstellung, um diesen wahrhaft paradisischen Irdenwinkel auch nur einigermaßen zu schildern. Sei es, dass man zur Zeit des // SEITE 189 // Ost-Monsuns in Amurang oder Manado auf der Westküste oder während des West-Monsuns in Kema[28] landet, bei dem ersten Schritt, den man in die Minahassa thut, wird man

---

[1] Vgl. des Verf.: *Das Holontalo. Glossar und grammat. Skizze. Ein Beitrag zur Kenntniss der Sprachen von Celébes.* Berlin 1883.

sich, zumal im Gegensatz zu den trostlosen Buginesen-Nestern der Westküste von Celébes, aber auch wenn man aus der reizvollen Inselgruppe der Molukken kommt, in eine neue, fremde Welt versetzt glauben. Die Überraschung wird auf das höchste gesteigert, wenn man einen Ritt ins Innere unternimmt.

Fahrbare Wege, auf denen kleine Wagen mit schwerfälligen, aus Holz gesägten Rädern, hoch beladen mit Säcken von Kaffee verkehren, verbinden alle Ortschaften und durchziehen die ganze Minahassa. Jedes Dorf, jedes Haus macht den Eindruck eines Spielzeuges, eines Schmuckgegenstandes. Breit ist die Hauptstrasse und von einer Sauberkeit, wie wir sie nur von unserm hoch zivilisirten Asphalt her kennen; Gräben mit fliessendem Wasser begleiten sie an beiden Seiten; dahinter findet man jedes Grundstück, jedes Haus von ½ m hohen, kunstgerecht zugeschnittenen Rosenhecken umgeben, deren Blüten die ganze Minahassa mit ihrem Duft erfüllen. Inmitten des Grundstücks erhebt sich das Haus des Besitzers, durchaus kein Palast, aber ein hübscher, auf Pfählen ruhender, blau und weiss getünchter Bau aus Bambus oder Nibong-Palmholz; das Dach bilden Palmblätter. Vor jeder noch so bescheidenen Hütte befindet sich eine kleine Veranda, während hinter dem Hause Verschläge für die unentbehrlichen Hausthiere, die Schweine // SEITE 190 // und Hühner, angebracht sind. In tiefem Schatten liegt das Haus, aber es sind nicht mehr die Riesen des Urwalds, die auf dasselbe herabblicken, sondern die üppigsten Obst- und Nutzbäume der heißen Zone.

Solche Grundstücke reihen sich oft Kilometer lang aneinander, eine Hauptstraße bildend, die dann endlich auf einen freien Platz ausläuft, dessen Mitte ein hoher Bambus-Flaggenstock einnimmt, an welchem lustig die holländische Trikolore flattert. Auch dieser ist von Rasenanlagen und geschmackvollen Blumenbeeten umgeben.

Die Menschen passen vollkommen zu dem Lande. Für mich gibt es überhaupt kein schönes Land, keine schöne Gegend ohne die dazugehörigen schönen Menschen, zumal die weiblichen Menschen. Und letzterer gibt es sehr viele in der Minahassa. Ich habe im ganzen Malayischen Archipel nicht so viele helle, frische, angenehme Mädchengesichter gesehen wie in der Minahassa. Man hat diese oft gerühmte Schönheit der

Minahasser auf eine Vermischung mit Europäern, etwa Portugisen oder Holländern zurückzuführen gesucht. Ich kann mich aber dieser Ansicht nicht anschließen, weil ich aus langjähriger Erfahrung[29] weiß, dass ~~tropische~~ Sprösslinge von Portugisen nicht heller, sondern meist dunkler ausfallen, als Vater oder Mutter; und die Schönheit der Minahassa-Mädchen den Holländern zuzuschreiben, dagegen möchte ich mich auch wehren, denn, so gerne ich die Holländer habe, – eine ~~Rassen~~ verschönernde // SEITE 191 // Eigenschaft möchte ich ihnen doch nicht gerade zusprechen. Nein, ich glaube, dass die Minahasser sich nur darum so prächtig entwickelt haben, weil man sie erzogen hat, menschenwürdig und anständig zu leben, dann aber vor allem, weil man ihnen gelehrt, weil man sie dazu gezwungen hat, zu arbeiten, – doch darüber später.[30]

Außer Mädchen gibt es auch noch männliche Minahassa-Bewohner und beide kann ich dem Leser nicht besser – leider nur allzuflüchtig – vorführen, als wenn ich ihn bitte, mir bei dem Eintritt in ein Minahassa-Dorf an einem Sonntagvormittag zu folgen.

Wir sind früh morgens aufgebrochen; die Luft ist klar und rein, die Wärme ganz erträglich, und unsere Ponies, von deren Rücken aus wir beinahe den Boden mit den Füßen berühren, traben wacker über die mit Sand bestreute Landstraße. Kirchenglocken ertönen und rufen die Dorfbewohner zum Gottesdienst.

Dies Glockengeläute weckte mir stets eigenthümliche Erinnerungen: ich wähnte mich nach den deutschen Kolonien, in Brasilien versetzt; dort wie hier Kokospalmen und Bananen, schöne Natur und schönes Land; dort wie hier Menschen, die durch Arbeit glücklich und zufrieden geworden waren.

Vor jedem Hause, in jedem »Erbe«, versammeln sich die Bewohner. Wir reiten unter irgendeinem Vorwand in einen der blühenden Gärten hinein – da hören wir nicht dasselbe Angstgeschrei, wie wir das sonst im // SEITE 192 // Malayischen Archipel gewohnt sind; da rennen nicht Kinder und Weiber in toller Flucht davon und lassen dabei womöglich irgend einen brüllenden Säugling im Stich; da kauert nicht der Hausherr auf den Knien oder Hacken, um uns mit demselben Gefühl herankommen zu sehen, wie etwa ein zum Tode Verurtheilter seinen Henker; nichts von alledem. Wir werden empfangen, wie alte Freunde des Hauses.»*Tabeah*[1] *tuan*«, Guten Tag, Herr! ruft die ganze Gesellschaft. Der älteste Sohn des Hauses hilft uns beim Absteigen und nimmt sich unserer Ponies an, auf die sicher im nächsten Augenblick ein paar halbnackte braune Bengel klettern werden, um sich den lang ersehnten Genuss zu verschaffen, einmal auf einem europäischen Sattel zu sitzen. Der Hausherr in – leider – europäischer Tracht, zu der auch oft eine zylinderförmige, aus Bambu geflochtene Angströhre[31] gehört, deren Biberschein durch eine Schicht Kopallack ersetzt wird, empfängt uns hochgeehrt und bittet uns näher zu treten. Auf der Veranda des Hauses treffen wir die Gattin, Schwestern und Töchter unseres Wirths in der kleidsamen indischen Tracht: buntem Sarong und weisser Jacke, und auch diese werden uns freundlich und ohne Verlegenheit empfangen. Wir bekommen herrlichen Saguweer (Palmwein) aus großem Bambusrohr in ein europäisches Glas eingegossen, man wird eine Kokosnuss spalten und uns den erfrischenden   // SEITE 193 //   Inhalt darbieten – kurz, wie ich schon sagte, wenn man die übrigen Theile des Malayischen Archipels bereist hat, wo durchgängig die Männer für den Europäer einfach gar nicht vorhanden sind, während die Frauen und Mädchen gewohnt sind, nur als Spielzeug eines flüchtigen Augenblicks betrachtet zu werden, – so fühlt man sich in eine neue Welt versetzt.

Ein anderes Bild!

Wir nehmen Abschied von unsern freundlichen Wirthen und reiten weiter die Dorfstraße entlang auf den Flaggenstock zu. Dabei nähern wir uns der Schule, und wiederum glauben wir unseren Sinnen nicht zu trauen: Da hören wir »Lobe den Herren« oder »Wir winden dir den Jungfernkranz« aus frischen, fröhlichen Kinderkehlen in vierstimmigem Gesang ertönen, so dass wir der Versuchung nicht widerstehen können, abzusitzen und in die Schule einzutreten. Ein junger, ~~farbiger~~ Lehrer wird uns, vielleicht etwas verlegen, aber mit vollkommen natürlichem Anstand empfangen und uns bitten, Platz zu nehmen. Da sitzen in einem hellen, freundlichen und trotz der Hitze nicht allzuwarmem, scheunenförmigem Raum (ganz ähnliche, allerdings etwas massivere Bauten sah ich früher in den einstigen, seit langem leider verlassenen

---

1 Minahassa-malayisch für »*tabehe*«.

und verödeten Jesuiten-Misiones [sic] zwischen dem Paraguay und Paraná[32]) Hunderte von rein gewaschenen, gesunden Kindern, denen aus den Augen zu lesen ist, wie sehr sie sich darüber freuen, dass einmal ein fremder Onkel gekommen // SEITE 194 // ist und dass nun das Examen losgeht. Wir werden von dem Ergebniss überrascht sein: Malayisch lesen und schreiben die Kleinen besser, als wir selbst; dann kommt Kopfrechnen, biblische Geschichte, elementare Geographie daran, und zum Schluss lassen wir die holländische Nationalhymne anstimmen. Der Lehrer gibt den Ton an und dann schmettert die Gesellschaft los, dass es eine wahre Freude ist.

Solche Eindrücke, wie ich sie auf meinen Ritten durch die Minahassa häufig, beinahe täglich genoss, vergisst man so bald nicht wieder.

Zum Schluss noch eine letzte Szene aus dem heutigen Minahassa-Leben:

Ich bitte den Leser, der die Nacht mit mir in dem Hause meines deutschen Gastfreundes, [sic] zubrachte, der eine der blühendsten Pflanzungen in der Minahassa angelegt hat, bei Tagesanbruch aufzubrechen, um in Tondano ein »blotto«, eins der schwerfälligen, aus einem Stamme ausgehöhlten Kanoes, an dessen vorderem und hinterem Ende sich merkwürdiger Weise Löcher befinden, die mit Gras und Erde verstopft sind, zu besteigen. Wir lassen den unbeschreiblich reizenden Tonsea-Wasserfall im Rücken und erreichen bald den Punkt, wo der bei Manado ins Meer mündende Temberan (»schnellfließend«) – derselbe ist ebenso wenig, wie irgend ein Fluss in der Minahassa schiffbar – den Ausfluss des Tondano-Sees bildet. Unsere Ruderer sind vergnügt singende (oder zählende »ya, ya, ya; ri, pe, // SEITE 195 // to«) Alfuren; ist uns der Wind günstig, so brechen wir am Ufer einige Zweige oder Sträucher ab und benutzen dieselben nach Art unserer Vorfahren als Segel.

Sobald wir den See erreicht haben, genießen wir eine herrliche Aussicht, auf deren Schilderung ich verzichten muss.

Lassen wir das Kanoe anlegen, um am Ufer unsere dorthin vorgeschickten Rösslein zu besteigen und über Tompsaso und Lahendong nach Sonder zu reiten! Man glaubt sich in einem Garten zu befinden: Zu beiden Seiten dehnen sich Kaffee-, Mais- und Reispflanzungen aus; die

~~Eingeborenen~~ arbeiten truppweise zusammen, von allen Seiten tönt uns ein vergnügtes »*tabeah tuan*« entgegen, häufig auch unterhalten sich die Arbeiter und Arbeiterinnen durch Chorgesänge, deren Melodie frommen, christlichen Chorälen und Kirchengesängen entlehnt ist, während der Text nicht gerade immer als ein sehr moralischer bezeichnet werden kann.

Die Wege sind gut; überall finden wir saubere Häuser und blühende Grundstücke, deren Rosenhecken von zahllosen Schmetterlingen, so groß wie unsere Vögel, und von buntschillernden Vögeln, so klein wie unsere Schmetterlinge, umgaukelt werden.

Da plötzlich liegt, anscheinend still und friedlich, zu unseren Füßen ein Kratersee, der von Linu. Dunkelgrün erscheint die eine Hälfte der Wasserfläche durch den Widerschein des Waldes, während die andere die lichtblaue Farbe des Himmels spiegelklar wiedergibt. // SEITE 196 // Je mehr wir uns dem Ufer des Sees nähern, desto deutlicher vernehmen wir ein unheimliches Donnern, Brausen und Zischen und bald befinden wir uns in einem Labyrinth von Solfataren, Geysern, heißen Quellen und kleinen Schlammvulkanen, wie ich sie in solcher Menge höchstens in Formosa[33] beisammen gesehen habe. Die Aussicht auf die an ihrem Fuß mit dichtester tropischer Vegetation umgebenen *Saputan*, *Lokon*, *Klabat* und den edelgeformten *Tampuso* – alle vier rauchende, tätige Vulkane – ist eine unvergleichlich, unvergesslich schöne.

Wir reiten vorsichtig weiter und erreichen bald darauf die ersten Häuser von Sonder, wo wir bei dem Prediger Schwarz[34] freundlichste Aufnahme finden. Sobald wir uns erholt und erquickt, gilt unser erster Besuch dem früheren Alfuren~~häuptling~~, dem jetzigen oder bisherigen (ich glaube, er ist inzwischen gestorben) Major von Sonder, Hendrik Willem Dotalong. Der Leser denke sich einen Greis von über 85 Jahren, der seinen Ehrentitel schon i. J. 1825 erhielt, weil er damals mit seinen Alfuren die Holländer auf Java bei deren Kämpfen gegen Dipo Negoro unterstützte. Er wird uns gerade so empfangen, wie ein alter europäischer Spießbürger, verstehen wir es aber, ihn merken zu lassen, dass wir uns für die Minahassa und deren Geschichte interessiren, dann wird er seine Schätze auskramen und sich mit seiner Uniform, die ihm einst vor 50 oder 60 Jahren die Compania verliehen hat, samt Orden, Ehrensäbel und

Federhut // SEITE 197 // schmücken; und wenn wir immer noch den Kopf schütteln und von der alten Minahassa weiterreden, dann wird er Federhut und Uniform bei Seite werfen und sich mit dem »*Kain patola*«, einer seidenen Schärpe mit Zeichnungen ähnlich denen einer Schlangenhaut umgürten; er wird Schild und Lanze ergreifen – sollten dieselben nicht gerade zur Hand sein, genügt auch ein Regenschirm und Strohhut – und uns einen »*Jakaleli*« vortanzen, wie der beste »*Kabesaran*«[I].

Da wird das Alfurenblut wieder warm in dem Alten und wehmüthig werden wir sehen, wie seine Kräfte allmählich abnehmen und wie er sich endlich mit einem Ausdruck, als wolle er sagen: »Die schönen Zeiten sind leider für immer vorbei« in seinen Sessel wirft.

Erwachen wir aus dem Traum, in den uns das Treiben dieses, ich möchte beinahe sagen: fossilen Alten versetzt hat, was sehen wir vor uns?: eine Petroleumlampe, ein weißes Tischtuch, eine Teemaschine und ein halbes Dutzend glattrasierter, gutmütig dreinschauender alter Knaben nach Art unserer Geheimen Räte oder Bürgermeister, und der alte Major, der plötzlich wieder Philister geworden ist, wird uns, um unsere letzten Illusionen zu zerstören, ruhig fragen: »Nehmen Sie vielleicht einen Bittern! Rauchen Sie eine Zigarre?« Und das ist derselbe Mann, der in seiner Jugend noch nackt ging, der Köpfe erbeutete // SEITE 198 // und der sich von seinem *Tonaas*[II] aus dem Herzschlage frischgeschlachteter Schweine wahrsagen ließ.

Die Frage liegt nun nahe: Durch welche Mittel haben es die Holländer erreicht, in einem, kaum ein Menschenalter überschreitenden Zeitraum, jene Wildnis mit ihren Wilden in ein glückliches, Ertrag bringendes Land zu verändern?

Bevor ich auf eine Beantwortung dieser Frage eingehe, möchte ich bemerken, dass die Zustände in den übrigen holländischen Besitzungen im Malayischen Archipel durchaus nicht denen der Minahassa entsprechen.

Das schöne, reiche Insulinde ist Jahre, ein Jahrhundert lang, als milchende Kuh von Seiten des Mutterlandes betrachtet und behandelt worden; dieses Verhältnis hat sich in letzter Zeit sehr geändert. Während

---

I   Name für Alfurische Kriegstänzer in der Minahassa.

II Eigentl.: »Tou nahas« (v. »tahas« = Mark, Kerne) = »Mann von Mark und Blut«, »Anführer«, »Priester« (Graafland).

die holländisch-indischen Kolonien in den Jahren 1867 bis 1879, also in 12 Jahren, noch einen Überschuss von 105 Millionen Gulden an das Mutterland ablieferten, schloss das indische Budget der Jahre 1879–81 mit einem Fehlbetrag von 44 Millionen ab, der sich inzwischen von Jahr zu Jahr gesteigert hat. Schuld an dieser unglücklichen Finanzlage ist vor allem der Krieg in Atjeh[35], sodann die seit Jahren zunehmende Entwerthung der kolonialen Erzeugnisse Zucker, Kaffee, Tabak, Cinchona, u. s. w. // SEITE 199 // Es ist sehr schwer, wenn nicht unmöglich, sich ein Bild von der Finanzlage der einzelnen holländischen Kolonialbesitzungen zu machen. Immerhin glaube ich behaupten zu dürfen, dass die Minahassa, ganz im Gegensatz zu ihren Nachbarn, den Molukken, eine der wenigen holländischen Kolonien ist, die dem Staate Geld einbringt. Die holländische Kolonialregierung ist durchaus nicht musterhaft; ein schwerfälliges Verwaltungswesen lähmt und hemmt den guten Willen und die Fähigkeit des Einzelnen; die ewigen Versetzungen aus irgend einem entlegenen Teil des Archipels in den gerade entgegen gesetzten, bei denen der betreffende Beamte oder Offizier Weib und Kind samt Dienerschaft auf Staatskosten mit sich führt, kosten Holland, bei den unglaublich hohen Fahrpreisen der Dampfer außerordentliche Summen; dann auch ist den ~~eingeborenen Häuptlingen~~[36] überall in ganz Niederländisch-Indien eine Stellung eingeräumt, die ihnen entschieden nicht zukommt. Dieselben intriguieren einmal mit den Holländern gegen die einheimische Bevölkerung, das andere Mal umgekehrt: das Ergebniss ist immer, dass die holländische Regierung zu kurz kommt, und dass die ~~Eingeborenen~~ doppelt belastet werden; der Vorteil fällt stets nur den schlauen »*hoofden*«[37] (~~Häuptlingen~~) zu.

Die Minahassa zählt ungefähr 200 000 Einwohner und zwar etwa 750 Europäer samt deren Nachkommen, die nicht immer rein europäisches Blut in den Adern haben; dann vielleicht 2500 Chinesen, die hier, wie im // SEITE 200 // ganzen Archipel, als Krämer und kleine Kaufleute sich eingenistet haben. Dieselben werden von der holländischen Regierung durchaus nicht geliebt und ist ihnen nur in Manado und Amurang fester Aufenthalt gestattet; für kurze Reisen in das Innere erhalten sie gegen teures Geld Pässe. Man fürchtet hauptsächlich, dass die Chinesen durch ihre höhere Intelligenz die leichtfertigen ~~Eingeborenen~~ allzusehr ausbeuten.

Die Zahl der Araber in der Minahassa ist gering. Ich glaube nicht, dass deren mehr als 80–100, meist Händler oder Kaufleute, dort angesessen sind. Wenn man den Islam mit vollem Recht als den größten Feind Hollands in Indonesien betrachtet und in dem unleugbaren Fortschritt der Lehre Mohammeds eine wachsende Gefahr für die Lehre der christlichen Europäer in Asien sieht, so ist in der Minahassa kein Grund zu solchen Befürchtungen vorhanden.

Den Rest, also weitaus den größten Theil der Bevölkerung bilden die »Inlanders«, die ~~Eingeborenen~~, die sich heute sämmtlich, bis auf eine kleine verschwindende Minderheit, zum Christentum bekennen.

Die ganze Minahassa bildet einen Teil der Residentschaft Monado, deren oberster Beamter, der Resident, in der gleichnamigen Hauptstadt wohnt. Die Minahassa selbst ist dann wieder in fünf Distrikte verteilt: 1. Manado (im W.), 2. Kema (N. u. N.O.), 3. Tondano (Ctr.), 4. Amurang (S.W.) und 5. Belang (S.O.) Jeder Abteilung steht ein holländischer Beamter, ein sogenannter *Con-* // SEITE 201 // *troleur* vor, der die Verwaltung des Landes in Händen und die Arbeit der Bevölkerung zu beaufsichtigen hat; ebenso untersteht jeder Hauptort in jeder Abteilung einem »*Major*«, einem ~~Eingeborenen~~. Diese Bürgermeister trugen früher andere Namen, z. B. »*Kapala halk*« »Balken~~häuptlinge~~«, weil ihre amtliche Tätigkeit den Holländern gegenüber hauptsächlich im – natürlich unbesoldeten – Liefern von Balken für Regierungsbauten, Kaffeemagazine u. dgl. bestand. Nachdem aber verschiedene dieser ~~Häuptlinge~~ während des letzten Java-Kriegs auf Seiten der Holländer gefochten hatten, erhielten sie den Titel »Majors«, den jetzt beinahe alle Bedeutenderen tragen.

Etwas niedriger im Rang stehen die »*Hukum besar*« (vielleicht von dem alfurischen Wort »*Ukunge*«, »Aeltester«, »*besar*« = »gross«). Dieselben erhalten ein festes, ziemlich hohes Gehalt und ausserdem fl.[38] 0,20 f. ür jeden, in ihrem Bezirk an die holländische Regierung abgelieferten »*Pikol*«[39] (62 kg) Kaffee. Als Zeichen ihrer Würde führen sie einen Stock aus spanischem Rohr mit goldenem oder silbernem Knopf und einen

Sonnenschirm in den holländischen (bezw. orange) Farben. Die Schulzen kleinerer Distrikte mit nur wenigen Dörfern führen die Titel »*Hukum kaduahe*« (Majoor mudahs), »*Hukum tuwah*« oder »*ketjil*«[I]. Wenn deren // SEITE 202 // Gehalt auch oft nur in einer kleinen Beteiligung an der Kaffeeernte besteht, so sind sie doch selbst nicht nur von allen Frohndiensten befreit, sondern sie verfügen auch nach Willkür über die Zeit und Arbeitskraft ihrer Schutzbefohlenen, durch welche sie ihre eigenen Kaffeeplantagen, Reis-, Maisfelder u. s. w. bestellen lassen. Ob sie dazu berechtigt sind, ist sehr fraglich; dass sie dies Vorrecht aber für sich in Anspruch nehmen und ausnutzen, das weiß ich aus eigener Anschauung.

Vermittelst dieser nach Manado hin zentralisierenden alfurischen Beamtenhierarchie, deren Bestreben einzig und allein darin besteht, so viel Kaffee wie möglich an die holländische Regierung abzuliefern,[II] sowie durch eine Menge direkter und indirekter Steuern erreicht es Holland, aus der kleinen Minahassa ein Einkommen zu beziehen, das geradezu überraschend ist.

Über die Art und Weise, wie die ~~Eingeborenen~~ zur Arbeit herangezogen werden, werde ich gleich reden. Hier will ich nur beispielsweise erwähnen, dass die Minahassa im Jahre 1882 ca. 19 000 *Pikol* Kaffee erzeugte. Dieser Kaffee, der bekanntlich zu dem besten gehört, der im Malayischen Archipel wächst, wurde von der Holländischen Regierung draußen mit 14 Gulden der *Pikol* bezahlt, während derselbe in Holland zum durchschnittlichen Preise von 83 Gulden ver- // SEITE 203 // kauft wurde! Das macht für Kaffee allein einen Verdienst von ungefähr 2½ Millionen Mark[III] oder ca.: . . . . fl. 1 310 000

Die Verpachtung des Opiumverkaufs brachte
ein ca. . . . . » 14 500

Kopfsteuer von Europäern, Chinesen,
Arabern ca. . . . . » 6000

I »Zweiter Hukum (Junger Major)«; »alter«, oder »kleiner Hukum«.

II Aller Kaffee muss zu einem Preise, dessen Höhe die Regierung bestimmt, dieser abgeliefert werden.

III Unbedingte Genauigkeit beanspruchen diese Zahlen nicht, da ich keine Gelegenheit hatte, die Frachtdifferenzen der verschiedenen Sendungen zu berechnen.

Das sogenannte Patentrecht, ausserdem die
Steuer auf Kramläden, Bazare etc. ca. . . . . »   2000

Grundsteuer (*Verponding*), ca. . . . . »   9000

Gewerbesteuer (*Bedrijfsbelasting*) fremder
Asiaten ca. . . . . »   3600

Steuer auf Pfand und Spielhäuser (meist in
Händen von Chinesen) auf Schnaps (Arak- und
Rum-Buden, für Segelrecht und Pässe (1883) ca. »   7500

Hacil (Kopfsteuer der ~~Eingeborenen~~) 1882 ca. . » 200000

Summa . . . fl. 1551600[40]

Man darf also, ohne hoch zu greifen, annehmen, dass die Minahassa in diesen Jahren dem holländischen // SEITE 204 // Staatsschatz durchschnittlich über 2½ Millionen Mark jährlich einbrachte.

Betreffs der Kosten der Verwaltung der Kolonie bin ich nicht im Stande, irgend welche zuverlässige Zahlen anzugeben; dieselben sind aber auf keinen Fall bedeutend.

Wiederum tritt die Frage an uns heran: Wie haben die Holländer es fertig gebracht, den einstigen Urwald in eine so einträgliche Kolonie zu verwandeln? Und die Antwort lautet: Nur darum erzielten und erzielen die Holländer in der Minahassa so auffallende Ergebnisse, weil sie die ~~Eingeborenen~~ zur Arbeit erzogen haben.

Die Bewohner des tropischen malayischen Archipels haben dieselbe Welt- und Lebens-Anschauung, wie ihre sämtlichen Kollegen rings um den Erdkreis: Sie ziehen das Nichtstun jeglicher Arbeit vor und wenn wir Europäer nicht durch Ehrgeiz oder durch die Sucht nach Gewinn angeregt würden, dann würden wir es da draussen genau so machen, d. h. uns auf den Rücken legen, andere Leute (~~Sklaven~~ oder Weiber) für uns arbeiten lassen und von den Früchten leben, die uns eine gütige Natur in den Schoss fallen liesse.

Dieses *dolce far niente* des ~~Eingeborenen~~ hört aber auf, sobald dem Betreffenden die Ehre und das Vergnügen zuteil wird, Untertan der Holländer zu werden. Die sagen ihm einfach: »Lieber Freund. Du hast nunmehr genug gefaulenzt; jetzt wirst Du die Güte // SEITE 205 // haben, zu arbeiten, und die Früchte dieser Arbeit werden Dir ebensowohl, wie mir zugute kommen. Vorläufig verstehst Du das noch nicht, das schadet aber gar nichts, Du tust was ich Dir sage: Arbeite!«

Und der ~~Eingeborene~~ wird sich aufraffen müssen, so schwer ihm das ankommen mag; von den vielen Stunden, die er früher zu verträumen pflegte, wird er einige benützen, um die ihm vorgeschriebene Zahl von Kaffeebäumen zu pflanzen. Während er bisher seine Frauen und ~~Sklaven~~ für sich arbeiten ließ, verbietet ihm heute die Regierung das Halten von ~~Sklaven~~, das Christenthum untersagt ihm die Vielweiberei, der *Hukum besar* aber will Kaffee haben, und da bleibt eben dem Alfuren nichts anderes übrig, als ein anderes Leben zu beginnen und selbst zu arbeiten. Und das bekommt ihm sehr gut.

Auf Einzelheiten kann hier nicht weiter eingegangen werden, jedenfalls steht die Thatsache fest, dass der väterliche Despotismus der Holländer in der Minahassa, so lange er gewisse Grenzen nicht überschritt, zu den glänzendsten Ergebnissen geführt hat.

Mit menschenfreundlichen Redensarten kommt man nicht weiter.

Den Standpunkt muss und wird jeder europäische Staat, der einmal in irgend einem bevölkerten überseeischen Lande festen Fuß gefasst hat, einnehmen, dass ihm nur die Wahl bleibt, entweder die Herren ~~Eingeborenen~~ als zwecklose Subjekte herumlaufen zu // SEITE 206 // lassen, die sich höchstens dazu eignen, in den Schooss [sic] irgend einer christlichen Religionsgemeinschaft aufgenommen zu werden, um in Faulheit und Schnaps zu verkommen, oder aber dieselben, gerade so wie es die Holländer thun, zur Arbeit zu erziehen oder vielmehr zu zwingen.

Da gibt es aber vielfach, zumal in Deutschland, Leute, die vor Schreck zusammenfahren, sobald jemand von Zwang dem ~~Neger~~, Papua oder Polynesier gegenüber redet. Allein man bedenke doch nur, dass diese ~~Eingeborenen~~ auf derselben geistigen Stufe stehen, wie unsere Kinder, und dagegen wird doch wohl niemand etwas einzuwenden haben, dass unsere Kinder zur Arbeit angehalten und gezwungen werden. Unsere Kinder müssen gegen ihren Willen manches tun, dessen Nutzen und

Zweck sie erst viel später einsehen lernen. Ich gehe aber noch weiter; ich behaupte, dass es ebenso die Pflicht jedes europäischen Staates oder eines Privatmanns ist, der überseeische Besitzungen erworben hat, die ~~Eingeborenen~~ da draußen zu erziehen, wie es seine Pflicht zu Hause ist, seine Kinder zu erziehen und dieselben an Arbeit zu gewöhnen – und das geht einmal nicht ohne Zwang.

Ist denn Zwang so etwas Fürchterliches und herrscht denn anderswo in der Welt kein Zwang? Man denke doch nur, abgesehen vom Schulzwang, an unsere 1- bis 4-jährige Dienstzeit, die den jungen Leuten so ungeheuer wohltut. Herrscht da nicht Zwang von morgens // SEITE 207 // bis abends und mit welchem Erfolge? – dass den jungen Leuten Gehorsam und Reinlichkeit, Ordnung und Pünktlichkeit beigebracht wird, dass sie lernen, sich anständig zu benehmen, dass sie gesund, dass sie mit einem Worte ganz andere Menschen, als früher, werden. Und alles das ist ihnen angezwungen worden!

Wenn ich nun eben sagte, dass wir von den Holländern lernen können, so will ich damit dennoch keineswegs behaupten, dass das holländische System oder vielmehr die Art und Weise, wie dasselbe heute durchgeführt wird, mustergültig sei. Durchaus nicht und zwar aus folgenden Gründen:

Die Bevölkerung der Minahassa wird eingeteilt in »*Burghers*«, Bürger, und in »*Inlanders*«, ~~Eingeborene~~. Erstere sind Nachkommen von Einwanderern[1], Weiße und ~~Farbige~~, Mohammedaner und Christen, deren einzige Verpflichtung, abgesehen von gewissen Steuern, darin besteht, in die »*Schutterij*«, die Bürgerwehr, einzutreten und als Mitglieder derselben Wachtposten vor dem Hause des Residenten, den Gefängnissen u. s. w. zu beziehen, sowie sich für den Kriegsfall im Waffenhandwerk zu üben.

Es spricht übrigens für den sanften, gutmütigen Charakter der Alfuren, dass die ganze bewaffnete Macht // SEITE 208 // Hollands in der Minahassa aus einem Premier-Lieutenant und 50 indischen Soldaten bestand, wie denn bei der Besitznahme der Minahassa – zwei unbedeutende Aufstände in Tondano abgerechnet –, soviel mir bewusst kein Tropfen Bluts vergossen worden ist.

---

[1] Auch von ~~Eingeborenen~~, die wegen ihrer, den Holländern in gefährlichen Augenblicken bewiesenen Treue, von Frohndiensten befreit wurden.

Die Mitglieder der Schutterijen genießen ein Vorrecht, das ihnen, meiner Ansicht nach, gar nicht zukommt, und durch welches Holland sich die Söhne des Landes in bedenklicher Weise entfremdet; denn warum soll ein aus Gorontalo eingewanderter Moslim besser daran sein, als etwa der in Manado geborene, vollkommen gebildete, christliche Minahasser, der durch das Gesetz gezwungen wird, Dienste zu tun, zu denen in den T̶r̶o̶p̶e̶n̶ sonst nur Zuchthäusler verwendet werden; aber sämtliche Fremden sind nun einmal von den Frohndiensten befreit, sämmtliche E̶i̶n̶g̶e̶b̶o̶r̶e̶n̶e̶n̶ dagegen denselben unterworfen.

Über diese »Herrendienste« ließe sich viel schreiben; eine einfache Aufzählung derselben möge hier genügen. Es sind nach offiziellen Quellen folgende:

Die Kaffeekultur; dieselbe wurde 1822 eingeführt. Nachdem die holländische Regierung erkannt hatte, wie gut der Kaffee in der Minahassa gedieh, wurden sämtliche Regierungsposten mit Beamten aus Java besetzt und das allgemeine Losungswort hieß Kaffee! Die günstigen Strecken wurden annektiert und der Frohndienst begann. Der Wortlaut der Gesetze klingt allerdings nicht sehr schlimm: Jeder E̶i̶n̶g̶e̶b̶o̶r̶e̶n̶e̶ // SEITE 209 // braucht nur drei Tage im Monat für die »*Compania*« zu arbeiten; jeder braucht nur 20 Bäume jährlich zu pflanzen und zwar nicht, wie auf Java in riesigen Gouvernementsgärten, nach denen die Leute oft meilenweit wandern müssen, sondern jeder kann sich sein Gelände aussuchen, nur muss dasselbe vom Kontrolleur oder vom Major gebilligt worden sein. Das Grundstück urbar machen, abroden, aufhacken, bewässern und ausjäten muss der Mann auch auf seine Kosten, und wenn alles zur Kaffeekultur bereit ist, dann sagt sich so ein Inlander vielleicht: Jetzt möchte ich aber hier viel lieber Tabak oder Mais oder Reis pflanzen – ohne Zwang würde er aber nie daran gedacht haben, auch nur den dicht hinter seinem Hause liegenden Boden kulturfähig zu machen.

Die Anregung geht von Holland aus, folglich soll auch der Ertrag dieser Arbeit Holland zu Gute kommen.

Das Gesetz sagt ferner, dass jeder, der 4 Pikol (248 kg) Kaffee abliefert, von der Verpflichtung zu weiterem Anpflanzen befreit sein soll.

Aber wer kontrolirt das? Abgesehen davon, dass es gar nicht zu den Unmöglichkeiten gehört, dass der Inlander beim Abwiegen des abgelieferten Kaffees von seinem *Hukum Ketjil* betrogen wird, so hat auch jeder holländisch-indische Beamte vom kleinsten Ortsvorsteher bis zum Resident, teils aus persönlichem Interesse, teils aus reinem Strebertum, nur den einzigen Wunsch, möglichst viel Kaffee abzuliefern.   // SEITE 210 // Für den Pikol bezahlt dann die Regierung den feststehenden Satz von f. 14.[41]

Aber es handelt sich nicht um Kaffee allein, man höre weiter:

Herrendienste sind: das Anlegen, Bauen, Unterhalten von Wegen, Brücken, Dämmen, Deichen, Wasserleitungen, Meilen-Pfählen, Wachthäusern u. s. w.

Das Bauen und Unterhalten von Kirchen, Schulen uud Rasthäusern. Letztere entsprechen den »*Pasanggrahan*« auf Java[1] und dienen zur Aufnahme von reisenden Beamten oder Fremden. Diese »*Loges*«, wie sie auf Minahassa-malayisch heissen, – wahrscheinlich weil sie den früheren Faktoreien der Portugisen (*loge*, Laden) bezw. der holländischen Kompanie entsprechen – sind sehr gut gebaut und liegen manchmal unbeschreiblich schön im Kokoswalde. In letzter Zeit hat die holländische Regierung sich dazu entschlossen, diesen kostspieligen Luxus etwas einzuschränken und die durch Frohndienst errichteten Bauten an die Majore und sonstigen H~~äuptlinge~~ als Dienstwohnungen zu verkaufen.

Herrendienste sind ferner:

Das Beziehen von Wachtposten vor Gefängnissen, Magazinen u. s. w.; der Transport von Beamten (bei deren Dienstreisen) und von Regierungs- // SEITE 211 //   Gütern (Kaffee!); von Gefangenen und amtlichen Briefen; ferner:

Das Leisten von (solchen) Diensten an die *Hoofden* »die durch das Gewohnheitsrecht (*Hadat*) gesetzlich geworden sind.« »Wenn außerdem Arbeiter (sogenannte »freiwillige«) mangeln, so können beliebig viele Inlander gegen billige Belohnung zur Arbeit veranlasst werden.« Das sind doch sehr dehnbare Begriffe.

Diese an die Minahasser gestellten Anforderungen sind einfach übertrieben. Durch solche Verordnungen sind der Willkür keinerlei Schran-

---

[1] Den »Dak-Bungalows« in Britisch-Indien.

ken gesetzt. Die guten Alfuren, die früher sofort ~~Sklaven~~ wurden, wenn ihnen irgend ein *Hoofd* ein Paar Körbe Reis vorgeschossen hatte, die sie dann nicht in ein oder zwei Jahren zurückerstatten konnten, sie waren gewiss an schlechte Behandlung gewöhnt, aber dieser Frohndienst geht wirklich zu weit. Ich weiss aus persönlicher Erfahrung, dass Leute gezwungen gewesen sind, 150 Tage im Jahre umsonst für die holländische Regierung zu arbeiten. Dieser Zustand ist doch ganz bedenklich mit Sklaverei verwandt.

Dabei soll der Mann mit seiner Familie noch sein eigenes Feld bestellen, die Schweine und Hühner besorgen, seinen Mais und Reis bauen, von Regierungswegen muss er außerdem sein Haus anstreichen, sein Grundstück und den dazu gehörigen Teil der Landstraße in Ordnung halten, – alles ohne einen Pfennig Bezahlung! Da müssen natürlich die Frauen mitarbeiten, und ob- // SEITE 212 // gleich die holländische Regierung zur Erleichterung des Loses der letzteren alles mögliche getan hat: Man führte Hebammen und allgemeinen Impfzwang ein, man stellte an verschiedenen Plätzen der Minahassa junge ~~Farbige~~, sogenannte *Doctor Java* an, u.s.w., so glaube ich dennoch, dass die Frauen und Mädchen gezwungen sind, ihren Gatten, Vätern und Brüdern bei der Feldarbeit mehr zu helfen, als ihrer Gesundheit zuträglich ist.

Aber auch hierbei kam den Holländern zu ihrem sonstigen beispiellosen Glück in der Minahassa wiederum eine alte alfurische Einrichtung, die der sogenannten *Mapalus* d.h. der abwechselnd gemeinsamen Bearbeitung der den einzelnen Familien gehörigen Grundstücke, zu Gute.

Als Reste der heidnischen »*Fosso*- (oder *posso*) Feste«[42] haben sich diese *Mapalus* erhalten, bei denen es heute noch, trotzdem fleißig gearbeitet wird, lustig genug zugeht. Abends laufen kleine Jungen mit Trommel und Blechpfeife durch das Dorf und verkünden mit lauter Stimme, wo und um welche Stunde am folgenden Tage gearbeitet werden soll – d.h. es ist das ein freiwilliger Kommunismus der Dorfbewohner, das Gouvernement hat damit gar nichts zu tun. Am nächsten Morgen bei Tagesgrauen sammeln sich beide Geschlechter an einem bestimmten Punkte, um in langem Zuge, ein paar Jungen mit bunten Fahnen, Trommeln, Pfeifen und Triangeln an der Spitze, zur Arbeit hinauszuziehen; heute wird das Feld des einen, morgen das des anderen // SEITE 213 // bestellt. Der betreffende Eigentümer muss nach Landesgebrauch für das nötige Getränk sorgen und der mit Saguweer[43] gefüllte Bambus kreist häufig. Bei Sonnenuntergang marschiert die ganze Gesellschaft meist in etwas angeheitertem Zustande Arm in Arm wieder zurück und singt dann mit Vorliebe die oben angedeuteten »Psalmen«. –

Niemand wird sich unter diesen Umständen wundern, dass es in der Minahassa keine Hausindustrie giebt abgesehen von dem mehr spielartigen Flechten von Matten, Körben oder Zigarrentaschen aus geschlitzten Palmblättern –; die Leute haben einfach keine Zeit dazu.

Auch der Handel in den drei Freihäfen Manado, Kema und Amurang ist ein sehr beschränkter. Zur Ausfuhr gelangen außer Kaffee noch Tabak, Gumutu (Palmfaser), Schildpatt, Vogelnester, Muskatnüsse; eingeführt werden hauptsächlich europäische Waaren: Messer, Irdengeschirr, Lampen, Petroleum, Leinenzeug, Zucker, Tee, Bier.

Dass die Bewohner der Minahassa sonst zu allerlei Handwerk gut veranlagt sind, das beweisen die Bantik, ein sehr interessanter Stamm, über dessen Herkunft man indessen leider noch mehr im Dunkel ist, als über die der jetzt christlichen Minahasser.

Diese Bantik haben es durch ihre merkwürdig ablehnende Haltung verstanden, trotzdem sie mitten unter den christianisirten und europäisirten Minahassern leben, sich vollkommen unabhängig und durchaus unbeeinflusst // SEITE 214 // von den holländischen Beamten sowohl, wie Missionaren zu halten, so dass diese es bis heute nicht gewagt haben, den Bantik, obschon dieselben vollkommen friedfertig und harmlos sind, mit Zumutungen von Christentum, Kaffeekultur oder Herrendienst nahe zu treten.

Die Bantik, etwa 4000 an der Zahl, liefern kunstvoll gearbeitete Töpfe, Bambusgeräte, Körbe und Ähnliches nach Manado; außerdem sind sie fleißige Ackerbauer, ihre Gemüse, Früchte, ihr Reis und zumal der Mais sind berühmt.

Diese zahmen ~~Wilden~~ sind freundlich und gastfrei: Wie manchen herrlichen Saguweer-Trunk habe ich aus dem Bambusrohr eines mir begegnenden Bantikmädchens genossen! Letztere sind, obschon viel dunkler als die Minahasser, meist sehr hübsch[1]. Klein von Gestalt, in grauem Sarong aus selbstgewebtem Baumwollstoff, in kurzer blauer Jacke, die straff über den Kopf und den Oberkörper gezogen wird, zeichnen sie sich besonders durch ihre auffallend zierlichen Gelenke aus, die sie durch schwerfällige Armbänder aus Sumatra-Elfenbein zu verzieren trachten.[11] // SEITE 215 // Fassen wir noch einmal die gegenwärtige Lage in der Minahassa kurz zusammen: Der fremde Mohammedaner wird nur zur Schutterij[44], also zu einem Ehrendienst herangezogen; der heidnische Bantik lebt vollkommen unabhängig und frei von allen persönlichen Lasten, und nur der Sohn des Landes, der christliche Minahasser, der auf der Schule eine durchgängig gründliche und tüchtige Schulbildung genossen hat, wird zu den härtesten Frohndiensten angehalten.

Kann sich da irgendjemand wundern, dass die Vorliebe der Minahasser für das holländische Gouvernement nicht allzu groß ist, geringer vielleicht, als es die in der Minahassa angesessenen Beamten einsehen oder zugestehen wollen, während es dem Fremden leicht ist, sich darüber eine Ansicht zu bilden.

Dass die holländische Regierung unter der ganzen Burgherpartei im Malayischen Archipel, einer Partei, die zum großen Teil aus ~~Mischlingen~~ besteht, sehr wenige Freunde zählt, dürfte wohl endlich selbst im Mutterlande bekannt sein.

In der Minahassa herrscht aber außerdem die Gefahr, dass die »Bürger« eines schönen Tages Schulter an Schulter mit den »Inländern«, die hier, dank den Schulen und Missionaren, sehr oft auf einer höheren Stufe der Bildung stehen, als die bevorzugte Klasse, gegen die Holländer Front machen. Man glaube nicht, dass die Minahasser, weil sie gute Christen sind, darum // SEITE 216 // auch gute Holländer wären; durchaus nicht. Zu denkenden Menschen sind sie geworden, und gerade weil sie denken, werden sie sich eines Tages der übermäßigen Aussaugung von Seiten Hollands widersetzen.

Kurz vor meiner Ankunft in der Minahassa hatte es schon einmal in

---

1 Vgl. das ausgezeichnete Werk von Hofrath Dr. A. B. Meyer: »Album von Celebes-Typen«. Dresden 1889.

11 Meine ethnographische Sammlung der Bantik und Minahassa-Alfuren befindet sich jetzt im Museum für Völkerkunde zu Berlin.

dieser Beziehung aufgeblitzt, und dieser Blitz war den Beamten gewaltig in die Glieder gefahren: In Kema hatten sich verschiedene junge Leute, Christen, die eigentlich zu den »Inlandern« gehörten, mit Zustimmung der übrigen »Bürger« in die Schutterij eingeschmuggelt. Als der Kontrolleur dies erfuhr und die Jünglinge mit Gewalt aus der Schulterij ausschließen und zu Frohndiensten zwingen wollte – da wurde er einfach todt geschlagen! Mit diesen »Brüdern in dem Herrn« ist heute nicht mehr zu spaßen.

Ich möchte nun nicht, dass man mich so verstände als ob ich in der höheren Bildung der Eingeborenen als solcher eine Gefahr für Holland im Archipel sehe, ich behaupte nur, dass Halbsklaverei und Frohndienste sich mit christlicher Kultur nicht vertragen.

Es gärt unter den Christen in Nord-Celébes, gerade so wie unter den Chinesen auf Borneo, wie unter den Mohammedanern im ganzen Archipel; wenn das Schicksal es einmal fügen sollte, dass der Anstoß zum Ausbruch dieser Gärung von Außen gegeben würde, dann werden schwere Stunden für Holland im fernen Osten anbrechen. // SEITE 217 // Bevor ich diese Skizze schließe, möchte ich noch der Männer Erwähnung tun, die in ganz bedeutendem Maße zur Zivilisierung der Minahassa beigetragen haben, der Missionare. Drei Deutsche sind es gewesen, die Anfang der 30er Jahre die Minahassa betraten, und denen es, allerdings unter ganz ungewöhnlich günstigen Vorbedingungen, dank ihrem guten Willen und gesunden Menschenverstand gelungen ist, die Grundlage zu dieser in der Welt-Geschichte beinahe einzig dastehenden friedlichen Umwälzung zu schaffen. Diese Männer waren Joh. Friedrich Riedel aus Erfurt († 1860), Joh. Gottlieb Schwarz aus Königsberg († 1859) und N. P. Wilken aus Aurich.[45] Die Namen dieser Männer werden manchem Leser geläufig sein, weil deren Söhne würdige Nachfolger ihrer Väter geworden sind: Dr. J. G. F. Riedel ist der unermüdlich tätige Forscher, der seit Jahren bestrebt ist, uns das Geistesleben der Völker des Malayischen Archipels zu erschließen; Albert Schwarz lebt als Prediger in der Minahassa und ist der beste Kenner der Sprachen der Eingeborenen, über die er wertvolle Arbeiten veröffentlicht hat; und der dritte von ihnen, der leider kürzlich verstorbene Professor G. A. Wilken in Leyden, gleich bedeutend als

Sprachkenner wie als Ethnograph und Schriftsteller, schien berufen zu sein, eine Hauptsäule der Ethnologie zu werden. Jene drei Alten sollten den modernen Missionaren als Vorbilder dienen; sie gingen in der richtigen Weise vor: Sie machten die wilden Alfuren erst zu Menschen, // SEITE 218 // sie brachten ihnen bei, sich zu waschen und zu kämmen, sie gewöhnten ihnen das Köpfejagen ab, sie lehrten sie singen, dann lesen und schreiben, und dann machten sie sie auch zu Christen.[46] Massenbekehrungen, wie sie später in der Minahassa vorgekommen, sind gänzlich wertlos, sofern denselben nicht die Erziehungsperiode vorausgegangen ist.

Die Mission hatte den großen Vorteil, dass ihre Interessen denen der holländischen Regierung nicht entgegenliefen: Die Missionare vertraten Kirche und Christentum – die Regierung interressierte [sic] sich für Kaffee.

Heute, nach nicht ganz 60 Jahren, ist die ganze Minahassa mit verschwindenden Ausnahmen christlich. 15 Geistliche, meist frühere Missionare, leiten Kirchen und Schulen, deren man weit über 200 zählt (darunter seit 1873 in Tondano eine Art Seminar für Eingeborene Lehrer; seit 1880 eine Regierungschule [sic] für Söhne Eingeborener Häupter; seit 1881 eine Missionsschule [sic] für ebensolche Töchter in Tomohon, u. s. w.).

Die Missionare führen ein wirklich beneidenswertes Dasein in der Minahassa: sie wohnen in freundlichen Häusern inmitten einer gutartigen Bevölkerung, auf welche sie einen ganz bedeutenden Einfluss ausüben, einen Einfluss, den sie leider zuweilen durch allzu strenge Anwendung der Kirchenzucht missbrauchen; ihre Thätigkeit ist eine beschränkte und mühelose; ihr Gehalt gut und das Leben da draußen sehr billig, kurz, wenn ich zwischen dem Posten eines Gymnasialdirektors in Deutsch- // SEITE 219 // land und dem eines Missionslehrers in der Minahassa wählen müsste, so würde ich unbedingt den letzteren vorziehen.

Dass nun die guten Minahasser trotz alledem keine unheimlich tugendhaften Menschen sind, möchte ich doch noch kurz bemerken. Prostitution gibt es nicht, aber der Verkehr zwischen den Geschlechtern ist da, wohin das Auge des gestrengen Sendlings nicht immer dringt, ein um so freierer. Auch mit der durchgehenden Bildung hapert es zuweilen etwas. So wohnte ich in Tondano einer Verhandlung bei, die ungefähr unserer bürgerlichen Trauung entspricht. Sechs Brautpaare wünschten vom Kontrolleur die Erlaubnis zu erhalten, in den Stand der heiligen Ehe zu treten. Die Kerle mit unsäglich dummen Gesichtern, vielleicht zum ersten Mal in ihrem Leben in europäischer Tracht, die Stiefel zu eng und die Hosen zu kurz, die Ärmel zu lang und der auf dem kurz geschorenen Haar hin und herschwankende lackierte Bambuszylinder zu weit, bildeten einen entschiedenen Gegensatz zu den Bräuten, die sorgfältig gekämmt, mit Blumen und Kränzen geschmückt, dabei in einer eigentümlichen, halb indischen, halb europäischen Tracht, mit krampfhaft umklammertem Taschentuch, ganz schmuck und angenehm aussahen. Die erste dieser jugendlichen Bräute hatte ihrem Zukünftigen schon 6 Kinder geschenkt; zwei andere konnten sichere Anwartschaft auf demnächstige Mutterfreuden nicht ableugnen; zwei weitere Jungfrauen schienen ihre // SEITE 220 // Opfer nur mit süßer Gewalt vor den Altar des Herrn zu schleifen – vielleicht waren es aber auch die engen Stiefel, die den Betreffenden solche Todesangst auf die Gesichter malten. Keiner von den Zwölfen konnte, sei es aus Unwissenheit oder Verlegenheit, seinen Namen unterzeichnen.

Dass Reste des Alfuren-Aberglaubens sich noch in Menge vorfinden, braucht wohl kaum erwähnt zu werden.

Einen großen, unverzeihlichen Fehler haben sowohl die holländische Regierung, als auch die Missionare dadurch begangen, dass sie, als sie sich gezwungen sahen, in das Sprachwirrsal der Alfuren einigermaßen Klarheit zu bringen und eine Sprache zur herrschenden zu erheben, dazu das Malayische gewählt haben, und nicht das Holländische.

Das Malayische ist dem Alfuren gerade so fremd und schwer, wie das Holländische, und wenn man den Leuten einmal zu ihren neun Sprachen durchaus eine zehnte aufzwingen wollte, warum nahm man nicht dazu die Sprache des Mutterlandes? Die Farbigen legen der Sprache des Europäers viel mehr Wert bei als wir im Allgemeinen glauben. Aus Riedels letztem Werk ersieht man, dass die verkommenen Eingeborenen der holländischen Inseln in der Torresstraße jetzt schon gegen die Holländer aufsässig werden, nur weil die Leute ein Paar Worte wie: »*me no Dutchman, me English, me Australian*«, aufgeschnappt haben. // SEITE 221 // In Brasilien geriet während meines Aufenthalts dort ein hoher brasilischer Beamter in helle Wut, als ihm ein ~~Neger~~ in den deutschen Kolonien einmal sagte: »*Hier nix Brasil, hier Deutschland, Brasil – puh, por alli da hinten!*« Mehr Deutsch konnte der Kerl auch nicht.

Man denke ferner an die, durchaus nicht politischen und kaum noch persönlich verwandtschaftlichen starken und bedeutsamen Bande der Sympathie, welche heute noch die süd-afrikanischen Freistaaten mit Holland verbinden, nur weil in den ersteren ein sogenanntes Holländisch gesprochen wird.

Wie steht es dagegen in der Minahassa?

Nach dem Zeugniss des schon erwähnten Kenners der dortigen Sprachverhältnisse[I] spricht oder versteht heute noch kein Zehntel der Bevölkerung Malayisch. Dabei gibt es ausserdem zweierlei Malayisch, Hoch- und Nieder-Malayisch.

Das Letztere spricht und versteht man überall mehr oder weniger im Malayischen Archipel und kommt man damit auch in der Minahassa durch; Hoch-Malayisch, die klassische Schriftsprache, spricht und versteht dagegen niemand, und das ist gerade die Sprache, in welcher die Missionare predigen und lehren.

Nur Prediger Schwarz beherrscht die Landessprache seines Bezirks, an anderen Orten kann man an Sonn- // SEITE 222 // tagen den Missionar seinen gläubigen Zuhörern stundenlang wiederholen hören, dass sie allzumal Sünder sind und sämtlich am Jüngsten Tage durch ihre Abwesenheit glänzen werden und – die Leute werden andächtig zuhören, aber nicht einer von ihnen wird auch nur ein Wort verstehen![II]

[I] Schwarz: »De Volkstaal in de Minahassa« S. 55 ff.

[II] Einige Missionare lassen Abends ihre Predigt durch einen ihrer Zöglinge verdolmetschen – am Ende auch nur ein unzureichendes Mittel. Ein Missionar A. van Ekris (*Mededeelingen v. w. het Ned. Zendeling gennotschap* 1861 S. 291) schreibt dagegen voller Ernst und Ueberzeugung: »Je weniger die Christen Hoch-Malayisch verstehen, desto grösser ist ihre Ehrfurcht vor der Sprache.« Das scheint mir doch eine etwas merkwürdige Auffassung zu sein. – Die Sendlinge sollten entweder die Landessprachen, oder, was viel vernünftiger wäre, die Eingeborenen sollten Holländisch lernen.

Ich bin zu Ende gekommen mit meinen flüchtigen Ausführungen, in denen ich zu schildern versuchte, wie es den Holländern gelungen ist, eine vor kurzem noch ~~wilde~~, allerdings hervorragend kulturfähige Bevölkerung durch väterlichen Despotismus zu zivilisiren[47]; ich habe die Fehler angedeutet, durch welche über dieses Ziel hinausgeschossen worden ist. // SEITE 223 // Nicht weit von der Minahassa weht heute die deutsche Flagge schützend über einem Teil einer mächtigen Insel[48], auf welcher die Vorbedingungen zur Einführung europäischer Kultur beinahe ebenso vorhanden sind, wie sie vor 60 Jahren in Nord-Celébes sich vorfanden[49]; vielleicht wird es den Deutschen glücken, ebenso wie es den Holländern auf Celébes gelungen ist – unter Vermeidung der Fehler, in welche letztere verfallen sind – auf Neu-Guinea eine deutsche Minahassa erstehen zu lassen.

Kapitel 3

1881, Japan

Ich meine mich ganz genau zu erinnern, daß Sie mir s. Z. eine solche Kugel in die Hand gaben, deren »Klimbim« einen höchst eigenthümlichen Eindruck auf die Nerven, ähnlich einem elektrischen Schlage, machte. Meine Bitte [...] an Sie geht nun dahin mir: 1.) gütigst mittheilen zu wollen, ob Sie diese Kugeln wirklich besitzen. Dr. Serrurier[1] würde mich sehr verbinden, wenn er mir deren chinesische Namen mittheilen wollte. Eine etwas verwandte Art dieser Kugeln in Japan rin-no-tama, von denen ich mehrere besitze, dienen unkeuschen Zwecken 2.) erlaube ich mir die Anfrage, ob Sie mir diese Kugeln des Leydener Museums zur Ansicht schicken wollen oder dürfen.
    WILHELM JOEST AN EDUARD SCHMELTZ[2],
    BERLIN, 8. NOVEMBER 1888

Vielen Dank für die gütige Uebersendung der Zeichnung die mich lebhaft interessirt. Ich habe wegen dieser Kugeln nach China geschrieben und werde dann das ganze Material verarbeiten. Die Kugeln sind kein Kinderspielzeug. A titre de revanche werde ich Ihnen bei einer passenden Gelegenheit ein Paar meiner japanischen rin-no-tamas senden.
    WILHELM JOEST AN EDUARD SCHMELTZ,
    BERLIN, 9. JANUAR 1889

Unzählige Briefe über »die Kugeln« gingen zwischen Wilhelm Joest und Eduard Schmeltz hin und her. Kurz bevor der Aufsatz dann endlich in Druck gehen soll, nach Jahren der Recherche, brütet Wilhelm Joest schließlich über dem Titel: »Wie sollen wir das Kind taufen?«, fragt er Schmeltz, den Herausgeber der Fachzeitschrift, und liefert ein paar Vorschläge: »›(Chinesische) ›Klingelkugeln und Aehnliches‹, ›Klingelkugeln,

Rosenkränze, Spazierstöcke‹, ›Allerlei Spielzeug‹ (nicht schlecht). Können Sie mir etwas Besseres vorschlagen?«[3]

1893 erscheint im *Internationalen Archiv für Ethnographie* unter der Überschrift »Allerlei Spielzeug« endlich jener Beitrag, für den Joest bereits seit über einem Jahrzehnt Material gesammelt hat. Auffällig ist jedoch: Joest, der viel publiziert und die Texte gerne in anderen Formen wiederverwertet – egal ob Reiseberichte für die *Kölner Zeitung*, Fachaufsätze oder Buchkapitel –, schreibt nur dieses eine Mal über »die Kugeln« und anderes Handspielzeug. Rosenkränze, Gebetsschnüre, chinesische Handkugeln, Chapeaus Claques, Spazierstöcke: Die Bandbreite, die Joest hier verarbeitet, ist enorm.

Der Aufsatz wirkt damit auch wie ein Konzentrat: Er bildet Joests Blick auf die Welt ab. Heterogene Objekte, randständige Facetten, kulturübergreifende Recherchen, dazu seine Sammelvorliebe für körpernahe, alltägliche Ethnographika. Dinge, bei denen die Menschen immer notwendig dazugehören. Dinge, die nur Sinn ergeben, wenn jemand sie benutzt.

Das Konvolut an Kugeln, das Joest hier vorstellt, ragt daher heraus: Der Sinn dieser Objekte ist zweckfrei. Es geht darum, sie zu halten, zu spüren – mehr nicht. Sie stehen für Lust, Vergnügen, Innerlichsein, Ablenkung. Joest, der Lebensspieler, schreibt über »Spielzeug«.

Es passt zu dieser Spielernatur, dass der Aufsatz nur aus einem Grund entstanden zu sein scheint. Sein Zweck ist es, eine der Kugel-Gattungen vorzustellen, die als einzige kein Handspielzeug ist: die *rin-no-tama*[4], japanische Lustkugeln. »Sie dienen unkeuschen Zwecken«[5], schreibt Joest vorab an Schmeltz. »Die Kugeln [...] dienen – bitte fallen Sie nicht auf den Rücken – entschieden nur zum Onaniren bei Frauen. Das werde ich nachweisen.«[6] Bis ins 20. Jahrhundert werden Wissenschaftler die »Klangkugel«-Passage des Aufsatzes zitieren, darunter der britische Sexualforscher Havelock Ellis.[7]

Als Joest Ende der 1880er Jahre die Kugeln erstmals in einem Brief an Schmeltz als Aufsatzthema vorschlägt, ist er in seiner wissenschaftlichen Karriere angekommen, endlich: Er ist Mitte 30, hat sich nach seinem späten Ethnologiestudium in neuen Forschungsreisen bewiesen, etwa mit einer Afrikaumrundung, hat fürs Berliner Museum für Völkerkunde einige Sammlungen und Sonderstücke akquiriert, eigene Objekte an Adolf Bastians Haus und andere Museen verschenkt, hat zahlreiche Aufsätze veröffentlicht, dazu Bücher wie seine sprachwissenschaftliche Doktorarbeit *Das Holontalo*[8], die Reiseberichte *Aus Japan nach Deutschland durch Sibirien*[9] und *Um Afrika*[10] sowie seinen Band über *Tätowiren, Narbenzeichnen und Körperbemalen*[11]. Er ist Mitglied in den wichtigen Forschungsverbänden, der Gesellschaft für Erdkunde und der Berliner Gesellschaft für Archäologie, Ethnologie und Urgeschichte (BGAEU), 1869 mitgegründet vom Direktor des Berliner Museums für Völkerkunde Adolf Bastian und dem Universalgelehrten Rudolf Virchow. Gerade erst hat der Kaiser Joest für seine Verdienste um die Ethnologie den »Rothen Adlerorden IV. Klasse« verliehen; über Jahre hatte Joest darauf hingearbeitet.

Der Aufsatz über das »Spielzeug« ist daher nicht nur wegen des Sujets außergewöhnlich. Auch die Art und Weise, wie Joest seine Analyse vorstellt, ist bemerkenswert. Der Text illustriert, wie eklatant sich Joests Selbstdarstellung als Forscher verschiebt: Er benutzt seine sexuellen Interaktionen mit Women of Color.

Jenen westlichen, männlichen Forscherblick auf die Körper der »Anderen«, verbunden mit dem machtvollen Verlangen, eine vermeintliche »Wahrheit« zu entdecken, nennt Neil L. Whitehead in einem wissenschafts-selbstkritischen Ansatz »ethnopornography«.[12] Eine Metapher über die Ethnologie als Ganze, der der Aufsatz »Allerlei Spielzeug« entspricht – und Joests Handeln als Forschungsreisender insgesamt: Seine Perspektive auf und sein Kontakt mit Women of Color unterwegs ist geprägt von sexualisierter, kolonialer Gewalt. Seine Ausführungen über die *rin-no-tama* markiert er noch dazu selbst als pornografisch; sein Warnhinweis: »Damen werden gebeten, die folgenden Seiten zu überschlagen.«

Die japanischen Reizkugeln, von denen er 30 Stück zu Hause hat, sind nicht für Menschen wie ihn, Männer, gedacht. Seine Forschung und damit die des globalen Nordens stößt an ihre Grenzen: weil die körperliche Erfahrung »im Leben der anderen« fehlt. Joest stemmt die Kugeln mit seinem Taschenmesser auf, um herauszufinden, wie sie funktionieren. Hinweise darauf, dass er für seine Recherche mit Frauen, die die Kugeln nutzen, über ihre Wirkung gesprochen hat, finden sich nicht.

ALLERLEI SPIELZEUG

VON

Prof. Dr. W. JOEST,
BERLIN.

Sonderabdruck aus dem Internationalen Archiv für Ethnographie. Bd. VI.

LEIDEN.
P. W. M. TRAP.
1893.

Wilhelm Joest, »Allerlei Spielzeug«, in: INTERNATIONALES ARCHIV
FÜR ETHNOGRAPHIE VI (1893), S. 136–173.

Als ich im Jahre 1881[13] auf meiner Reise durch Sibirien die etwas unterhalb Blagowieschtschensk[14] auf dem rechten Ufer des Amür gelegene mandschurische Stadt Aigun besuchte, fiel mir auf, dass manche Mandschuren, »um ihren nervösen Händen auch in den Mussestunden etwas zu thun zu geben, unaufhörlich mit zwei Walnüssen spielten die durch das ewige Reiben glänzend polirt waren«[I].[15]

Lansdell[16], der zwei Jahre vor mir Sibirien bereist hatte, schrieb von den Chinesen in Maimatschin (Kjachta): »They are fond of having a couple of balls in the hand, at idle times, to roll and rub one over the other with the fingers, and so play with, for the same reason, probably, that the Turks like to have beads in the hand. One pair of these balls was of Chinese jade.«[II] [17]

Neben diesen Nüssen und Steinen hatte ich auch Chinesen (in Peking) und Mandschuren häufig mit messingnen oder eisernen Kugeln spielen sehen, die anscheinend hohl waren und im Innern Steine oder dgl. bargen, da sie beim Schütteln ein eigenthümliches klingendes oder rasselndes Geräusch von sich gaben. Ich schenkte diesem Spielzeug, das ich der Kürze halber »Klingelkugeln« nennen werde, damals leider nicht die ihm gebührende Beachtung. Später fand ich in Japan kleinere, aber zweifellos mit den chinesischen verwandte Klingelkugeln, die aber einem anderen Zweck dienten, wie erstere. Nach Europa zurückgekehrt, begann ich schon vor mehreren Jahren, mich in Museen nach diesen merkwürdigen Kugeln umzusehen und mich mit Sinologen und sonstigen Schriftgelehrten wegen derselben in Verbindung zu setzen. Ebenso wandte ich mich an zahlreiche Bekannte in China mit der Bitte, mir so viele dieser Kugeln wie möglich, zu senden. Mindestens sechs befreundete Herren, die von hier als Forscher, Beamte, oder Offiziere – oft für mehrere Jahre – nach China reisten, wurden von mir mit ausführlichen Instruktionen über diese Rasselkugeln versehen.

I   »Aus Japan nach Deutschland durch Sibirien«. 2te Aufl. Köln. 1887. S. 60.

II   »Through Siberia«. London. 1882. S. 342. Die Schlussworte: »which, on being rubbed together, emitted flashes of electric light«, lasse ich absichtlich weg, weil sie zu kindlich sind, um widerlegt zu werden.

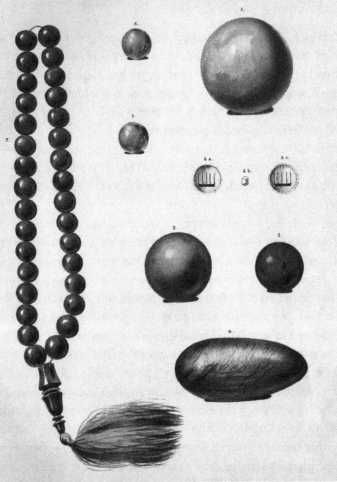

Nun, versprochen wurde mir sehr viel – Material erhielt ich aber thatsächlich sehr wenig, und im Grossen und Ganzen weiss ich über den Zweck dieser Kugeln heute eben so viel, bzw. so wenig, wie vor fünf Jahren. Selbst den chinesischen Fachnamen für die selben habe ich nicht in Erfahrung bringen können. // SEITE 164 // Drei hervorragende Sinologen, von denen Zwei lange in China gelebt hatten, kannten diese Kugeln überhaupt nicht, sie hatten solche weder jemals gesehen, noch je darüber etwas gehört oder gelesen; andere bestritten deren Vorhandensein überhaupt.

Auch in den Museen waren meine Bemühungen von nur geringem Erfolg. Im hiesigen Museum für Völkerkunde sind solche Kugeln nicht vertreten. Dagegen machte mich Herr Schmeltz, Conservator am Ethnographischen Reichsmuseum in Leiden, der mich auch bei dieser Arbeit wiederum in zuvorkommendster Weise unterstützte, auf mehrere solcher Kugeln, die sich in zwei holländischen Sammlungen, in Leiden und in Zwolle befinden, aufmerksam.

Herr Schmeltz berichtet über dieselben: »die Stücke in Leiden stammen aus dem früheren Kabinet van Zeldzaamheden[18] im Haag, und giebt der Katalog desselben darüber folgende Angaben:

1. »No. 440. Geluidgevend balletje[19]. China.« Gewicht 11 Gramm. Durchmesser 2,50 cmtr.
[Taf. XV Fig. 1.][20]

2. »No. 6087. Gouden[21]   »   »   »   81   »
    »   »   3,60   »
[Taf. XV Fig. 2.]

Die Angabe »China« erscheint mir glaubwürdig, da auch alle, den Kugeln vorhergehende und nachfolgende Gegenstände unzweifelhaft chinesischen Ursprungs sind.[22] Von der Form 440 besitzt das Leidener Museum vier übereinstimmende Stücke. Alle geben ein rasselndes Geräusch wie von einer darin eingeschlossenen zweiten Kugel; die Mitte zeigt ringsum Spuren der Aneinanderlöthung zweier Hälften. Hiervon ist bei Nr. 6087 auch nicht die geringste Spur nachweisbar und zeichnet sich die Kugel auch durch ihren schönen Metallglanz, ob Gold?, aus. Das verursachte Geräusch lässt auf das Vorhandensein einer Spiralfeder im Innern schliessen. Ich bedaure, keine der Kugeln öffnen zu dürfen.«

Ich möchte hierbei gleich bemerken, dass auch meine japanischen Messingkugeln (wenn geputzt) goldglänzend sind, indess halte ich es durchaus nicht für ausgeschlossen, dass diese Kugeln wirklich zuweilen aus Gold angefertigt oder wenigstens vergoldet sind.

Die Angabe über eine ähnliche Kugel in einer Ethnographischen Sammlung in Zwolle[I] lautet: »Hol balletje van geel koper, waarin een rammelend voorwerp. China«.[23] Zu der selben Art von Kugeln gehören zweifellos zwei im K. K. Naturhistorischen Hofmuseum in Wien befindliche Stücke. Dr. W. Hein[24] theilte Herrn Schmeltz darüber Folgendes mit: No. 12388/9. »Zwei Kugeln aus Metall, vergoldet. Dieselben messen ca. 4,5 cmtr. im Durchmesser, sind hohl und bergen in sich einen rasselnden Körper. China. Von Erzherzog Ferdinand von Tirol[25]. 1595.«[II]

Wenden wir uns jetzt den *eisernen* chinesischen Kugeln zu.

Auch diese sind im Wiener Museum vertreten: »No. 29895. Chinesisches Spiel, bestehend in zwei eisernen dicken Hohlkugeln, welche beim Reiben, Werfen u. dgl. tönen (im Hohlraum befindet sich ein rasselnder Körper). Durchmesser 4,6 cmtr. Tschifu[26]«.[III]

Genauer finden sich dieselben Kugeln von Dr. Svoboda[27] selbst beschrieben im »Inter- // SEITE 165 // nationalen Archiv für Ethnographie.« 1890. Bd. III. p. 123: »Tschifu (im Golf von Petschili). Ich gelange hier in den Besitz einer chinesischen Spielerei. Es sind das kleine eiserne Hohlkugeln, worin sich ein beweglicher Eisenkern befindet, um sie erklingen zu machen. Man setzt eine solche Kugel auf die flache Hand und lässt sie nach vorne, bis zu den Fingerspitzen und zurück auf dem

---

[I] J. D. E. Schmeltz: »Catalogus der Ethnographische Verzameling van het Museum der Overijselsche Vereeniging tot Ontwikkeling van Provinciale Welvaart te Zwolle«. Leiden 1892. p. 12, No. 35.

[II] Aus der Ambraser Sammlung i. J. 1881 vom Hofmuseum übernommen.

[III] Gesammelt von Dr. Svoboda, K. K. Fregattenarzt, bei Gelegenheit der Expedition S. M. Corvette Aurora 1886–88.

Vorderarme bis zum Ellbogen laufen.[IV] Das hiezu erforderliche Muskelspiel mag allmählig zur Kräftigung und besonderen Geschicklichkeit der Hand- und Fingermuskeln führen und hat diese Spielerei also einen doppelten Zweck.«

Ich gehe jetzt zu den in meinem Besitz befindlichen Kugeln über, welche ich der Güte Sr. Exzellenz des bisherigen Kaiserlich Deutschen Gesandten in Peking, Herrn von Brandt[28] und meines Freundes Dr. A. Baessler[29] verdanke. Herr von Brandt schreibt: »Ich habe nur eine einzige Art der gewünschten Kugeln gefunden; dieselben sollen nur in Pao-tingfu (Prov. Tschili) angefertigt werden. Sie werden von den Chinesen bei Rheumatismus, nach Schlaganfällen oder Verletzungen in den Händen zurückbleibender Schwäche gebraucht und haben wohl nur eine mechanische Wirkung.« Ich hatte nämlich angefragt, ob man diesen eigenthümlichen Kugeln nicht vielleicht irgend eine geheimnissvolle »magnetische« oder »elektrische« Eigenschaft beilege. Das scheint also nicht der Fall zu sein. Dr. Baessler, der mit dem grössten Eifer nach diesen Stücken fahndete und mir – neben vielen, leider nie erfüllten Versprechungen – eine sehr schöne Kollektion derselben aus China überbrachte, schrieb mir s. Z. von Peking: »Die Kugeln waren in Canton nicht bekannt; in Shanghai waren sie selten, in Tientsin und Peking allgemein gebraucht. Die Dinger dienen nur zum Spielen und etwa dazu, die Finger geschmeidig zu erhalten, sonst haben sie keinen Zweck.«

Nachstehend die Maasse und Gewichte meiner Kugeln:

2 Vollkugeln. Gewicht 600 Gramm. Durchmesser: 5,60 cmtr. Shanghai.

Bei einer der Kugeln ist an einer Naht deutlich erkennbar, dass die beiden Hälften aneinander geschweisst sind.

Die folgenden Stücke stammen sämmtlich aus Tientsin oder Peking, bzw. Pao-ting-fu.

IV Wie die Chinesen das bei ihren ausserordentlich langen, und durchaus nicht weiten Aermeln anstellen sollen, ist mir nicht ganz ersichtlich (W. J.).

3 hohle Klingelkugeln.	Gewicht 300 Gramm.	Durchmesser: 5 cmtr.
5	250	4,75
5	250	4,50
2	200	4,30
1	175	4

Diese Kugeln sind nach der Aussage eines hiesigen Schlossermeisters aus Eisen in zwei Hälften bei Weissglühhitze auf einander gepresst und dann in die Kugelform geschmiedet bzw. gehämmert worden, so dass von einer Naht heute keine Spur mehr zu sehen ist. Das Aufbrechen der ausserordentlich harten Kugeln war mit grosser Schwierigkeit verbunden, so dass der Schlosser sich weigerte, mehr wie vier derselben zu öffnen, weil seine Instrumente dabei Schaden litten. Die Wände der Kugeln sind 0,5 bis 0,75 cmtr. dick. Im Innern befindet sich, mit dem dickeren Ende in die Kugel festgeschweisst ein spiralförmiger eiserner Dorn in der Form etwa dem Schwänzchen eines gebratenen Hasen ähnlich; ferner eine roh gehämmerte, lose, eiserne Kugel von ca. 14 cmtr. Durchmesser. Beim Bewegen oder Schütteln der Kugel schlägt der lose Eisenkern auf die freistehende, vibrirende // SEITE 166 // Spirale und erzeugt so den klingenden oder klingelnden Ton, der bei sämmtlichen Kugeln ein verschiedener ist.

Wir haben in diesen Kugeln also ein Spielzeug erwachsener Menschen zu sehen, das neben dem Hauptzweck: der müssigen unbeschäftigten Hand irgend etwas zu thun zu geben, auch die Kraft und Gelenkigkeit der Hand- oder Armmuskeln erhalten und erhöhen soll. Bevor wir nun zu anderen, ähnlichen, chinesischen Gegenständen übergehen, die zweifellos vorwiegend dem erstgenannten Zweck dienen, sei es gestattet;

eine Abart der obigen Klingelkugeln zu erwähnen, die ich nur in Japan fand (wodurch keineswegs ausgeschlossen ist, dass sie nicht auch in China vorkommen), die aber eine durchaus andere Bestimmung haben. Es ist dies ein ziemlich heikles Thema, an das ich mich nur mit Widerstreben heranwage. Damen werden gebeten, die folgenden Seiten zu überschlagen.

Auf Japanisch heissen diese Kugeln »*Rin-no-tama*« (wörtl. »Klingelkugeln«); auf Deutsch nennt man sie wohl am Besten »Reizkugeln«. Dieselben werden von Liebhaberinnen dazu benutzt, an der Stelle, wo sie eingeführt werden, beim Gehen oder Tanzen ein unaufhörliches Kitzeln und Prickeln hervorzubringen.

Es sind kleine, goldglänzende, messingne Kugeln von 1,75 cmtr Durchmesser, die, paarweise benutzt, je 4,16 Gramm wiegen. (Vgl. Tafel XV N°. 3–4 a–c.)

Die Küglein bestehen aus zwei auf einander gelötheten Hälften. Im Innern befindet sich ein doppelter Boden, der, seinem Durchmesser entsprechend, durchlocht ist, so dass zweimal vier Metallzungen, die einander nicht berühren, aus der inneren Kugel heraus gesägt oder geschlagen sind.

In dem leeren Hohlraum spielt nun eine winzig kleine, lose, Messingkugel, die bei der geringsten Bewegung die Metallzungen nicht nur erklingen lässt, sondern auch die Vibration, die sie bei diesen erzeugt, auf die ganze Kugel überträgt. Schüttelt man ein Paar solcher Kugeln in der festgeschlossenen Hand, so empfindet man einen nicht unangenehmen Kitzel, einen leichten Schlag, wie etwa den eines ganz schwachen Induktionsapparats, dessen Wirkung aber an einer Stelle, wo sich die empfindlichsten Nerven konzentriren, eine viel stärkere ist.[130]

Diese Kugeln waren schon zur Zeit meines Aufenthalts in Japan[31] in den Jahren 1880/81 von der Regierung verboten. Heute werden sie nur noch sehr schwer aufzutreiben sein ohne dass darum ihre Beliebtheit abgenommen zu haben braucht. Mir ist es damals gelungen, ca. 30 dieser merkwürdigen Objekte, die in keiner Weise mit verwandten, in Yokohama oder sonstwo in Japan und China täglich käuflichen Instrumenten für beide Geschlechter verwechselt werden dürfen, zu erwerben. Dass diese Funde nicht gerade bei // SEITE 167 // schlitzäugigen[32] Vestalinnen[33] oder Prinzessinnen gemacht wurden, braucht wohl nicht hervorgehoben zu werden. Gewöhnliche Mädchen, auch wenn sie in der *ars amandi* ziemlich erfahren waren, kannten die Kugeln nur dem Namen und Ansehen

---

1   Ein gelehrter Freund, der als Arzt lange Jahre in Japan lebte, verglich das Gefühl mit dem Echinokokkenjucken.

nach; benutzt wurden sie von »vornehmen« – wenn der Ausdruck gestattet ist – *Geishas* (Tänzerinnen, Sängerinnen)[34] und den, dem Europäer meist unnahbaren Venuspriesterinnen, die, von den Japanern für jede Gunstbezeugung theuer bezahlt, unter der Last ihrer kunstvollen Frisur und der prächtigen reichgestickten Gewänder beinahe erdrückt, in ihren goldenen, vergitterten Käfigen ein zwar äusserlich glänzendes, in Wahrheit oder desto erbarmungswürdigeres Sklavendasein fristen.

Ich kann auf das Bestimmteste versichern, dass ich vier Mal ein Paar solcher Kugeln, die vor meinen Augen ans Tageslicht befördert wurden, in Japan erstanden habe; die übrigen erhielt ich meist geschenkt.

Die Mehrzahl meiner japanischen Freunde, darunter bekannte Diplomaten und Gelehrte wusste gar nichts von diesen *Rin-no-tama*; sie behaupteten sogar, selbst dieses Wort sei nicht richtig. Ich konnte dem gegenüber nur bemerken, dass ich dasselbe Wort »*Rin-no-tama*« mindestens 50-Mal aus japanischem Munde gehört hatte.

Die Auffassung, dass diese Kugeln, *ad augendam viri voluptatem*[35], benutzt werden, ist eine rein unsinnige.

Auf die Einzelheiten: wie die Kugeln eingeführt und herausgeholt werden, oder wodurch man ein Herausfallen oder zu tiefes Eindringen derselben verhindert, braucht wohl nicht eingegangen zu werden. Das bekannte seidenweiche und doch beinahe unzerreissbare japanische Papier spielt auch hierbei seine Rolle.

Im Wiener Hofmuseum befinden sich zwei solcher *Rin-no-tama*:
»No. 23328/9. [sic] Zwei Reizkugeln, klein, aus Messing in einer Holzschachtel. Die hohlen Kugeln bilden eine Art von Sphäroiden, deren Durchmesser ca. 1,1 zu 1,3 cmtr. beträgt im Innern bergen sie einen rasselnden Körper[I].

Ausführlich beschrieben finden sich diese merkwürdigen Kugeln im »Dictionnaire des sciences médicales«[II]. Paris 1819. s. v. »Masturbation« p. 126 ff., obgleich der Verfasser augenscheinlich nie ein Stück in Händen gehabt oder untersucht hat. Er schreibt: »Un moyen qu'emploient les voluptueuses Japonaises s'est (également) introduit en Chine. Il consiste

---

I   Gesammelt auf einer Reise durch Asien 1883–85 von Dr. Troll in Wien.

II Paris 1812–21. 87 Bände. Im Auszug angeführt von Garnier »Onanisme«. Paris p. 378.

en deux boules creuses d'une égale grosseur et composées d'une mince feuille de laiton (Messing); ces boules sont quelquefois dorées. L'une est absolument vide (?), dans l'autre se trouve une balle moins grosse de quelques lignes que la boule elle-même ce qu'on reconnait parfaitement en secouant celle-ci.

Cette dernière se nomme le male; lors qu'on la pose sur une table, elle vacille et produit un bruit particulier qui résulte du roulement de la balle qu'elle recèle dans sa cavité. Quand on tient dans la main les deux boules à côté l'une de l'autre, on éprouve une espèce de frémissement qui se renouvelle au moindre mouvement. Ce petit frémissement, cette secousse légère mais longtemps continuée, font les délices des dames Japonaises et Chinoises.

Voici comment elles se servent de ces instruments: elles introduisent d'abord la boule vide dans le vagin, puis elles mettent l'autre boule en contact avec la première. Alors le // SEITE 168 // plus léger mouvement des cuisses, du bassin, ou même la plus légère érection des parties extérieures de la génération mettent en jeu les deux boules, et déterminent une titillation qu'on prolonge à volonté. Ces boules sont de grosseur diverse; mais leur plus grand volume n'excède pas celui d'un gros œuf de pigeon.«[36]

Hierzu mag noch erwähnt werden, dass bei den Japanern über einen hübschen graziösen Gang der Mädchen ganz andere Ansichten herrschen wie bei uns. Je mehr eine Japanerin mit gebogenen Knien und abstehenden Ellbogen auf ihren Stelzpantoffeln (die ganz hohen werden nur von Prostituirten getragen) einher trippelt oder wie eine Ente hin- und herwatschelt, wobei das Becken stark bewegt wird, desto besser gefällt sie dem Japaner: darum der merkwürdige Gang der Schauspielerinnen, Geischas [sic] und der theuren Djoro's – darum auch die *Rin-no-tama*. –

Um nun wieder zu den Chinesen zurückzukehren, so besitze ich noch 4 schöne Steingegenstände, die mit den eisernen Klingelkugeln eng verwandt sind, wenngleich sie nicht klingeln. Auch sie dienen (meist paarweise, d. h. in jeder Hand ein Stück) als Spielerei für die müssigen Hände; vielleicht sollen sie diese nebenbei auch im Sommer kühlen. Sie würden dann den metallnen, mit heissem Wasser gefüllten eiförmigen Kugeln entsprechen, wie sie von alten Damen bei uns zur Erwärmung der in Folge mangelnder Blutcirkulation oder äusserer Einflüsse kalten Hände benutzt werden. Auch hier tritt wieder die Auffassung einer gesundheitlich wohlthätigen Wirkung auf, so hatte Prof. Dr. Grube[37] die Güte mir zu schreiben: »Die Steinkugeln von der Grösse kleiner Billardkugeln, welche die Chinesen in der Hand zu drehen pflegen, sollen, wie mir einmal berichtet wurde, die Gelenkigkeit der Handmuskeln erhöhen. Andere meinen, es geschehe nur der Kühlung wegen. Im (Berliner) Museum haben wir deren nicht.«

Ich besitze zwei solcher, sorgfältig geschliffenen und polirten, braunweiss marmorirten Vollkugeln aus kohlensaurem Kalk. (Taf. XV No. 5)

Gewicht: 150 Gramm; Durchmesser: 5 cmtr; Herkunft: Peking.

Maass und Gewicht stimmen bei beiden Kugeln auf das Genauste überein. Noch interessanter ist ein Paar dunkelgrüner serpentinartiger Steine, in ungleichhälftiger, lang gestreckt ovaler Eiform. (Tafel XV Nº. 6)

Gewicht 100 Gramm; Längenachse 7 cmtr (die Pole sind etwas verletzt); grösste Breiteachse: 3,75 cmtr. Herkunft: Peking

Diese beiden letzteren Stücke sind durch langen Gebrauch glänzend polirt. Hierdurch wie durch ihre Farbe erinnern sie an Nephrit[38] (vgl. oben Landsell), mit dem sie aber nicht das Geringste zu thun haben.

Zum Schluss erwähne ich noch ein Paar Nüsse, die, durch Dr. Baessler »den Händen eines sie benutzenden Chinesen in Peking entrissen,« ebenfalls Spuren fleissiger Benutzung zeigen.

Hiermit wäre mein Material erschöpft. Wie ich vorstehende Zeilen mit den chinesisch-mandschurischen Nüssen einleitete, sind wir zum Schluss wieder auf dieselben zurückgekommen. Ich glaube, dass man in diesen Nüssen doch nur ein Spielzeug zu sehen hat, bei dessen Benutzung kaum Jemand an eine etwaige Stärkung der Muskeln, oder an die Erhöhung der Hand- oder Fingergelenkigkeit denkt. Dass man auch in Europa – aber auch wiederum nicht in Europa oder Asien allein – allerlei Gegenstände erfunden hat und täglich benutzt, die ausschliesslich dem Zweck dienen, einem Menschen der nicht weiss, wo er mit seinen Händen bleiben, was er mit ihnen // SEITE 169 // anfangen soll, irgend eine, wenn auch ganz zwecklose Beschäftigung »an die Hand« zu geben, werde ich in Folgendem nachzuweisen versuchen.

Zunächst müssen hier die sogenannten »Rosenkränze«, bzw. eine gewisse Abart der selben erwähnt werden.[I]

Humboldt[II] [39] vergleicht den Rosenkranz, »ein Werkzeug frommer Sitte bei den abendländischen Christen«, ebenso wie die Rechenmaschinen, »Werkzeuge der greifbaren oder manuellen Rechenkunst« der Chinesen, Tataren und Russen mit den amerikanischen Wampuns [40] und Quipus [41], eine Analogie, welche Waitz [42] [III] »mehr als gewagt« nennt, weil »Material, Gestalt und Zweck in allen drei Fällen (Quipu, Wampun und Rosenkranz) fast gänzlich verschieden sind«. Auf Material und Gestalt kommt [sic] wohl wenig an und als das *tertium comparationis* hatte Humboldt hier wohl nur den ursprünglichen Zweck aller vier Instrumente im Auge, den, als Zählmaschine zu dienen.[IV] Und eine solche und nichts anderes ist auch der Rosenkranz. Wenngleich wohl mit ziemlicher Sicherheit anzunehmen ist, dass der christliche Rosenkranz mit so mancher Idee und damit verbundenen Aeusserlichkeit aus dem Buddhismus, und von diesem wiederum aus dem Brahmanismus[V] übernommen ist,

---

I   Das Wort »Rosenkranz«, »Rosarium« stammt nach Wetzer u. Welte »Kirchen-Lexikon«, Freiburg, 1852, von dem kirchlichen Beinamen der Jungfrau Maria: »Rosa mystica«, oder von der heiligen Rosalie (mit dem Rosenkranz) oder von den aus »Rosenholz«, bzw. irgend einem mit Rosenöl parfümirten Holz geschnitzten Kugeln (»Perlen«), die auf Fäden in der vorschriftsmässigen Zahl aneinander gereiht, zuerst aus dem Orient nach Europa kamen. Später wurden grosse Mengen Rosenkränze aus Deutschland nach den romanischen Ländern ausgeführt; so lieferte im Jahre 1591 der Nürnberger Kaufmann Hirnov. Donseh allein 6925 Rosenkränze aus Knochen, Holz, Horn, Elfenbein, Bernstein und Kokosnussschalen nach Spanien und Italien (Roth: »Geschichte des Nürnbergischen Handels«. Leipzig 1801. Th. III p. 167).

II   »Reise in den Aequinoktial Gegenden d. N. Kontinents«. Stuttgart 1823. Bd o. Th. 9. Cap. 25 p. 36.

III »Anthropologie der Naturvölker« III. p. 380. Note.

IV   Ueber Knotenschnüre der Buschneger und Indianer in Guayana vgl. meine Abhandlung: »Ethnographisches und Verwandtes aus Guayana«. Supplement zu Band V des »Internat. Archiv für Ethnologie«. Leiden 1893. S. 47 und 94.

V   Die Sanskritnamen für »Rosenkranz«: Rudrakschamala bei den Sivaiten oder Tulasimani bei den Vishnuiten beziehen sich, nach einer gütigen Mittheilung von Prof. Grünwedel, nur auf die Namen der Kerne oder Früchte, aus welchen die Zählkugeln bestehen.

so herrscht doch auch in der Katholischen Kirche die Auffassung, dass die Erfinder des Rosenkranzes »fromme Einsiedler waren, die sich zum Abzählen der wiederholten Gebete kleiner Steinchen oder Körner bedienten«[I].

Aus demselben Grunde erfand Buddha nach japanischer Version den Gebetkranz (*dsudsu* = Zahlenkugeln). Er verwendete hierzu die Früchte seines, ihm heiligen *Bodai*[43]-Baums (Ficus religiosa), weil sein Vater beim Beten stets einige der abzubetenden oder -bittenden 108 *bonno* (Lüste, Leidenschaften, böse Wünsche) vergass.

Darum bestehen auch heute noch die japanischen Rosenkränze aus 108, bzw. x × 108 oder 108/x Kugeln.[II]

In beiden Fällen sehen wir also den Ursprung des Rosenkranzes als Zählmaschine in keiner Weise geleugnet; ebensowenig wird man eine Analogie mit den asiatisch-russischen Rechenmaschinen, wie sie Humboldt annimmt, bestreiten können.

Wie nun bei der Anzahl der Gebetkugeln in Japan und bei den Buddhisten überhaupt, die Zahl 108 massgebend ist (ich besitze asiatische Rosenkränze von 27, 54, 108 und 216 Kugeln), so werden bei den Katholiken die Kugeln und damit die bei jeder einzelnen // SEITE 170 // herzusagenden Gebete in je 10, = 1 Dekade, eingetheilt. 5 abgebetete Dekaden bilden den sog. »kleinen Rosenkranz«, denn der Name des Zählinstruments ist im Laufe der Zeit auf die Andachtsübung selbst übertragen worden; 15 Dekaden = 150 Gebeten [sic], den »grossen Rosenkranz«. Die meisten der katholischen Gebetketten bestehen aus 5 Dekaden.[III]

I Wetzer und Welte I. c.

II So wurde mir wenigstens aus Japan berichtet. Dagegen schreibt Prof. Grünwedel: »Wenn nach japanischer Auffassung der Vater Buddha's den Rosenkranz benutzt, so ist das ein Anachronismus, wie der Weihwasserkessel beim Tode der Maria.«

III »In der Wiederholung spricht sich die Wärme und Innigkeit des Gebets aus, die Andachtsgluth und der Gebetseifer wird dadurch eher noch erhöht, als vermindert.« (Wetzer u. Welte). Nach dem mit vorliegenden »Journal de Lourdes, Chronique hebdomadaire de la Grotte« vom 22. Sept. 1889 waren dort bis zum 18 September neben 296 047 Messen, 616 470 »Rosenkränze« gewidmet worden, d. h. die Pilger hatten entsprechende Summen für das Abbeten von 15 × 10 × 616 470 = 92 470 500 der vorgeschriebenen Gebete auf dem Altar der Heiligen Kapelle geopfert. Wie die Priester sich dieser ausserordentlichen Arbeit entledigen, ohne eine Gebetmaschine zu Hülfe zu nehmen, ist mir unerklärlich.

Form und Grösse oder die Art des Materials der Rosenkränze ist unbegrenzt. So besitze ich, um ein Beispiel zu nennen, einen katholischen Rosenkranz aus 50 Perlen, der sammt einem goldnen Kruzifix in einer in Gold gefassten, mit Seide gefütterten Wallnuss Platz findet. Das Ganze wiegt 20 Gramm.

Dagegen wiegt einer der Rosenkränze, die ich aus Lourdes mitbrachte, zwei Kilogramm. Derselbe besteht aus 60, aus Holz gedrechselten und geschnitzten Kugeln von ca. 3,60 cmtr Durchmesser; seine Länge beträgt 5 Meter.

Um aber auf unser Thema zurückzukommen, so wollen wir uns mit den christlichen Rosenkränzen der Russen, Griechen, Armenier, Abessinier u. s. w. nicht weiter beschäftigen und uns auch bei demselben Gebetgeräth der Mohammedaner nur auf das der Türken beschränken.

Der türkische Rosenkranz (*Tespi*[44]) soll aus 99 Kugeln bestehen, um an denselben beim Beten die 99 Eigenschaften Gottes abzuzählen, die Rosenkränze aber, die ich in Constantinopel erwarb, zählen 54, 52, 48 u. s. w. Perlen. Beinahe jeder Gläubige benutzt diese *Tespi*, je nach Laune oder Tageszeit, unaufhörlich als Gebet oder Spielzeug. Sie dienen beiden Zwecken. Ebenso schreibt Polak[IV] von den Persern:

»Der Rosenkranz (*tesbih*) dient theils [...] zum Gebetzählen, theils [...][45] als Orakel, theils zum Spielen, indem man an müssigen Tagen oft stundenlang die Körner durch seine Finger gleiten lässt.«

Diese Rosenkränze sieht man im ganzen türkischen Orient (aber nicht in Egypten) in Kleinasien, Syrien, oder Tripolis in der Hand eines jeden Beamten, Offiziers, Kaufmanns u. s. w.

Eine Abart dieser ächten mohammedanischen Gebetwerkzeuge, welch letztere aber, wie wir gesehen, zeitweise auch blos zum Spielen benutzt werden, bilden nun gewisse Ketten von glänzenden Kugeln aus Holz, Horn, Elfenbein u. dgl. die, in beliebiger Anzahl auf einen Faden an einander gereiht, den Rosenkränzen zwar ähnlich sehen, aber durchaus keine Rosenkränze sind, da sie nicht beim Beten, sondern ausschliesslich zum Spielen benutzt werden (Vgl. Tafel XV N°. 7.). Und zwar sind es nicht

---

IV »Persien« l. p. 156.

Mohammedaner, die sich derselben bedienen, sondern die Christen der verschiedensten Konfessionen, Europäer wie Asiaten, die Juden, kurz die ganze Gesellschaft, die man mit dem Namen »Levantiner« bezeichnet. Sie sind von den, mit ihren Rosenkränzen spielenden Moslemin angesteckt worden; auch sie fühlen das Bedürfniss, ihren Fingern während müssiger // SEITE 171 // Stunden irgend etwas zu thun zu geben. Sie benutzen dazu diese falschen Rosenkränze mit denen sie den lieben langen Tag, sei es mit der linken oder rechten Hand spielen indem sie die Perlen Stück für Stück durch die Finger gleiten lassen, um, bei der letzten angekommen, wieder von vorn anzufangen, ohne sich auch nur das Geringste dabei zu denken. Ich bin überzeugt, dass kein Einziger dieser Leute die Zahl der Kugeln seines Spielzeugs kennt. Ich sehe noch jetzt das entsetzte Gesicht eines Spaniolen (Juden) vor mir, den ich in Brussa[46] frug, was oder warum er denn da so eifrig bete? Häufig fasste ich auch Leute ab, die dieser zum Laster gewordenen Liebhaberei sich schämend, dem unwiderstehlichen Drang ihrer Finger in ihren Rock- oder Hosentaschen fröhnten. Ich weiss aber auch aus Erfahrung, dass man sich diese dumme Spielerei sehr rasch angewöhnen kann.

Die schönsten dieser merkwürdigen Spielkränze habe ich in und bei Constantinopel und in Smyrna erworben.

Es sind dies also thatsächlich Gegenstände, die keinen anderen Zweck haben, als den unbeschäftigten Fingern und Händen irgend eine, wenn auch ganz zwecklose Thätigkeit zu liefern. Hier kann gewiss von einer heilenden oder kräftigenden Wirkung keinerlei Rede sein, dennoch aber darf man diese falschen Rosenkränze mit den chinesischen Kugeln und Nüssen in eine Kategorie stellen.

Wir brauchen uns übrigens nur in unserer nächsten Umgebung umzusehen, um auch dort Gegenstände zu finden, die ebenfalls nur dem eben erwähnten Zweck dienen und nebenbei auch noch dem Betreffenden über gewisse Augenblicke der Verlegenheit oder Unbeholfenheit hinweghelfen.

Was ist »Verlegenheit?« Diese Frage ist schwer zu beantworten. Wir können Verlegenheit bei Kindern und bei Erwachsenen beobachten. Bei Letzteren ist dann Verlegenheit immer mit Unbeholfenheit verbunden: »Der Mann weiss nicht, wo er mit seinen Gliedmassen bleiben soll«, aber auch das verlegene Kind schneidet die merkwürdigsten Grimassen, steckt den Finger in Mund oder Nase u. s. w. Das europäische Kind das wir auf einer Unwahrheit ertappen, wird verlegen; das schwarze, kleine oder grosse Naturkind[47] z. B. in Melanesien (nach Finsch[48]) das man bei Lüge oder Diebstahl abfasst, wird nicht verlegen, ebensowenig der Perser (nach Polak[49]), dessen Schamgefühl hierdurch gar nicht erregt wird. Es giebt Fürsten und Fürstinnen, deren Verlegenheit allgemein bekannt ist; diese Herrschaften wissen nicht, wie sie mit einem Unbekannten ein Gespräch einleiten, noch wie sie ein solches abbrechen sollen. Der Angeredete wiederum, der vielleicht zum ersten Mal einem gekrönten Haupt gegenüber steht, vergisst seine einstudirte Rede giebt blöde oder gar keine Antworten, er stottert, räuspert sich, wird roth, weiss nicht was er mit seinem [sic] Händen anfangen soll – kurz beide Menschen stehen hülflos einander gegenüber und bieten das Bild peinlichster Verlegenheit, trotzdem bei Beiden nicht die geringste Veranlassung (wie böses Gewissen, Scham, Furcht) dazu vorliegt.

Warum scheint uns das Auftreten eines Offiziers in der Oeffentlichkeit, auf Bällen, bei Versammlungen, Defilircouren[50] u. s. w. immer sicherer, wie das des Zivilisten? Einfach und allein, weil der Offizier in jeder Hand einen Gegenstand trägt, in der Rechten den Helm, das Schwert in der Linken, wodurch für diese Gliedmassen hinlänglich gesorgt ist. Der Zivilist aber wird mit seiner Uhrkette, seinem Monocle, seinem Bart spielen, seine Hände in den Untiefen der Hosentaschen verschwinden lassen, ja er würde vielleicht, wie das Kind, noch viel schlimmere Dinge damit beginnen, wenn ihn // SEITE 172 // nicht die Erfindung eines pariser Hutmachers wie eine Rettungsboje auf diesem Meer vor Verlegenheit, dessen Wogen über ihn zusammenzuschlagen drohen, treibend erhielte – sein chapeau claque. Heil Dir Gibus[51], Entdecker der modernen Anti-Verlegenheits-Panacee[52]!

Aber was ist nun »Verlegenheit?« Da ich, wie erwähnt, auf diese Frage keine genügende Antwort fand, so wandte ich mich an einen befreundeten Professor der Psychologie mit der Bitte, mir das Wort, wie den Zustand oder Vorgang, gütigst wissenschaftlich erklären zu wollen. Er antwortete: »Lieber Freund. Verlegenheit ist, was man erlebt und empfindet

wenn man Fragen, wie die Ihre beantworten soll.« Der Anfang war nicht vielversprechend. »Ich würde sagen, Verlegenheit ist ein eigenthümliches Unlustgefühl, welches das Stocken des Vorstellungsablaufs begleitet und allerdings mit einer kleinen Dosis Scham versetzt ist. Die eigenthümlichen, sie begleitenden Grimassen des Gesichts, sowie die linkischen Bewegungen der Extremitäten sind als Irradiationsbewegungen aufzufassen, d. h. als nervöse Erregungen, die in den, sozusagen seelischen Theilen des Zentralorgans eben wegen der Stockungen des Seelenlebens nicht genügenden Abfluss finden und daher auf Bewegungsnerven übergreifen.«
Nun wissen wir es.

Der Leser wird sich vielleicht wundern, dass bis jetzt ein Gegenstand, der längst für unser Thema hätte herangezogen werden können, ein Gegenstand, den wir täglich in Händen von Tausenden unserer Mitbürger sehen, unberücksichtigt geblieben ist, – der Spazierstock. Es geschah das absichtlich. Der Stock oder Spazierstock als solcher ist für uns nur zum Theil, etwa wie der Rosenkranz, verwendbar, da er neben der Spielerei immer noch irgendeinem praktischen Zweck (z. B. dem des Stützens) dienen kann. Ich werde aber gleich Spazierstöcke besprechen, die gar keine Spazierstöcke sind, die also zu derselben Art wie die oben erwähnten falschen Rosenkränze gehören.

Ueber den Stock und seine Derivate könnte man eine hübsche Monographie schreiben. Vom Ast oder Knüppel, der unserm Urahn, oder meinethalben dem Proanthropos[53] als Stütze und Waffe diente, bis zum Szepter unserer Kaiser und Könige, dem Päpstlichen Krummstab, oder bis zum Spazierstock unserer Stutzer[54], welch eine Reihe von Uebergängen und Veränderungen! Man denke nur an die Keule, den Speer, Wurfspiess, Pfeil, Bumerang, an Liktoren- und Spiessruthengerte; an Hirten-, Wander-, Pilger-, Bischof- und Bettelstab, an H̶ä̶u̶p̶t̶l̶i̶n̶g̶szeichen, Marschallstab (der, nebenbei bemerkt, ebenfalls vollkommen zwecklos ist), Szepter (mit dem der alte römische Senator den zudringlichen Gallier[55] bekanntlich einst bedenklich auf den Schädel schlug), Tanzstab (Südamerika), Alpenstock (der italienischen und französischen Truppen) und nun gar an die Spazierstöcke in Millionen der verschiedensten Exemplare in allen Kontinenten und Inseln unserer Erde, – welch eine Fülle von Material!

Der nackte ~~Kaffer~~[56] oder ~~Neger~~ benutzt, wenn er keine Waffe trägt, einen »Spazierstock«[I], der ihm aber beim Spazieren eher hinderlich, wie nützlich ist.

Ich habe in meiner Sammlung ganz dünne, zerbrechliche Spazierstöcke von Sulu's und anderen ~~Kaffern~~, die über zwei Meter lang sind, und in keiner Weise als Stütze oder Waffe dienen können, – sie sind einfach Spielzeug[II]. // SEITE 173 // Dahingegen besitze ich als Erinnerung an meine Universitätzeit [sic] »Spazierstöcke« aus Ebenholz mit Elfenbeinkopf und -Spitze, deren Länge zwischen 50 und 60 Centimetern schwankt, die also mindestens 15–25 cmtr. länger sein müssten, um mit den selben bei aufrechter Haltung auch nur den Boden berühren zu können! [III] Es wird doch wohl Niemand der Behauptung widersprechen, dass diese eigenthümlichen, sonst ganz zwecklosen Instrumente einzig und allein erfunden waren, um dem deutschen Jüngling irgend ein Spielzeug, irgend einen Gegenstand in die Hand zu geben, der ihm über seine jugendliche Unbeholfenheit hinweghalf und die Sicherheit seines Auftretens erhöhte.

Wie sehr würde es den deutschen Studenten kränken, wenn man ihn darauf aufmerksam machen wollte, dass er, wenigstens in Bezug auf das Spielzeug, das er in der Hand trägt, vollkommen, wenn auch unbewusst, derselben Anschauung, Sitte und Gewohnheit huldigt, wie der Kanake[57], der Chinese, Türke, oder gar der von ihm mit Unrecht so sehr verachtete ~~Kaffer~~.

I P. Reichard: »Ostafrika«. Deutsche Kolonialzeitung 1889. N. 11. p. 83: »Als Ideal eines Staats verbandes schwebt dem ~~Neger~~ ein Reich vor, wo er, wie er sich wörtlich ausdrückt ›mit dem Stocke spazieren gehen kann‹, d. h. nicht immer kampfgemäss Waffen zu tragen braucht«. [Paul Reichard (1854–1938) war ein deutscher Afrikaforscher, Anm. d. Hg.].

II Ich glaube, dass alle Menschen in der Welt den Wunsch hegen, irgend einen, gelegentlich oder zeitweise vollkommen zwecklosen Gegenstand in der Hand zu haben. Abgesehen von den erwähnten Lanzen Stöcken u. s. w. erinnere ich nur an Fächer (Asien) Peitschen (Knuten) bei Reitervölkern u. dgl. Wird der Photograph seinem Klienten nicht immer sagen: »Nehmen Sie irgend etwas in die Hand, damit Ihre Haltung ungezwungen aussieht«?

III Diese Bleistiftstöcke sind ausser Mode gekommen; heute schwingt die Jugend Keulen und junge Baumstämme – Atavismus in der Entwicklungsgeschichte des Spazierstocks.

Kapitel 4

1884/85, Afrika

Die plötzliche Strömung für Kolonien überrascht mich aufs
Höchste – soll man mit dem Strom oder dagegen schwimmen?
WILHELM JOEST AN ADOLF BASTIAN, 9. JULI 1884

Joests Reise nach Afrika war seine erste offizielle Forschungsreise. Diesmal war er nicht nur mit diversen Empfehlungsschreiben, sondern auch mit Doktortitel und einem konkreten Sammelauftrag der ethnologischen Museen in Berlin und Dresden ausgestattet. Zusätzlich war er Reiseberichterstatter der *Kölnischen Zeitung*, die seine Beobachtungen regelmäßig in voller Länge abdruckte. Die beiden hier ausgewählten Texte spiegeln dieses doppelte Rollenverständnis wider: Der erste, »Reise in Afrika im Jahre 1883/4«, ist das Manuskript des Vortrags, den Joest nach seiner Rückkehr vor der Berliner Gesellschaft für Anthropologie, Ethnologie und Urgeschichte hielt, dem Zentrum der jungen Ethnologie im deutschen Kaiserreich.[1] Der zweite Text ist eine Beschreibung der Diamantenstadt Kimberley im heutigen Südafrika, einer der journalistischen Reiseberichte, die er gesammelt in der Monografie *Um Afrika* veröffentlichte.[2]

Die beiden Texte zeigen zwei Seiten von Joest: einmal als aufstrebender Forschungsreisender und Ethnologe, einmal als politischer Beobachter und anekdotischer Erzähler. Gleichzeitig macht der Vergleich deutlich, wie stark Joest die beiden Rollen vermischte. In seinem wissenschaftlichen Vortrag kann er es sich nicht verkneifen, mit einer kolonialpolitischen Betrachtung zu beginnen, in seinem Reisebericht darf der Verweis auf seine anthropologischen Studien nicht fehlen. In diesem zugänglichen Schreibstil, der aber eben nicht von dem wissenschaftlichen Duktus von Joests Mentor Adolf Bastian geprägt ist, deutet sich bereits der Verlauf von Joests weiterer Karriere an: Er sollte als Schriftsteller – beim

Laienpublikum und dem kolonialbegeisterten Adel – immer erfolgreicher sein als in der Wissenschaft selbst.

Joest schreibt in einem zentralen Moment der Geschichte der Kolonisierung. In Berlin tagen zeitgleich die Herrscher Europas und teilen bei der sogenannten Berliner Afrika-Konferenz die noch nicht kolonisierten Teile Afrikas unter sich auf.[3] Auch das deutsche Kaiserreich, das bisher unter der Doktrin von Reichskanzler Otto von Bismarck keine offiziellen Kolonien annektiert hatte, wurde hierdurch in kürzester Zeit zum Kolonialreich. Bismarck hatte lange darauf verwiesen, dass Kolonien nicht profitabel seien, von der Entwicklung in Europa ablenkten und zu unnötiger Konkurrenz zwischen den europäischen Großmächten führten. Joest teilte diese Position und fügt in seinem ersten Text noch das Argument der mangelnden »Akklimatisierungsfähigkeit« weißer Europäer hinzu, denn ob diese aufgrund ihrer »Rasse« überhaupt in der Lage seien, sich in den Tropen fortzupflanzen, darüber wurde im 19. Jahrhundert heftig gestritten. Aufgrund des wachsenden öffentlichen Drucks und des Einflusses deutscher Händler veränderte Bismarck schließlich seine Position gewissermaßen über Nacht, und auch Joest schwankte in seiner Einschätzung, wie das Zitat aus seinem Brief an Bastian verdeutlicht. Er blieb zunächst ein Kolonialkritiker, änderte jedoch später seine Meinung, nachdem die deutschen Kolonien sich fest etabliert hatten – siehe dazu auch das Ende des Kapitels »Die Minahassa.«

1885 schrieb Joest noch gegen die deutsche Kolonisierung Afrikas an, aber gleichzeitig bereiteten seine Texte den ideologischen Boden für die Unterwerfung der afrikanischen Gesellschaften. Die ethnologische und anthropologische Einteilung von Menschen in »Rassen« und die Zuschreibung bestimmter Eigenschaften entlang rassistischer Argumentationslinien, beides getragen von der Autorität der Wissenschaft, legten den Grundstein für die Ausbeutung und gewaltvolle Unterwerfung Schwarzer Menschen. »Für die Wissenschaft« war Joest durchaus auch bereit, Gräber zu plündern, Schädel zu sammeln und Objekte zu stehlen. Dass er all diese Handlungen in seinem Vortrag freimütig berichtet, zeigt deutlich, dass er nicht entgegen, sondern im Einklang mit den gesellschaftlichen Normen der imperialistischen deutschen Gesellschaft handelte. Im Ver-

KAPITEL 4 | 1884/85. AFRIKA 99

gleich mit anderen »Afrikareisenden«, die oft mit bewaffneten Expeditionen unterwegs waren und auch vor der direkten Anwendung von Gewalt nicht zurückschreckten, war Joest sogar relativ gemäßigt. An manchen Stellen gelingt es ihm, innezuhalten und die europäische Perspektive zu hinterfragen. Aber diese Momente verdichten sich nie zu einer fundierteren Kritik, und auch seine Ablehnung des Kolonialismus stellt nie die in Europa vorherrschende Vorstellung der grundsätzlichen Überlegenheit der »weißen ~~Rasse~~« infrage. Joests zweiter Text über die Diamantenminen von Kimberley weist bis in die Gegenwart, denn nicht nur viele der kolonialrassistischen Denkmuster wirken bis heute fort, sondern auch der Abbau afrikanischer Ressourcen für europäischen Profit. Bei all seinen feinsinnigen Beobachtungen kommt Joest nie auf den Gedanken, dass vielleicht nicht einzelne Schwarze Arbeiter die Diamantendiebe sein könnten, sondern die europäischen Imperialisten selbst.

Reise in Afrika im Jahre 1883.

Im Jahre 1883 verliess ich Europa mit der Absicht, über Madeira und Süd-Afrika von Mauritius aus Madagascar zu erreichen und von dort über Australien eine mehrjährige Reise durch die Südsee zu unternehmen. Politische Verwickelungen in Folge des Krieges Frankreichs gegen Madagascar, sowie Fieber, nöthigten mich, meine Pläne gänzlich zu verändern, so dass ich schliesslich nach einem kurzen Aufenthalt in Süd-Afrika, der Ostküste entlang nach Norden folgend, über Aden nach Europa zurückkehrte.

Die Flüchtigkeit meiner Reise möge als Entschuldigung dienen für das Wenige, was ich über Afrika berichten konnte und kann, sowie für die leider so spärliche ethnographische Ausbeute. Ich muss von vornherein gestehen: Ich habe keinen einzigen See, Fluss oder Berg entdeckt; ich habe nicht einen einzigen Quadratkilometer Land durch Vertrag von Sultanen oder eingeborenen Häuptlingen erworben; ich habe selbst nicht ein einziges Mal die deutsche Flagge gehisst.

Während des zwischen meiner Abreise nach Afrika und meiner Rückkehr von dort verflossenen Zeitraums eines Jahres hatte sich ein merkwürdiger Umschwung in Deutschlands Gemüthern vollzogen. Derselbe betraf einestheils den Begriff „Afrikareisender", dann die Frage, ob es wünschenswerth sei, überseeische Besitzungen in den Tropen zu erwerben oder nicht. Wenn ich früher in Wort und Schrift den Grundsatz aufstellte: „Danken wir dem gütigen Schicksal, das uns bisher mit solchen Besitzungen verschont hat", so durfte ich mich dazu in gewissem Grade für berechtigt halten. Schon im Jahre 1876 habe ich den Kämpfen der Spanier gegen die Aufständischen auf Cuba beigewohnt; ich hatte dann während eines 2jährigen Aufenthalts in den central- und südamerikanischen Republiken bei ewigen Revolutionen und Bürgerkriegen Gelegenheit genug zu studiren, was aus den spanischen Kolonien geworden ist, wo, wie das ja heute von verschiedener Seite für etwaige deutsche Kolonien auch als wünschenswerth bezeichnet wird, eine aus der Vermischung der kolonisirenden europäischen mit der eingeborenen Bevölkerung hervorgegangene Rasse stellenweise die herrschende ist. Später, im Jahre 1879, begleitete ich die englische Armee eine Zeit lang während des

**Wilhelm Joest, Reise in Afrika im Jahre 1883/4 (1885), in:
ZEITSCHRIFT FÜR ETHNOLOGIE, Separatabdruck (1885), S.1-16.**

Im Jahre 1883 verliess ich Europa mit der Absicht, über Madeira und Süd-Afrika von Mauritius aus Madagascar zu erreichen und von dort über Australien eine mehrjährige Reise durch die Südsee zu unternehmen. Politische Verwickelungen in Folge des Krieges Frankreichs gegen Madagascar, sowie Fieber, nöthigten mich, meine Pläne gänzlich zu verändern, so dass ich schliesslich nach einem kurzen Aufenthalt in Süd-Afrika, der Ostküste entlang nach Norden folgend, über Aden nach Europa zurückkehrte.[4]

Die Flüchtigkeit meiner Reise möge als Entschuldigung dienen für das Wenige, was ich über Afrika berichten konnte und kann, sowie für die leider so spärliche ethnographische Ausbeute. Ich muss von vornherein gestehen: Ich habe keinen einzigen See, Fluss oder Berg entdeckt; ich habe nicht einen einzigen Quadratkilometer Land durch Vertrag von Sultanen oder eingeborenen Häuptlingen erworben; ich habe selbst nicht ein einziges Mal die deutsche Flagge gehisst. Während des zwischen meiner Abreise nach Afrika und meiner Rückkehr von dort verflossenen Zeitraums eines Jahres hatte sich ein merkwürdiger Umschwung in Deutschlands Gemüthern vollzogen. Derselbe betraf einestheils den Begriff »Afrikareisender«, dann die Frage, ob es wünschenswerth sei, überseeische Besitzungen in den TROPEN zu erwerben oder nicht.

Wenn ich früher in Wort und Schrift den Grundsatz aufstellte: »Danken wir dem gütigen Schicksal, das uns bisher mit solchen Besitzungen verschont hat«, so durfte ich mich dazu in gewissem Grade für berechtigt halten. Schon im Jahre 1876 habe ich den Kämpfen der SPANIER gegen die Aufständischen auf CUBA beigewohnt;[5] ich hatte dann während eines 2jährigen Aufenthalts in den CENTRAL- UND SÜDAMERIKANISCHEN Republiken bei ewigen Revolutionen und Bürgerkriegen Gelegenheit genug zu studiren, was aus den spanischen Kolonien geworden ist, wo, wie das ja heute von verschiedener Seite für etwaige deutsche Kolonien auch als wünschenswerth bezeichnet wird, eine aus der Vermischung der kolonisirenden europäischen mit der eingeborenen Bevölkerung

hervorgegangene ~~Rasse~~ stellenweise die herrschende ist. Später, im Jahre 1879, begleitete ich die englische Armee eine Zeit lang während des
// SEITE 2 // Krieges, den England zum Schutze seiner indischen Kolonien in AFGHANISTAN führen musste;[6] ein halbes Jahr später sah ich die Portugiesen auf Timor mit den aufständischen Alfuren fechten;[7] wieder ein halbes Jahr später war ich Zeuge der Kämpfe, welche die Holländer in der verpesteten nordwestlichen Spitze von Sumatra, in »Atschin« gegen die fanatischen ATJEH's fochten.[8] Im vorigen Jahre besuchte ich die blutgetränkten Schlachtfelder in SÜD-AFRIKA UND SULULAND,[9] auf denen die Gebeine vieler Tausende von braven englischen Soldaten bleichen; ich habe die PORTUGIESEN an der Ostküste Afrika's vor ihren oft kaum auf Schussweite entfernten Unterthanen zittern sehen; ich traf fünf grosse FRANZÖSISCHE Transportdampfer voller kräftiger Jünglinge, von denen der grösste Theil jetzt an den fieberschwangeren Küsten Madagascar's oder in den Sümpfen von Tonkin einen ruhmlosen Tod gefunden haben wird.[10]

Nun giebt es bei uns Leute, die solche unberechenbaren Opfer an Geld und Blut, welche die Kolonien ihren Mutterländern kosten und stets gekostet haben, gering anschlagen im Vergleich zu dem Nutzen, den letztere bringen sollen, die ausserdem von einer *Acclimationsfähigkeit* der weissen ~~Rasse~~ innerhalb der heissen Zone sprechen. Ich verstehe darunter *die Fähigkeit eines Europäers mit einer Europäerin in den Tropen gesunde und fortpflanzungsfähige Kinder zu erzeugen und grosszuziehen.* Länder, deren klimatische und meteorologische Verhältnisse denen Europa's analog sind, sei es durch ihre *gleiche* Lage unter den entsprechenden Breiten, sei es durch ihre hohe Lage auch in wärmerer Zone, kommen hier natürlich nicht in Rechnung.

Werfen wir nun einen Blick auf die Weltkarte, so brauchen wir in Afrika die Kapländer an der Westküste ungefähr bis zur Höhe von Angra-Pequena, den Oranje-Freistaat, den südlichen Theil von Transvaal und etwa noch Natal mit einem Theil von Sululand nicht in unsere flüchtige Betrachtung zu ziehen.[11] Dass sich hier eine der kräftigsten und fruchtbarsten weissen ~~Rassen~~ der Welt entwickelt hat, ist bekannt. Die Buren haben keinen Tropfen ~~farbigen~~ Bluts in ihren Adern. Ob dieselbe ~~Rasse~~

sich aber auch in den nördlichen, heissen Strichen von Transvaal entwickelt, möchte ich bezweifeln. Den grössten Theil von Australien mit Neu-Seeland können wir übergehen, ebenso in Amerika Chile, Patagonien, den grössten Theil von Argentinien, die Banda Oriental und Süd-Brasilien. Von der nördlichen Hemisphäre möchte ich in Afrika kein Land als geeignet zur Acclimation in grösserem Maassstabe für Europäer erklären, auch nicht Algier und Aegypten; in Asien dagegen wohl Südwestsibirien, Japan mit Yesso und vielleicht auch Korea. Letzteres Land habe ich nicht bereist und ich möchte mir kein Urtheil über Länder erlauben, die ich nicht aus eigener Anschauung kennen gelernt habe. Nord-Amerika ist am günstigsten gestellt und können sich Europäer bis nach den südlichsten Grenzen der Union hin ganz gut acclimatisiren.[12] Auf den Hochebenen von Mexiko, Ecuador, Peru und Bolivien können Europäer ebenfalls gut gedeihen.

Lassen wir nun diese Theile unserer Erde ausser Betracht, so bleiben uns noch die Aequatorialländer, die Tropen und einige subtropische Gebiete. Hier wollen wir flüchtig Umschau halten, ob und wo denn die Europäer sich acclimatisirt haben. Zunächst schicke ich als unanfechtbare Thatsache voraus, dass die Kaufleute, seien es Deutsche oder Engländer u.s.w., in diesen Ländern auf der ganzen Erde sich sehr wohl hüten, Acclimationsversuche mit ihren Kindern anzustellen. Diese Kaufleute kommen meist als junge Leute heraus, sie müssen sich erst zu einer Stellung heraufarbeiten, die es ihnen erlaubt an Heirathen zu denken. Weisse Frauen sind draussen selten, meistens holt sich der Betreffende seine Lebensgefährtin aus Europa, und schenkt ihm diese Kinder, so fasst es jeder Kaufmann // SEITE 3 // als vollkommen selbstverständlich auf, dass diese Kinder, sobald sie die Gefahren der zartesten Jugendzeit glücklich überwunden haben, nach Europa geschickt werden; lassen die Eltern diese Vorsicht ausser Acht, so kann man beinahe immer mit schauerlicher Gewissheit voraussagen, dass die zarte europäische Pflanze, bevor sie das zehnte Jahr erreicht hat, dahinsiechen wird. Die wenigen Ausnahmen, die obige Behauptung nicht abzuschwächen vermögen, sind durchgehend schwache Geschöpfe, denen zumal die Fortpflanzungsfähigkeit – vielleicht zum Segen der Menschheit – abhanden gekommen zu sein scheint. Das also bitte ich im Auge behalten zu wollen, dass die Kaufleute gar nicht daran denken, mit ihren von weissen Frauen geborenen Kindern Acclimationsversuche zu machen!

Nun werden die Portugiesen vielfach als acclimationsfähige Kolonisten bezeichnet. Ich habe, mit Ausnahme der afrikanischen Westküste, sämmtliche portugiesischen Kolonien bereist und erinnere mich nicht, einen erwachsenen, weissen, draussen geborenen Menschen getroffen zu haben, – Farbige in grosser Menge, Weisse nie. Die sogenannten Portugiesen in Holländisch- oder Britisch-Indien Singapore u. s. w. sind sämmtlich Mischlinge und mit diesen wollen wir uns heute nicht beschäftigen. Auch von den Krankheiten der Tropen, Fieber, Malaria u. s. w., welche die Europäer dort decimiren, soll hier nicht die Rede sein. Als charakteristisch will ich eine Frage anführen, die einst eine auf Java geborene Holländerin an mich richtete. Ich erhielt damals einen portugiesischen Orden und ganz erstaunt frug mich die Dame: »Ist der König von Portugal denn nicht schwarz?« Ich habe übrigens auch einmal einen *schwarzen Deutschen* getroffen, und zwar auf Saparua, einer der schönsten der Molukken,[13] einen pechrabenschwarzen Herrn MUTZENBECHER. Mit dem ganzen Stolz eines *civis romanus* sagte er mir: »Auch ich bin ein *Orang Deutsch*«.[14] Vor einer Mischlingsrasse mögen uns unsere deutschen Kolonien in aller Ewigkeit bewahren!

Was die SPANIER betrifft, so finden sich in den spanischen Kolonien sowohl, wie auch in den südamerikanischen Republiken, z. B. in Perú, weniger in Central-Amerika, rein weisse Familien, indess lässt sich bei diesen stets nachweisen, dass regelmässig in die zweite oder dritte Generation derselben frisches europäisches Blut eingeführt ist, wie denn gerade die Töchter solcher Familien mit Vorliebe von Deutschen, Amerikanern, Engländern u. s. w. geheirathet werden. Die Auffrischung mit spanischem Blut erfolgt am häufigsten in Cuba, selten, beinahe nie, auf den Philippinen.

Was BRASILIEN betrifft, so sind dessen Beziehungen zu Europa sehr enge und rege und ein weisser Brasilianer hat sicher mehr europäisches (vornehmlich portugiesisches), wie brasilisches Blut in den Adern.

Dass FRANZOSEN es nicht verstehen, sich in den Tropen zu acclimatisiren, dass überhaupt sehr wenig Französinnen auswandern, ist bekannt; Namen, wie NUMEA, SAIGON, CAYENNE, genügen, um jeden von Acclimationsversuchen in den eigenen Kolonien abzuhalten.

Der kolossale Strom italienischer Auswanderer wendet sich beinahe ausschliesslich nach Südbrasilien, Uruguay und Argentinien, – wir haben mit ihm also nichts zu thun.

So bleiben nur noch die ENGLÄNDER und HOLLÄNDER.

Was die Engländer betrifft, so behaupte ich: 1. dieselben wandern überhaupt nicht nach ihren tropischen Kolonien aus und versuchen gar nicht, sich zu acclimatisiren; 2. die wenigen Beamten, Offiziere u. dgl. – verschwindend wenige in jenen kolossalen Ländern zwischen den Hunderten von Millionen von Eingeborenen, – die gezwungen sind, mit ihren weissen Frauen in Indien zu leben, schicken // SEITE 4 // ausnahmslos ihre Kinder nach Europa, gerade so wie ich es vorher von den Kaufleuten erwähnte.[1]

Aehnlich sind die Verhältnisse in den HOLLÄNDISCHEN Kolonien, nur findet hier durch Heirath eine sehr starke Vermischung mit Farbigen statt. Holland ist zu klein, um weisse Frauen an seine Kolonien abgeben zu können. Ein weisser, in Indien oder Suriname geborener Holländer ist wiederum eine grosse Seltenheit, – ich kenne keinen; jedenfalls ist ein solcher dann in Holland gross geworden. Für Holländisch-Indien ist es eben charakteristisch, dass die Frage: »Sind Sie im Lande geboren?« beinahe beleidigend ist, weil »im Lande geboren« so ziemlich gleichbedeutend mit »farbig« ist.

Hiermit hätten wir in grossen Zügen die Tropenländer der Erde und die Völker Europa's, soweit sie für die Acclimatisierungsfrage in Betracht kommen, durchgemustert und ich komme zu dem Resultat, dass mit einigen vereinzelten Ausnahmen, Europäer bis jetzt nicht im Stande waren, sich in den Tropen zu acclimatisieren, d. h. mit weissen Frauen gesunde und fortpflanzungsfähige Kinder grosszuziehen, und eben so wenig, wie das bis jetzt anderen Nationen gelungen ist, eben so wenig

---

1 Zufälliger Weise finde ich in einem sehr vernünftig gehaltenen Buche, dessen Verf. ein alter welterfahrener Reisender ist, folgenden Passus: »Es ist nehmlich allgemeiner Gebrauch der englischen Familien in Indien, ihre Kinder, sobald sie 5 oder 6 Jahre alt geworden sind, nach England zu senden, da sie sonst, nach Ansicht der Aerzte, in ein frühes Grab sinken würden.« H. Semler, *Das Reisen*. Wismar 1884.

wird es den Deutschen gelingen, sollten diese es wagen, den Versuch zu unternehmen. –

Um nach dieser Abschweifung, die ich zu verzeihen bitte, wieder auf Afrika zurückzukommen, so möchte ich bemerken, dass ich zur Zeit, als Angra-Pequena in den deutschen Blättern zu spuken begann, einen warnenden Brief aus Afrika an eine wissenschaftliche Zeitschrift in Deutschland richtete, unter Anführung von Thatsachen, die hier erst ganz vor Kurzem bekannt wurden.[15] Damals schrieb mir der Redakteur jener Zeitschrift: »Wenn ich Ihren Brief abdruckte, würde ich gesteinigt werden«. Heute, glaube ich, darf man schon wieder wagen, vor ähnlichen Kolonialbeglückungen zu warnen, ohne Gefahr zu laufen, gesteinigt zu werden, – und das ist immerhin schon ein erfreulicher Fortschritt! –

Meine zweite Bemerkung möchte sich gegen den Gebrauch, ich darf wohl sagen Missbrauch, wenden, der in neuster Zeit, zumal in der Presse, mit dem Worte »*Afrikareisender*« getrieben wird.

Ich meine, früher bezeichnete man damit Männer, die jahrelang zwecks wissenschaftlicher oder handelspolitischer Studien in oder durch den dunklen Kontinent gereist waren.[16] Man braucht ja gar nicht in die Uebertreibung zu verfallen, wie STANLEY[17], der einmal in seiner bekannten Weise dem verdienstvollen Grafen BRAZZA[18] gegenüber äusserte: »Ich kenne nur zwei Afrikareisende, LIVINGSTONE[19] und mich«, aber man wird doch zugeben, dass jeder Mensch, der einmal in oder nach Afrika gereist ist, noch lange kein Afrikareisender ist. Heute aber werden junge Leute, die Uhrmachergehülfe in King Williams Town oder bis zu dem Moment ihrer Unsterblichkeit Handlungsbeflissene in Kapstadt oder Natal waren, plötzlich »bekannte Afrikareisende«. Man kann ja kaum noch eine Zeitung aufnehmen, ohne von irgend einem »berühmten Afrikareisenden«, von dem man sein Leben nichts gehört hat, zu lesen; ich selbst fand mich eines Morgens zu meiner grössten Ueberraschung in einem hiesigen Blatte so bezeichnet! Ich glaube, dass es an der Zeit ist, diesem Missbrauch zu steuern, das sind wir den *wahren Afrikareisenden* schuldig. // SEITE 5 // Was den von mir besuchten Theil von Süd-Afrika betrifft, so ist derselbe von Deutschen häufig bereist und mehrmals beschrieben worden; der einzige heute noch lebende und hoffentlich noch recht lange lebende Autor über Süd-Afrika, der den Ehrennamen eines Afrikareisenden verdient, ist Professor Fritsch.[20] –

Es braucht wohl kaum betont zu werden, dass für die Ethnographie in der britischen Kolonie blutwenig oder gar nichts zu holen ist. Die Kaffern[21], die als Dienstboten, Hafenarbeiter, Tagelöhner u. dgl. in den europäischen Orten ihren Unterhalt finden, leben zwar für sich abgeschlossen in sogenannten Reservationen, indess sind sie meist schon zu sehr von unserer Civilisation oder gar vom Christenthum beleckt, um irgend welche Originalität bewahrt zu haben. Dennoch erstand ich mehrfach Perlschmuck, hübsche, auf Pferdehaare gearbeitete Kupferarmringe, Spazierstöcke u. dgl. von ihnen. Auch die Keule (Induku) sehen Sie noch in beinahe eines Jeden Hand. Diese *Kirris* finden wir in mehr oder minder derselben Form vom Kap der guten Hoffnung bis nach Guardafui, bei den Kolonialkaffern wie bei den Massai, bei den Basuto wie bei den Somali.[22]

Interessant ist auch ein Gegenstand, dem wir in derselben oder entsprechender Form in den verschiedensten Theilen der Erde begegnen. Man nennt ihn »*dollos*« und wird derselbe von den KAFFERN, meist aber von HOTTENTOTT-MISCHLINGEN, GRIQUAS, KORANNAS u. s. w. benutzt, um den Bauern, denen Ochsen oder Pferde abhanden gekommen sind, zur Auffindung derselben behülflich zu sein; die Wahrsager lösen die Stücke von dem Faden, werfen sie ein paar Mal auf den Boden und sagen dann, je nach der Lage der einzelnen Stücke, wo die Thiere sich befinden u. s. w. Die Theile bestehen aus Straussenzehen, Gelenkstücken, Knochen, Hornplättchen u. s. w. Auch bei Krankheiten und Wahrsagen im Allgemeinen werden sie benutzt, gerade so wie schon ATTILA[23] seine Knöchel um Rath frug oder wie der TURKMENE sie in CENTRAL-ASIEN benutzt. Wir finden Reste von diesem Orakel ja auch bei uns, denn ich erinnere mich in meiner Jugendzeit häufig noch mit solchen Knorpeln gespielt zu haben. Unterhaltend ist es, dass die schlauen Hottentotten mit diesem »*dollos*« meist ganz richtig wahrsagen, und es spricht für die unerschütterliche Harmlosigkeit der Bauern, dass sie noch immer nicht, gerade darum, den Glauben an den Zauber verloren haben. Es versteht sich von selbst, dass der Wahrsager oder einer seiner Freunde das abhanden gekommene Thier selbst nach dem später zu bezeichnenden Ort getrieben hat. Was den Namen *dollos* betrifft, so sind sich die Gelehrten darüber noch nicht einig. Professor Fritsch schreibt »*tollus*« und vermuthet den Ursprung des Wortes im lateinischen »*talus*«. Trotz allen Respekts vor den klassischen Kenntnissen der alten Kolonisten und Huguenotten möchte ich mir aber doch erlauben zu bezweifeln, dass denen das Wort »talus« sehr geläufig gewesen sei. Holub schreibt »*dolos*« und behauptet, das Wort sei aus »*dubbel osse*«, Doppelochsen, entstanden, wegen der Aehnlichkeit mit einem Ochsenpaar. Ich habe mir nun sehr viel Mühe gegeben, eine Aehnlichkeit dieser Dinger mit 2 Ochsen herauszufinden, – es ist mir aber nicht gelungen.[24]

Es giebt übrigens noch ein zweites Wort in Süd-Afrika, das man täglich und stündlich hört und dessen Etymologie auch keine einfache ist. Ich meine das Wort »*futsekk*«, das so viel bedeutet wie »Scher Dich weg! Schieb ab!« und das von Angehörigen *aller* Nationen meist Hunden gegenüber, sehr oft aber auch im persönlichen Verkehr angewandt wird. Die Verbreitung dieses Wortes ist so   // SEITE 6 //   gross, dass einst ein englischer Globetrotter nach achttägigem Aufenthalt am Kap in seiner unvermeidlichen Reisebeschreibung über die Kolonie bemerkte: »In Afrika heissen alle Hunde *futsekk*, aber das Merkwürdige dabei ist, dass sie immer weglaufen, wenn man sie ruft.« Nun, dieses *futsekk* ist aus dem holländischen »*voort, zeg ik*«, »Fort, sag ich«, entstanden.

Bei dem Wort »*dollos*« stehe ich leider vor einem Räthsel, es sei denn, dass der alte Augur, der mir den vorliegenden verkaufte, mit seiner Erklärung Recht hatte. Ich hatte seine Gunst mit Schnaps erkauft und ausserdem mit mehreren Tropfen eines Tabakdestillats aus meiner Pfeife, das wir mit dem wenig poetischen Namen »Pfeifensuddel« bezeichnen, einer bei allen H̶o̶t̶t̶e̶n̶t̶o̶t̶t̶e̶n̶ hoch geschätzten Leckerei, und frug ihn eindringlich: »Was bedeutet denn *dollos*?« »Ja, Baas,« sagte er endlich, »ich weiss selbst nicht, aber wenn der Oss (Ochs) doll ist, dann läuft er weg und dann brauchst Du den *dollos*.« –

Wenn, wie ich schon erwähnte, in Südafrika für den Ethnologen – im Westen bis zum Oranje-Fluss, im Osten beinahe bis zum Limpopo – nur wenig zu holen ist, so bietet sich auch für den Anthropologen, der *kurze* Zeit im Land verweilt, nur ein undankbares Arbeitsfeld.[25] Es gehören

Jahre fleissigen Studiums, steten Wanderns von Ansiedelung zu Ansiedelung dazu, um in das Wirrsal, zu dem die südlichen K̶a̶f̶f̶e̶r̶n̶s̶t̶ä̶m̶m̶e̶ heute schon zusammengeschüttelt sind und es täglich mehr werden, Klarheit zu bringen. Heute mag das noch gelingen, – in wenigen Jahren wird es zu spät sein. Schädel kann der Anthropologe zu Hunderten auflesen und ausgraben, aber Niemand vermag ihm zu sagen, wem dieselben einst angehörten. Auch bei dem Studium der lebenden K̶a̶f̶f̶e̶r̶n̶ wird er unvorhergesehene Schwierigkeiten finden, die er nur dann überwinden kann, wenn er Jahre lang Süd-Afrika durchwandert hat, wenn er mindestens eine K̶a̶f̶f̶e̶r̶n̶sprache beherrscht, wenn er sich so in die K̶a̶f̶f̶e̶r̶n̶ hineingelebt hat, dass er jedem Einzelnen sofort ansieht, welchem S̶t̶a̶m̶m̶ er angehört, woher er kommt. Der unerfahrene Reisende wird manchen K̶a̶f̶f̶e̶r̶n̶ finden, der geneigt ist, sich messen, photographiren zu lassen u. s. w.; fragt er denselben aber, wer er ist oder woher er kommt, so wird ihm der K̶a̶f̶f̶e̶r̶, sofern er sich überhaupt verständlich machen kann, vielleicht den Namen seines Heimathsdorfes, seines H̶ä̶u̶p̶t̶l̶i̶n̶g̶s̶ oder seines *Siboko*[26] nennen, – Alles Räthsel für den, der mit den betreffenden Verhältnissen nicht vertraut ist.[27]

[...]

// SEITE 7 //   Von KIMBERLEY aus reiste ich nach dem ORANJE-FREISTAAT.[28] Das Land ist jeder Schönheit bar und die Buren sind so ziemlich die unausstehlichsten Menschen, die mir jemals vorgekommen sind. Früher, zur Zeit der Ochsenwagen und der reichen Jagdgründe, war das Reisen in den Burenrepubliken gewiss schön und angenehm, heute aber, wo von der Küste aus zwei Schienenwagen nach den Freistaaten führen, wo *sporting globe-trotters* die Reise nach den Victoriafällen des Sambesi unternehmen, wo man, wie ich selbst, auf monatelanger Wanderung durch den Oranje-Freistaat und durch Basutoland *zwei*, sage und schreibe, *zwei* wilde   // SEITE 8 //   Antilopen zu sehen bekommen, heute ist das Reisen in jenem Theil von Süd-Afrika vollkommen reizlos.

Einige Sachen von den nördlichen BETSCHUANEN[29], oder wie die Missionare in ihrer mir unerklärlichen Orthographie (cfr. Fidji) schreiben, »Be-konna«, die ich geschenkt erhielt, sind interessant, weil z. B. ihr

Kopfkissen ebenso gut altägyptisch oder von Neu-Guinea sein könnte. Eigenthümlich geformte Sandsteine benutzt man zum Zerreiben der Tabaksblätter zu Schnupftabak.

Ueber meinen Aufenthalt bei den BAROLONG[30], über deren Sitten, Gebräuche und Eigennamen, habe ich s. Z. im »Ausland« Nr. 24 u. 25 1884 Ausführliches veröffentlicht.[31] Von dem damaligen Chief SEPINARE[32], dem Sohne MOROKA's[33], wurde ich freundlich in Thaba N'chu empfangen und erhielt von demselben einen schönen Mantel aus dem Fell des »Hartebeest« der Buren (»Hirschthier«, A. casma), serol: »Khama«. Eine von Sepinare's Gattinnen war mit demselben geschmückt; auf den Wink ihres Gebieters, der bemerkt hatte, wie mein Auge mit Wohlgefallen auf dem Mantel ruhte, hing sie mir denselben um die Schultern und – hatte dann selbst nichts mehr an. Mein Freund Sepinare wurde übrigens bald nachher von seinem Bruder Samuel, einem Schützling der Missionare, todtgeschlagen. – Sehr schön geflochten sind die Hüte der Barolong, ebenso ihre Körbe für Milch, Seier für Kafferbier u. s. w.

Von Thaba N'chu zog ich über den Caledon nach BASUTOLAND.[34] Hier herrschten sehr confuse Zustände. Im Jahre 1865 hatten die Buren des Oranje-Freistaats den Krieg gegen die Basuto gerade beinahe glücklich siegreich zu Ende geführt, als die englische Kapkolonie die Basuto plötzlich zu englischen Unterthanen erklärte und so die Buren ihres wohlverdienten Lohnes beraubte. Es dauerte natürlich gar nicht lange, dass die Basuto sich gegen ihre neuen Beglücker wandten und dieselben Anfangs der 80er Jahre zum Kriege zwangen, einem Kriege, von dem die wenigsten unter uns in Europa etwas gehört haben werden, der aber der Kapkolonie 90 Millionen Mark kostete.[35] Die Engländer siegten mehr oder minder in gewohnter Art durch Bestechung und Versprechungen, sie annectirten sogar Basutoland im Jahre 1881, gaben es aber dann sofort an die kaiserliche Regierung von England ab, dem sie noch jährlich 400 000 Mark dafür zahlen, dass England mit seinen Beamten und Rothröcken, nicht die Kolonialtruppen, Ruhe und Ordnung im Lande halten sollen.[36] Hiermit sieht es aber mehr wie traurig aus. England hat im Lande gar nichts zu sagen; mindestens sechs Häuptlinge zanken sich um die Herrschaft, und der mächtigste derselben, LEPOGO MASOPHA[37], liess mir von THABA BOSIGO[38], seiner Residenz, aus sagen, »wenn ich sein Land beträte würde er meine Pferde und mich über den Haufen schiessen.« Die Photographie entspricht dem liebenswürdigen Charakter dieses alten Herrn. – Ich erwähnte diese Zustände etwas ausführlicher, damit Sie sehen, wie angenehm und erquicklich es ist, da draussen in Afrika Kolonien zu besitzen. –

Die Abneigung der Basuto gegen Weisse war nun noch verstärkt durch die Nachricht, dass unter den Barolong und auch jenseits des Caledon unter den Basuto die Pocken ausgebrochen waren, woraufhin sich jeder *Clan* unter seinem H̶ä̶u̶p̶t̶l̶i̶n̶g̶ von den anderen abschloss. Der hohe Rath der Oranje-Freistaat-Legislatoren hatte an der Grenze für die aus Basutoland kommenden sogar eine *Fumigation-Station* eingerichtet.[39] Dort sass bei Tage an einer Fuhrt des Caledon ein sogenannter englischer Doctor, der für drei Guineas täglich die armen K̶a̶f̶f̶e̶r̶n̶ einer wirklich *bestialischen* Räucherung unterwarf. Bei Nacht schlief er ruhig in LADYBRAND, ungefähr zwei Stunden von Caledon entfernt, und dann ging der Verkehr zu Fuss und zu Wagen in ungestörtester Weise vor sich.
// SEITE 9 //   Was die BASUTO betrifft, so fällt bei ihnen am meisten auf, dass die Männer recht gute oder vielmehr sehr leichtsinnige Reiter, und dass die Mädchen im allgemeinen recht zudringlich sind. Die Männer kleiden sich jetzt durchgehend in wollene Decken. Reiche Leute besitzen oft mehrere Hundert solcher bunten *blankets*. Ihre Keulen dienen mehr als Schmuck, denn als Waffe. Jeder Mosuto[40] besitzt seine Büchse, obgleich der Verkauf solcher an K̶a̶f̶f̶e̶r̶n̶ auf's strengste verboten ist.[41] Sehr beliebt ist immer noch der Hautschaber, der zugleich Dienste als Schweisskratzer, Nasen- und Schnupflöffel thut.

Interessanter ist der Anzug der Weiber. Dieselben tragen um die Hüften einen Bastwulst und darüber Röcke oder Mäntel aus Ochsenhaut (Mosí). Der H̶ä̶u̶p̶t̶l̶i̶n̶g̶ bewilligt einen schönen Ochsen, den er natürlich auch zum grössten Theil selbst vertilgt. Die frische Haut wird auf Pflöcke gespannt, an der Sonne getrocknet, darauf stark mit Fett an der inwendigen Seite eingerieben, mit Messern geschabt, wieder eingefettet und dann viele Wochen lang mit den Fingernägeln gekratzt und zerknittert, bis die Haut vliess- oder sammetartig wird. Diese Arbeit dauert oft ein Jahr und wird ausschliesslich von den *Männern* besorgt. Wieder wird die Haut mit Fett und Ocker eingeschmiert und endlich der Mantel oder Rock in der gewünschten Form aus der Haut herausgeschnitten. Den Schmuck aus (europäischen) Glasperlen und aus breitgeklopftem (europäischem) Kupferdraht besorgen die Weiber. Ich musste für einen solchen Rock 160 Mark zahlen.[42]

Eigenthümlich sind auch grosse Kragen aus Kupferblech, die von den Frauen um den Hals getragen werden. Ich konnte wohl einige derselben kaufen, es gelang mir aber nicht, dieselben, ohne sie zu ruiniren, von dem Halse abzubringen.

Auf Ohrringe scheinen die Basuto keinen Werth zu legen; meist tragen sie nur ein kleines Stück Draht oder ein Paar Glasperlen im Ohrläppchen oder im Ohrrande. Kleine Mädchen weiten sich die Ohrlöcher mit Bündeln aus Grashalmen aus, bis sie Pflöcke von der Grösse unserer Propfen hineinpferchen können.

Merkwürdig ist die Weise, wie die Weiber ihren Kopf und die Gesichter zurichten. Die Schädel sind meist glattrasirt und dick mit Fett und Ocker eingeschmiert, manche Schönen reiben sich nun auch das ganze Gesicht mit Ocker ein, besonders kokette aber nur die Nase, während sie durch dicke, um die Augen tättowirte Striche, sowie durch drei Streifen von Ohr zu Ohr, einen über's Kinn, den zweiten über die Oberlippe, den dritten quer über die Nase, sich für unwiderstehlich halten. Ihre oft sehr schöne Büste verunstalten sie ausserdem durch eine Menge horizontaler oder vertikaler Schnittnarben.

Solche Personen sehen rein abschreckend aus, indess gewöhnt man sich dermassen an diese Färberei, dass man bei einer nicht angestrichenen Mosuto immer etwas vermisst, – sie macht denselben Eindruck, wie ein ungewichster Stiefel.

Interessant sind verschiedene Töpfe der Basuto; dieselben werden aus freier Hand, ohne Drehscheibe, angefertigt und später in Termitenhaufen gebrannt.

Zwei Basutoschädel erhielt ich von Hrn. Dr. Kellner[43], unserm früheren Consul in Bloemfontein, als Geschenk für unseren Hrn. Vorsitzenden.[44]

Von Basutoland kehrte ich durch BRITISCH-CAFFRARIA[45] nach der Küste zurück, die ich bei East London erreichte.

Von den HHrn. KNORR & EMMERLING[46] in East London erhielt ich mehrere Waffen und Schmucksachen der PONDOKAFFERN[47] als Geschenk für das Berliner Museum. Merkwürdig sind darunter zumal Halsketten aus fein bearbeiteten Stückchen Holz, sowie eigenthümliche Schnupftabaksdosen in Form von Ochsen. Dieselben sollen aus dem Zwerchfell frisch geschlachteter Thiere, mit Blut und etwas Erde vermischt, verfertigt werden. Die Assegais sind noch die ursprünglichen Wurf- // SEITE 10 // speere, im Gegensatz zu denen der Sulus, wo seit TSCHAKA[48] der Assegai als Stosswaffe benutzt wird.[49] Aus einem riesigen Spazierstocke und einem n'utsche besteht die Sommerkleidung der Kaffern.[50] Ohne n'utsche wird er sich unanständig nackt vorkommen; mit n'utsche hält er sich für vollkommen bekleidet. Das vorliegende ist aus Darm verfertigt, an dem oft noch Straussfedern, Messingringe u. s. w. herunterhängen. Die Kaffern verkaufen diese n'utsche sehr ungern; ich habe deren nur eines bekommen.

Bevor ich die Küste erreichte, hielt ich mich einige Zeit in und bei Smithfield auf, um dort die sog. »Bushman caves« zu besuchen und die eigenthümlichen Buschmann[51]-Malereien kennen zu lernen. In Begleitung des HRN. ORPEN[52], jetzt, nach BLEEK's[53] Tode, vielleicht des besten Kenners der Kunst der Buschmänner, versuchte ich vergeblich einige der Fresken von den Felsen, auf denen sie angebracht sind, loszutrennen; es ist uns nicht gelungen. Ausser einigen Steinwerkzeugen primitivster Art (Fig. 1–3) fanden wir indessen ein Stück gebrannten Thons, das entschieden einst zu einem mit Ornamenten versehenen Gefässe gehört hat (Fig. 4).

Einen Buschmannschädel verdanke ich ebenfalls Herrn Konsul DR. KELLNER als Geschenk für Herrn VIRCHOW. Der Buschmann ist jedenfalls eines der merkwürdigsten Geschöpfe, die mir je vorgekommen sind; leider habe ich deren nur sehr wenige zu sehen bekommen. Ich kann aber nicht umhin, eine äusserst charakteristische Geschichte zu wiederholen, die mir aus vollkommen zuverlässiger Quelle berichtet wurde:

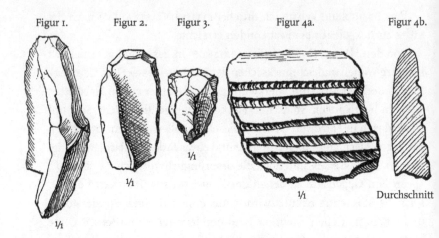

Figur 1.   Figur 2.   Figur 3.   Figur 4a.   Figur 4b.

¹⁄₁   ¹⁄₁   ¹⁄₁   ¹⁄₁   Durchschnitt

¹⁄₁

Ein ~~Buschmann~~ war in Bloemfontein wegen Viehdiebstahls zum Tode verurtheilt worden. Wie man ihn zum Galgen führt, fragt ihn eine mitleidige Seele, ob er nicht irgend einen Wunsch habe. »Ja«, sagt er, »ich möchte so gerne noch einmal rauchen«. Man giebt ihm eine Pfeife; er besteigt das bei solchen Exekutionen übliche Fass; man legt ihm den Strick um den Hals, stösst das Fass um und – der Strick reisst, und der ~~Buschmann~~ fällt gerade auf's Gesicht. Ohne sich irgendwie aufzuregen, steht er auf und sagt: »Das kommt von der gottverdammten Verneukerij, jetzt ist die schöne Pfeife zerbrochen«.[54] Zwei Minuten darauf war er todt.[55]

Von British Caffraria fuhr ich im Dampfer nach DURBAN-NATAL und reiste von hier nördlich nach der Sulugrenze hin. In Stanger, wo ich zwei Tage blieb, befindet sich das Grab TSCHAKA's, der hier von seinem Halbbruder DINGAAN[56], dem Onkel von KETSCHWAYO[57], ermordet wurde. Auf der Stelle, wo er ruht, be-   // SEITE 11 //   findet sich jetzt ein kleines Gebüsch, an dem kein einziger Sulu vorübergeht, ohne mit erhobenem Arm »ngkosa!« »Gebieter!« auszurufen. Ich habe in einer dunkeln Nacht, denn die Sulu sind hier schon recht unabhängig, nach verborgenen Schätzen gegraben und auch wirklich einen Schädel und mehrere Knochen gefunden, von denen ich indess durchaus nicht behaupten will, dass sie vom alten Tschaka herstammen.[58]

Von Stanger aus passirte ich den Tugela und erreichte, nachdem ich mehrere Tage lang die Gastfreundschaft des berühmten englischen Suluhäuptlings JOHN DUNN[59], jedenfalls des besten Kenners der Sulu, genossen hatte, bei ETSCHOWE, heute einem englischen Lager in dem eroberten Theile von Sululand, den Ort, wo KETSCHWAYO am 8. Febr., nicht ganz zwei Monate vor meiner Ankunft, gestorben war.

Das Aeussere der SULU wird den meisten von Ihnen bekannt sein; sie gehören zu den schönsten Repräsentanten der Kaffern. Manche der Kerle sind wundervoll gewachsen und auch die Mädchen sind, wie die Photographien bezeugen, recht hübsch.

Was die Kleidung der Männer betrifft, so besteht dieselbe aus einem eigenthümlichen Etui aus geflochtenen Grashalmen und aus einem Fellschurz (isinene). Für den vorliegenden musste ich 50 Mk.[60] bezahlen, ein Preis, der kaum zu theuer ist, wenn man bedenkt, dass dazu das Fell einer Kuh, eines Panthers und zweier Affen verwandt worden ist. Es möge aber überhaupt Niemand glauben, dass man eine ethnographische Sammlung in Süd-Afrika für billiges Geld zusammenbringen kann; wer das behauptet, der war überhaupt nicht drüben oder hat dort nicht gesammelt. Die wenigen Sachen, die ich die Ehre habe vorzulegen, kosten viel mehr Geld, wie die meisten glauben werden. Ich war selbst Zeuge, wie ein junger Engländer in Sululand einen der grossen Schilde aus Ochsenhaut mit 18 £, also 360 Mk., bezahlte.[61] Nur mit grösster Mühe gelang es mir 5 Sulu-Assegai zu erstehen. Ebenso hängen die Sulus an ihrem Fellschurz und selbst wenn sie sich schon in europäische Hosen haben hineincivilisiren lassen, so tragen sie den Schurz noch über der Hose.

Die Beschneidung führen die Sulu nicht mehr aus.

Originell ist der Kopfputz, der aus den Haaren, aus Gummi und Holzkohle zusammengekleisterte, glänzend schwarze Ring, der jeden verheiratheten Krieger schmückt. Auf diesen *isixoxo* legen sie ungeheuren Werth, stets poliren und verschönern sie sich denselben gegenseitig. Sie bedienen sich hierzu der kleinen Horninstrumente, die jeder Sulu im Haar trägt und die zugleich als Schweisskratzer, Taschentuch, Schnupftabakslöffel u. s. w. Dienst versehen. Der vorliegende »*isixoxo*« ist einem Hingerichteten abgeschnitten.[62]

Vornehme Sulu lassen sich die Nägel an den kleinen Fingern wachsen, gerade so lang, wie Chinesen oder wie die Buginesen auf der Westküste von Celebes.

Die Sulu sind eingefleischte Schnupfer und Dacharaucher.[63] Ihre Schnupftabaksdosen sind oft auf das Zierlichste mit dem Assegai geschnitzt, manche Formen ganz bizarr. Das Dacharauchen ist für uns ein unverständliches Vergnügen: sie füllen ein Horn theilweise mit Wasser, dann die Seifensteinpfeife mit Blättern von wildem Hanf, legen ein Stück brennenden Kuhmist darauf und saugen dann an dem offenen Mundstück. Sobald die Lunge voll ist, geben sie den Rauch unter wirklich entsetzlichem Husten von sich und nach ein paar Zügen sind manche Raucher vollkommen unzurechnungsfähig.

Der beissende Rauch befördert die Speichelansammlung im Munde, auch kühlen die Raucher den Gaumen durch einen Zug aus einer mit Wasser gefüllten Kale- // SEITE 12 // basse und speien diese Flüssigkeit dann durch ein hohles Röhrchen auf den Boden, wobei sie mit dessen unterem Ende mit Vorliebe unanständige Bilder auf die Erde zeichnen.

Die Kunst des Webens ist den Sulu, ebenso wie den anderen ~~Kaffern~~, unbekannt; junge Mädchen tragen zuweilen ganz kurze Röckchen aus einem dünnen Gewebe, das sie »portugal« nennen. Dieser Stoff wurde früher aus Portugal über Delagoa-Bay nach Sululand importirt, kommt jetzt aber aus England.

Beide Geschlechter sind gleich versessen auf Perlschmuck, sie behängen sich damit wo und wie sie nur können. Abgesehen von den Mädchen-Gürteln, an denen man zumal die schöne Taille der Frauenzimmer bewundern kann, ebenso wie deren Streben, ihre Toilette auf das Aeusserste zu beschränken, tragen sie Perlketten und Schnüre oder Taschen, Schnupftabaksdosen, Alles in äusserst geschmackvoller Weise mit europäischen Perlen verziert.[64] Meine Frage, was diese Leute wohl trugen, bevor sie europäische Perlen kannten, beantworten mir Halsketten aus Kernen und bunten Samenkörnern; ausserdem verwandte man Muscheln hierzu.

Viel Kopfzerbrechen verursachten mir *Bronzeringe*, die in Ulundi, der Residenz Ketschwayos, gefunden wurden. Die englischen Soldaten, in der Annahme, sie seien Gold, packten sich die Tornister damit voll, daher auch die meinigen verbogen sind. Für das vorliegende Stück sind seiner Zeit 60 Mark bezahlt worden.[65] In Natal wusste mir kein Mensch Auskunft darüber zu geben, nur einmal sagte mir ein Sulu: »Ja, ich kenne diese Ringe, sie werden von uns gemacht und zwar verwendet man beim Giessen Menschenfett.« Erst von John Dunn erfuhr ich, dass diese Bronzeringe früher aus Europa, wahrscheinlich aus Portugal, über Delagoa-Bay nach Sululand importirt wurden und hier eine Art Münze repräsentirten, die zum Ankauf der Frauen diente, so dass für einen guten Ochsen etwa 10 dieser Ringe gegeben wurden. Was das Menschenfett betrifft, so bestätigte mir J. Dunn, dass die Sulu beim Schneiden der Assegai's allerdings zuweilen Leichenfett benutzten.[66]

Bei der Anfertigung ihrer Armringe verrathen die Sulu einen hohen Grad von Kunstverständniss; sie winden breitgeklopften europäischen Kupferdraht in der verschiedensten Weise um verschlungene Pferdehaare und erreichen es hierdurch, wirklich auffallend hübsche Bracelets herzustellen.

Es gelang mir auch ein merkwürdiges Pelzhalsband eines Zauberdoktors zu erlangen. Der Betreffende wankte betrunken vor mir durch das Feld, fiel hin und verlor dabei sein Collier sammt allen daran hängenden Arznei- und Zauberschätzen. Ich las es auf und annektirte es für die Wissenschaft, trotzdem der entnüchterte Zauberer später hohen Finderlohn aussetzte.[67]

Ein Armband aus angebrannten Holzwürfeln, *isi-xya*, wird nur von Kriegern getragen, die einen Feind getödtet haben.

Von allen Autoren wird, ausser der Schönheit, die Keuschheit der Sulumädchen gelobt; das bezieht sich aber doch wohl nur auf ihren Verkehr mit Europäern. Uebrigens würde jedes Mädchen, das bei intimem Verkehr mit einem Weissen überrascht würde, oder das gar einem Weissen ein Kind gebäre, sofort todtgeschlagen, und da ist die Keuschheit am Ende etwas nicht so sehr Verdienstvolles. Findet der Gatte bei einer Suluhochzeit heraus, dass es mit der Jungfräulichkeit der Braut schlecht bestellt war, so zahlt der Bruder oder Vater derselben an den jungen Gatten einen Ochsen: »to stop the hole«, wie der Sulu-Ausdruck im Englischen lautet.

Bei den Flechten und Schnitzen ihrer Löffel für Hirse- und Maisbbrei [sic] oder // SEITE 13 // für dicke Milch legen die Sulu einen hohen Grad von Geschmack und Kunstfertigkeit an den Tag; ebenso bei der Korbflechterei.

Ketschwayo war, wie erwähnt, seit zwei Monaten todt. Man wusste in Etschowe nicht, was seine Leute mit dem Leichnam angefangen hatten; man sagte, derselbe verfaule unbegraben in des Königs Hütte, beklagt von den Weibern, die ihre Hütten je nach der herrschenden Windrichtung verlegten. Meine Bitte, den Leichnam zu sehen, war meinen der Sulusprache kundigen Boten verschiedentlich abgeschlagen worden, so dass ich zuletzt persönlich mein Glück versuchte. Ich ritt nach der kleinen Niederlassung hin, in welcher Ketschwayo, nachdem er von seinen eigenen Landsleuten besiegt und vertrieben worden war, bei den Engländern Schutz gefunden hatte, und bat die Brüder des Königs um eine Unterredung. England fütterte übrigens den Flüchtling recht gut; so verzehrte er mit seinem Gefolge von vielleicht 80 Getreuen 3–5 Ochsen täglich.[68] Da er selbst kein Vieh besass, so war der kleine Platz von vielleicht 20 Hütten nicht nach der gewöhnlichen Sulusitte angelegt, sondern der Korral für Vieh fehlte ganz und in der Mitte der Ansiedelung hatte des Königs Hütte gestanden, während die anderen dieselbe kreisförmig umgaben.

Nachdem ich ungefähr eine halbe Stunde gewartet, kamen von verschiedenen Richtungen her die Brüder Ketschwayo's mit kleinem Gefolge heran. Es waren sämmtlich wahre Riesen von kolossalstem Körperbau, Alle, wegen der Trauer, vollkommen – das Strohetui abgerechnet – nackt. Zuletzt kam DABULAMANDSE[69], der Sieger von Isandhlwana[70], – KETSCHWAYO als König nahm an dem Gefecht persönlich nicht Theil, – ein wirklich unheimlich aussehender Wilder. Nach längeren Unterhandlungen gestattete man mir den Ort zu betreten, wo Ketschwayo gestorben war.

Man führte mich nach einer halbkugelförmigen, kaum 8' hohen Hütte, ich kroch durch die kaum 2' hohe Thür ins Innere, und befand mich in einem dumpfen dunklen Raum.[71] Da ich gar nichts sehen konnte, bat ich um Licht, erhielt auch solches und unterschied nun zur Rechten

10–15 über- und durcheinander sitzende Weiber, zur Linken eine vielleicht einen Kubikmeter grosse Kiste: den Sarg KETSCHWAYO's. Der König war nach seinem Tode in hockender Stellung in Decken eingewickelt und in diese Kiste gesteckt worden.

Vergeblich hatten die Brüder Ketschwayo's die Engländer gebeten, ihnen Wagen zu leihen, um die Leiche nach MATLABATENE[72], der Heimath des Verstorbenen zu bringen. England verbot dies, einmal, weil sofort wieder Mord und Todschlag zwischen Ketschwayo's Brüdern und deren Todfeind USIBEPU[73] entstanden wäre, zumal aber, weil man verhindern wollte, dass des Königs Frauen resp. Wittwen auf dem Grabe geschlachtet würden. Es ist eben Sulubrauch, dass ein Theil der Frauen eines verstorbenen Königs, nachdem dessen Leiche (meist im Viehkorral) verscharrt ist, mit Knitteln todgeschlagen werden. Das besorgen des Königs ältester Freund und Berather und seine Brüder. Der Berather wird zum Schluss ebenfalls getödtet und dem war es also wahrscheinlich sehr angenehm, dass Kethschwayo unter englischem Protektorat gestorben war. Die Frauen dagegen schämen sich dieses Zustandes, wohl nur, weil eine jede hofft, dass sie verschont würde.[74]

Ich liess mir sämmtliche Wittwen von der ältesten bis zur jüngsten (recht hübschen) kommen und verehrte ihnen einige Goldstücke; sie waren wegen der Trauer alle vollkommen nackt. Eine derselben schenkte mir ein Andenken an den Verstorbenen, – seine Schnupftabaksdose.[75] –

Was meine fernere Reise von Durban nach Norden bis Sansibar betrifft, so // SEITE 14 // kann ich mich, da meine ethnographische Ausbeute leider recht spärlich, darüber sehr kurz fassen.

In DELAGOA-BAY war gar nichts zu holen.[76]

In IMHAMBANE bemerkte ich zuerst bei den Hütten der Kaffern den Uebergang von der runden in die viereckige Form. Es ist nehmlich eine merkwürdige Beobachtung, die man bei allen Kolonialkaffern machen kann, dass sie Idiosynkrasie vor einem rechten Winkel oder vor einer geraden Linie haben. Der Kaffer ist nicht im Stande, einen 5 m langen geraden Strich in den Boden zu zeichnen, immer wird aus der Geraden der Theil eines Kreises. Wir steckten z. B. in Bloemfontein einem Mosuto eine gerade Linie mit Bindfaden auf dem Boden ab und hiessen ihn dieser

Linie entlang mit dem Spaten hacken. Kamen wir nach einer Viertelstunde zurück, so konnten wir sicher sein, dass die von uns bezeichnete Linie tangentenmässig von der von dem Mosuto abgehackten abwich.[77] Von Inhambuse an aber bauen die Kaffern statt der runden viereckige Hütten. Angenehm fiel mir das Benehmen der Kaffern in den portugiesischen Besitzungen den Europäern gegenüber, im Gegensatz zu denen in der englischen Kolonie, auf. Während der englische Kaffer, zumal wenn er betrunken ist, sich häufig mehr wie flegelhaft beträgt, befleissigten sich die Bewohner des portugiesischen Afrika's stets des höflichsten Auftretens: die Männer traten bei Seite und begrüssten den Fremden durch mehrmaliges Zusammenschlagen der Hände, die Frauen und Mädchen machten lächelnd Front und versuchten, auch wenn sie schwere Lasten auf dem Kopfe trugen, ihrer Ehrerbietung durch einen zierlichen Knix Ausdruck zu geben.[78]

Von dem an einer der nördlichen Mündungen des Sambesi gelegenen QUELIMANE gelang es mir einige interessante Objekte mitzubringen. Eigenthümlich wegen ihrer Verzierung, bez. Bespinnung mit Kupferdraht waren die Lanzen und die Streitäxte. Die Eingebornen des unteren Sambesi-Gebiets beschäftigen sich eben fortwährend, wenn sie gerade nichts Besseres zu thun haben, mit dem Flechten dieses europäischen Kupferdrahtes, gerade so wie der Bolivianer nie ohne seine Spindel, oder der schwarzwälder Hirt nicht ohne seinen Strickstrumpf gesehen wird. Die Assegais sind am unteren Ende mit einer eisernen Spitze versehen, wodurch sie sich von denselben Waffen der Südafrikaner vollständig unterscheiden; dagegen findet man dieselben Spitzen bei den Sakalaven auf Madagaskar.[79] Wenn ich nun in dem Typus der Eingebornen des unteren Sambesi-Gebiets einen entschiedenen Unterschied von den Kaffern des Südens bemerkte, – die Hautfarbe ist dunkler, die Beine sind dünner, die Lippen dicker, die Nasen zwar dick, aber flach und nicht mehr so ausgebildet, wie bei den Sulu, – so sah ich dagegen Waffen und zwar die hohen Schilde, *kurze* Assegais, Fellgürtel und Haarschmuck aus Fell und Wolle von Eingebornen *nördlich* vom Sambesi aus der Gegend von Tete, die von denen der Sulu absolut *nicht* zu unterscheiden waren. Aus den neuesten Beobachtungen von Konsul O'NEILL[80] erfahren wir ja auch, dass noch weit nördlich vom Sambesi reine Sulustämme sich erhalten haben.

In MOCAMBIQUE, wo ich mich ca. 14 Tage aufhielt, war die Ausbeute sehr spärlich.[81] Ich sammelte nur MAKUA-Sachen, die, wenngleich sie recht unansehnlich sind, doch immerhin verhältnissmässig selten sein dürften.[82] Die Lanzen mit Widerhaken sind sorgfältig gearbeitet, sie haben einen durch Feuerbrand verzierten Schaft und sind ebenfalls unten mit einer eisernen Spitze versehen. Die Messer und mehrere Hausgeräthe tragen charakteristische Verzierungen. Die Photographie eines Makua-Mädchens zeigt deren hübsche Formen, ebenso wie die Perlgürtel, den dieselben unter ihrer mehr oder minder europäischen, jedenfalls anerzogenen Tracht tragen. Die *Schneidezähne* der Makua sind haifischartig zu- // SEITE 15 // gespitzt. Die Mädchen lieben es ausserdem, sich eine Perle oder dergleichen in einen Nasenflügel zu schrauben, gerade wie Indierinnen, und das Ohrläppchen, abgesehen von 10–15 Löchern in dem Ohrrande, so zu erweitern, dass sie Holzpflöcke von dem Durchmesser eines Fünfmarkstücks hineinzwängen können, gerade so wie in Birma, in Borneo oder im alten Perú.

In ILO[83], unserer ersten Station nördlich von Mocambique, fand ich zum ersten Male Bogen und Pfeile, letztere allerdings so ziemlich die erbärmlichsten, die ich je gesehen.

In KILWA-KIVINJI[84] erhielt ich durch Zufall ein Streitbeil, das, wie Sir JOHN KIRK[85] später eruiren liess, aus THIRMABO (Country of Mirambo) in UNYAMWESI bei BIZA[86] stammt; die Schnitzerei ist höchst eigenthümlich.

Besser, wie in SANSIBAR, wo für mich wenig zu holen, war die Ausbeute in MOMBASA. Ich bekam hier durch die Herren REVOIL[87] und JOHNSTON[88] mehrere Massai-Sachen:[89] die bekannten, in schwarz-weiss-rother Farbe angestrichenen Schilde aus ungegerbter Büffelhaut (vielleicht wird diese schwarz-weiss-rothe Farbe später noch einmal als Beweis dafür angeführt, wie sehr sich die Massai nach dem Protektorat der deutschostafrikanischen Gesellschaft sehnen),[90] ferner Bogen und Pfeile, Köcher mit Straussenfedern verziert, Lanzen und Schwerter; die Klingen der letzteren werden in TSCHAGGA geschmiedet. Den Kirri finden wir hier in derselben Form wie am Kap.

Sehr interessant waren mir ~~Eingeborene~~ aus U-KAMBANI, WAKAMBA's,[91] die im Aeusseren zwar sehr den Massai gleichen, zumal da sie auch den eigenthümlichen Kopfputz aus Straussfedern tragen, die aber durch ihr scheues Wesen einen äusserst ~~wilden~~ Eindruck machten. Sie liessen sich kaum von mir betrachten und als ich sie anfassen wollte, liefen sie, wie wilde Thiere brüllend, aus einander. Sie hatten Palmwein-Schnaps zum Verkauf gebracht, waren aber alle mit Pfeilen und Bogen bewaffnet. Nackt bis zur Hüfte, zeigten beide Geschlechter Hunderte von Schnittwunden, auch waren die Weiber im Gesicht stark blau tättowirt.

Lamu, unsere nächste Station, war dadurch merkwürdig, dass dicht vor Schella, unserem Ankerplatz, in den ca. 60 hohen Sanddünen Hunderte von Schädeln und Skeletten an der Sonne bleichten.[92] Hier soll vor Jahren eine Schlacht zwischen Truppen der Sultane von Mombasa und von Lamu stattgefunden haben; leider war der Platz kurz vor meiner Ankunft von Johnston und RÉVOIL abgesucht worden, welcher letztere 34 Skelette ausscharrte; später hatten die ~~Eingebornen~~ die Dünen auf der Suche nach vermeintlichen Schätzen durchwühlt, kurz, ich fand auch nicht ein einziges komplettes Skelet oder einen Schädel, dessen gefeilte oder ausgeschlagene Vorderzähne uns die Herkunft des früheren Besitzers angegeben hätten.

ADEN ist interessant durch seine Somalis, indessen sind deren Waffen u. s. w. hinlänglich bekannt und in allen Museen vertreten. Ich photographirte einige Somali-Mädchen, die ich in meinem Buch publizirt habe.

In Aden wurde ich krank und sah mich gezwungen nach Europa zurückzukehren. Sie werden einen Begriff von der dort herrschenden Hitze bekommen, wenn ich Ihnen sage, dass das Wasser in meiner Badewanne, das des Nachts über kühlen sollte, morgens bei Sonnenaufgang 33,75° C. zeigte. Allerdings liegt das Hotel sehr ungünstig und ausserdem waren wir im Hochsommer. Mein Freund SERPA PINTO[93] brachte mich an Bord und ohne Unfall erreichte ich Triest, wo wir als »verseuchte Choleraprovenienzen« 5 Tage in Quarantaine geschickt wurden.

Mehrere, für den zoologischen Garten in Triest bestimmte Tiger, Panther, // SEITE 16 // Affen u. s. w. wurden sofort ausgeschifft, obgleich sie sicher mehr verseuchte Choleraprovenienzen wie wir waren, denn sie kamen direkt aus Centralindien, und einer ihrer Genossen, ein Orang-Utan von Borneo, war im Suez-Kanal unter sehr bedenklichen Cholerasymptomen gestorben. –

Zum Schluss erlaube ich mir zu bemerken, dass ich die ethnographische Sammlung, die ich die Ehre hatte Ihnen vorzulegen, dem Museum für Völkerkunde als Geschenk überweise. –

Kimberley.

Das Land, heute West-Griqualand genannt, jenseit des Oranje-Flusses, da, wo dieser sich mit dem Vaal vereinigt, gehörte ursprünglich den Griquas, in deren Gebiet dann die stets rastlos wandernden Freistaatboeren eindrangen und sich jahrelang als die rechtlichen und ungestörten Besitzer des Landes betrachteten, bis im Jahre 1868 die ersten Diamanten entdeckt wurden und England plötzlich herauszufinden vorgab, dafs das Land eigentlich ihm gehöre. Der Häuptling der Griquas wurde, wahrscheinlich mit ein paar Flaschen Schnaps, abgefunden und im Oktober 1871 war West-Griqualand von England, ohne jede Spur von Berechtigung, einverleibt und später zur Kapkolonie geschlagen. Die Boeren aber, die seit Generationen englischer Herrschaft zu entgehen trachten, konnten ihre Ochsenkarren anspannen und mit Hab und Gut in ein anderes Land „trekken", wohin ihnen England übrigens sehr bald nachfolgen wird resp. schon teilweise gefolgt ist.

Am Abend des vierten Tages, nachdem wir Colesberg verlassen, überschritten wir die Grenze zwischen Oranje-Freistaat und West-Griqualand und näherten uns der Diamantenstadt Kimberley. Der Eindruck, den

Wilhelm Joest, »Kimberley«, in: ders., UM AFRIKA, Köln 1885, S. 73-89.

Das Land, heute WEST-GRIQUALAND genannt, jenseit des Oranje-Flusses, da, wo dieser sich mit dem Vaal vereinigt, gehörte ursprünglich den Griquas, in deren Gebiet dann die stets rastlos wandernden Freistaatboeren eindrangen und sich jahrelang als die rechtlichen und ungestörten Besitzer des Landes betrachteten, bis im Jahre 1868 die ersten Diamanten entdeckt wurden und England plötzlich herauszufinden vorgab, dass das Land eigentlich ihm gehöre. Der H̶ä̶u̶p̶t̶l̶i̶n̶g̶ der Griquas wurde, wahrscheinlich mit ein paar Flaschen Schnaps, abgefunden und im Oktober 1871 war West-Griqualand von England, ohne jede Spur von Berechtigung, einverleibt und später zur Kapkolonie geschlagen.[94] Die Boeren aber, die seit Generationen englischer Herrschaft zu entgehen trachten, konnten ihre Ochsenkarren anspannen und mit Hab und Gut in ein anderes Land »trekken«, wohin ihnen England übrigens sehr bald nachfolgen wird resp. schon teilweise gefolgt ist.

Am Abend des vierten Tages, nachdem wir Colesberg verlassen, überschritten wir die Grenze zwischen Oranje-Freistaat und West-Griqualand und näherten uns der Diamantenstadt Kimberley. Der Eindruck, den // SEITE 74 // der Ort macht, ist durchaus kein großartiger; ich kenne überhaupt wenig Städte, die in betreff origineller Unschönheit mit Kimberley verglichen werden können. Der von etwa 5000 Weißen und vielleicht 10 000 Farbigen bewohnte Ort ist nämlich mit Ausnahme einiger weniger Steinhäuser vollkommen aus galvanisiertem Eisenblech gebaut.[95] Sand und Eisenblech, wohin man sieht! Manche Straßen sind unsinnig breit, manche krumm und eng; die Häuser dabei durchgängig einstöckig, von einer Veranda, zuweilen auch von einem kleinen Gärtchen umgeben. Beinahe kein einziges Haus ist angestrichen, Winde, Dach, alles nur das fürchterliche Wellblech; im Bemalen der Gebäude mit den Namen der Firmen und allerhand Reklamen wird dagegen das möglichste geleistet. Die Läden in Kimberley sind lächerlich gut ausgestattet: mit den hier aufgestapelten Vorräten könnte man ganz Süd-, Central- und Nordafrika für ein Jahr mit allem versorgen und jeden betrunken machen.

Gasthäuser giebt es mehrere, schlecht sind sie alle, das beste derselben, das der Frau Jardines gehörige, stellt den Kimberley-Krach dar so gut wie möglich:[96] die Front des Gebäudes ist in Stein errichtet, das Haus selbst aber aus Blech zusammengenagelt; der Eingang ist ganz hübsch, aber überladen luxuriös, die Schlafzimmer dagegen sind eng, schmutzig und teuer; die Speisekarte ist ellenlang, aber satt essen kann man sich an dem Gebotenen nicht, und hinter der Bar thront die Wirtin und überreicht einem für 3,50 Mark[97] eine Flasche Bier mit einem Gesicht, als wollte sie sagen: »das thue ich nur aus besonderer Gnade, denn ich besaß einst so und so viele Tausend Pfund«. So redet auch jedermann in Kimberley; man sieht eine Menge von dunkeln Ehrenmännern, und erkundigt man sich nach dem Gewerbe derselben, so wird man stets   // SEITE 75 //   zur Antwort erhalten: »O, das ist ein großer Lump, aber ein Mann, der einmal 100 000 Pfund[98] wert war.

Ich kenne keinen Ort, dessen Bewohner mir – immer natürlich mit gewissen Ausnahmen – einen so unangenehmen Eindruck gemacht haben, wie Kimberley. Da ist vor allem das zusammengelaufene Gesindel von Armeniern, Griechen, Levantinern u. dergl.[99], dann eine Menge Menschen, deren Existenz mehr als rätselhaft, dann alle die gefallenen und verkrachten Größen, sowohl Kaufleute wie Spekulanten, dabei aber durchaus keine Spur von wildem Treiben und Leben, wie man es an einem Minenplatz vielleicht erwarten sollte, nichts als mißtrauische, schleichende, widerwärtige Gesellschaft.

Ehe ich zur Beschreibung der Diamantengewinnung übergehe, möchte ich noch die Bedeutung dreier Buchstaben erklären, die auch das ihrige zum Ruin von Kimberley beigetragen haben und die schon manchen unserer werten Landsleute ins Zuchthaus brachten, manchen, der jetzt von seinen Angehörigen in der »Gartenlaube«[100] vergeblich gesucht wird, Buchstaben, deren bloße Aussprache eine Erregung der bösen Gewissen – und es giebt deren sehr viele hier – zur Folge hat; sie heißen: »I. D. B.« (Eidibi[101] = Illicit diamond buying) »unerlaubter Diamantenkauf«. Trotz aller Vorsichtsmaßregeln werden nämlich noch immer Diamanten in ganz unglaublicher Menge gestohlen und unter der Hand für Spottpreise verkauft; die besten Autoritäten haben mir vorgerechnet, daß in den letzten 12 Jahren für über 150 Millionen Mark Diamanten in Kimberley gestohlen worden sind, und da der Diebstahl selbst beinahe unmöglich zu verhindern ist, so bestraft man die Käufer solcher Steine desto strenger.[102] Dieselben – man nennt sie ebenfalls I. D. B. –, werden zu fünf- bis zehn- // SEITE 76 // jähriger Zwangsarbeit in den Steinbrüchen, bei den Hafenbauten in Kapstadt u. s. w. verurteilt, zusammengekettet mit einem Kaffer oder Buschmann, müssen sie unter glühender Sonne von Sonnenaufgang bis Untergang im Freien arbeiten, oder aber man benutzt sie zum Reinigen der Düngergruben. Kann man beweisen, daß sie farbige Arbeiter zum Diebstahl verleitet haben, so erhalten sie in bestimmten Perioden außerdem noch Stockprügel, und sehr viele dieser Unglücklichen sind Leute, die einst in Kimberley in der »besten« Gesellschaft verkehrten und den Sekt in Strömen fließen ließen. –

Nachdem ich meine Empfehlungsbriefe abgegeben und die Bekanntschaft mehrerer äußerst zuvorkommenden Landsleute gemacht hatte, denen ich in jeder Weise zu Dank verpflichtet bin, drängte es mich natürlich vor allem, einen ersten Blick in die Mine zu werfen, und ich gestehe, daß ich noch nie in meinem Leben in solchem Maße von einem neuen fremdartigen Eindruck überwältigt worden bin, wie hier in Kimberley. Mitten in der Stadt gähnt einem plötzlich ein Abgrund entgegen, in dem die Eingeweide der Erde bloßgelegt werden, ein Loch, dessen Dimensionen so kolossale sind, daß die in grausiger Tiefe arbeitenden Menschen kaum größer als Punkte erscheinen, ein von Menschenhänden gegrabenes offenes Loch von über 600 Meter Umfang und über 150 Meter Tiefe!

Und diese Mine ist nicht einmal die größte in Kimberley, Dutoitspan ist ein noch kolossaleres Loch, dann folgen Bultfontain, Old de Beers und noch viele andere, aber unbedeutendere Gruben, sämtlich in oder bei dem Orte Kimberley gelegen, dessen Vorstädte kürzlich Beaconsfield getauft wurden.[103] Und alle diese Millionen von Tonnen Erde sind in zehn Jahren heraus- // SEITE 77 // gekratzt, gewaschen und gesiebt worden, nur um einen Mode-Artikel, einen im Grunde nichtigen Tand zu gewinnen, mit dem wir uns aus Eitelkeit behängen, ebenso wie der Kaffer sich mit Perlen, der Wilde sich mit Federn oder Zähnen schmückt.

Der erste Diamant in Südafrika wurde im Jahre 1867 gefunden, ohne daß man dieser Entdeckung anfangs viel Wert beilegte; im Jahre 1869 kaufte ein Farmer den später als »Stern von Südafrika«[104] in den Besitz der schönen Lady Dudley[105] übergegangenen 83karätigen Stein (es war vielleicht der fünfzigste Diamant, der überhaupt gefunden wurde) von einem ~~Kaffer-~~Zauberer, oder vielmehr er tauschte dem Zauberer seine ganze Farm mit Vieh, Menschen und allem darauf gegen den Diamant ein, den er gleich darauf wieder für ¼ Million Mark verkaufte.[106] Anfangs 1870 begannen Einwanderer nach dem Vaalfluß zu ziehen und dort Diamanten auf eigene Rechnung zu graben; aber erst im Jahre 1872 stieß man auf die reichen Lager in Kimberley selbst, wo dann binnen kurzem Tausende von Diggers, alte Goldgräber aus Californien und Australien, weggejagte Handlungsbeflissene, desertierte Soldaten, überhaupt Abenteurer jeder Art zusammenströmten.

Zu betonen ist indes, daß, ganz im Gegensatz zu San Francisco und Californien, das Leben in Kimberley stets ein verhältnismäßig ruhiges, ja, solides war, es wurde wohl getrunken und etwas gespielt, aber Verbrechen, außer Diamantendiebstahl, sind beinahe nie vorgekommen.

Die Farm, welche die heutige Kimberley-Mine umfaßte, wurde von dem Staat West-Griqualand für zwei Millionen Mark erworben und das ganze Grundstück in Quadrate, »Claims« von 30 Fuß im Geviert, zerlegt, die von der Regierung verkauft wurden.[107] Jeder Besitzer // SEITE 78 // eines solchen Claim begann nun mit Schaufel und Picke sein Grundstück zu bearbeiten, die Mine war also damals mit einem Schachbrett zu vergleichen, auf welchem in jedem Felde ein Holzwurm sein Loch gebohrt hat.

Nach dem Gesetz mußten an allen vier Seiten eines jeden Claim 7½ Fuß, im ganzen also 15 Fuß,[108] für Straßen unbearbeitet bleiben, und dieses Gesetz konnte auch so lange aufrecht erhalten werden, bis die Leute ihre Claims bis zu einer gewissen Tiefe ausgegraben hatten, bis also das ganze Terrain mit dem Durchschnitt einer Honigwabe mit quadratischen Zellen zu vergleichen war. Dann aber begannen die verschiedensten Schwierigkeiten aufzutauchen; der eine stieß auf Fels, der diamanthaltige Grund war erschöpft und sein Claim wertlos, ein anderer, glücklicherer, hatte seinen Claim »gegründet« – und bis zu ¹⁄₁₆ Claim wurden zu kolossalen Preisen verhandelt –, und für solchen Graber war es wiederum hart, die 7 ½ Fuß diamanthaltigen Grund unberührt neben seiner Grube stehen lassen zu müssen; wurden die Löcher zu tief, so stürzten die Zwischenwände auch bisweilen ein. Die Leute begannen daher mehrere aneinanderstoßende Claims aufzukaufen und dieselben zu bearbeiten, ohne mehr Raum für imaginäre Straßen zu lassen. Je mehr nun die einzelnen selbstarbeitenden Graber von Kapitalisten verdrängt wurden, die, je tiefer die Löcher wurden, desto mehr farbige Arbeiter anstellten und den ausgegrabenen Grund in Körben an langen Seilen erst durch Kaffern, dann durch Pferde aus der Tiefe bis an den Rand der Mine ziehen ließen, desto mehr Claims suchte man in einer Hand zu vereinigen, um die Kosten zu verringern und andernteils durch Ausgabe von Anteilscheinen das Betriebskapital zu vergrößern. So kam es, daß die // SEITE 79 // Mehrzahl der guten Claims allmählich in den Besitz einiger wenigen Gesellschaften überging, die das Loch nun planmäßig tiefer gruben, dabei die Grenzen des einstigen Schachbretts genau einhielten, ohne aber irgend eine Zwischenwand stehen zu lassen. Die teuersten, neuesten Maschinen ließ man von Europa kommen, die Aktien wurden zu fabelhaften Preisen gehandelt, neue Diamantgruben, nicht nur bei Kimberley, wurden täglich eröffnet und verrückte Preise für Grundstücke gezahlt, ohne Rücksicht, ob der Boden diamanthaltig war oder nicht; die Aktien solcher Minen waren am Tage der Emission schon 1000 über Pari[109] – bis dann der ganz unausbleibliche Krach glücklich eintraf und mit allem Schwindel aufräumte; die faulen Aktien wurden Makulatur und die schlechten Minen kann man heute umsonst bekommen.

Ganz abgesehen vom Schwindel trat aber noch ein ganz anderer, beinahe noch schwerer wiegender Faktor auf, der dem Geldverdienen in Kimberley mit einem Schlage ein Ende machte und der die besten Minen mit Ruin bedroht: das Nachstürzen des »Reef«, d. h. des wertlosen Gerölls, in die Mine. Um dies zu verstehen, muß man sich vergegenwärtigen, daß Diamanten nur in einem ganz bestimmten Gestein (blue ground), dem »blauen Grunde«, vorkommen, welches aber mit dem

Reef, dem nicht diamanthaltigen Gestein, gerade so vermischt ist, wie etwa Syrup, den man unter einigem Rühren in ein Faß Teer gießen würde, mit letzterem.

Es giebt keinen blauen Grund, der keinen Diamanten enthält, ebenso wie man nie einen Diamanten in anderem wie eben in blauem Grund findet. Nun kostet das Herausschaffen des wertvollen Grundes aus solch ungeheuren Tiefen schon Geld genug, wie viel also erst // SEITE 80 // das des wertlosen Reefs. Man suchte daher die nutzlosen Stellen unbearbeitet zu lassen, während man dem blauen Gestein, zumal an den Rändern des Riesenlochs, desto eifriger nachgrub. Die Folge war dann, daß eines schönen Tages erst die eine, dann die andere Wand herabrutschte und daß heute beinahe sämtliche Claims vom Reef verschüttet sind, den herauszuschaffen das nötige Kapital fehlt; würde diese Arbeit doch in der Kimberley-Mine allein über 16 Millionen Mark kosten![110]

Diamanten werden im »blue ground« noch gerade so viele gefunden wie früher, versandte doch Kimberley trotz des Reef in den Monaten Juni, Juli und August 1884 f. für mehr als 12 Millionen Mark Diamanten;[111] der Preis der Steine ist auch im Lauf der Jahre gar nicht so bedeutend gefallen und der Zusammenbruch des Schwindels hatte gerade den guten Minen zu statten kommen müssen, wenn da nicht das unglückselige Reef aufgetaucht wäre, dem gegenüber jedermann rat- und hülflos dasteht. Das einzige Mittel, die Kimberley-Minen weiter mit Verdienst zu bearbeiten, wäre, das oberflächliche Graben aufzugeben und die Mine dagegen bergmännisch in Schächten und Gängen zu bebauen, also unter dem Reef weiter zu graben. Dazu müßten aber die Claims noch mehr zusammengelegt werden, denn es wird z. B. niemandem einfallen, seinem Nachbar einen Tunnel durch den Claim zu bauen, und vor allem gehört zu dieser Arbeit Geld, sehr viel Geld, und ob europäische Kapitalisten geneigt sein werden, ihre Millionen gerade in West-Griqualand anzulegen, erscheint mir sehr fraglich. Heutzutage zahlt, so viel ich weiß, keine einzige Diamantengesellschaft Dividenden.

Die Gewinnung des Diamanten ist im übrigen ziemlich einfach, sobald das Gestein einmal aus der Tiefe // SEITE 81 // herausgeholt ist. Morgens bei Sonnenaufgang ruft eine Glocke die Schwarzen zur Grubenarbeit. Im Gänsemarsch klettern die Leute – es werden heute wohl noch 8000 K̶a̶f̶f̶e̶r̶n̶ in den Minen beschäftigt – die steil abfallenden Wände hinab, nachdem sie vorher ihre eigenen Kleider ausgezogen und dafür einen Arbeitsanzug angelegt haben; wie Eidechsen scheinen sie sich an die schwindelnden Pfade zu heften. Unten angekommen, graben sie mit Picke und Schaufel den blauen Grund an den Stellen aus, wo am Abend vorher mit Dynamit gesprengt worden ist, und laden denselben in runde eiserne Behälter von 16 bis 32 Kubikfuß Inhalt, die an Drahtseilen nach dem Rande der Minen hinaufgezogen werden. Diese Behälter schweben an einem Gestell von vier Rädern, die ihrerseits wiederum auf zwei parallel gespannten Drahtseilen ruhen. Oben am Rande der Mine sind Maschinen errichtet, durch welche vermittelst einer Trommel der geladene Behälter hinaufgezogen wird, während ein leerer auf einem zweiten Drahtseilpaar herabrollt. In halber Höhe sind sogenannte »Springer« angebracht, auf denen die Drahtseile ruhen, weil sie ihrer eigenen Schwere wegen nicht vollkommen straff gezogen werden können. Auf dem Grunde der Mine sind diese Drähte mit äußerster Vorsicht verankert und vermauert.

Natürlich unterließ ich nicht, in die Minen hinabzufahren, wobei ich von mehrern Landsleuten, die nicht nur die Elite der Kaufmannschaft, sondern auch der Gesellschaft Kimberleys darstellen, in freundlichster Weise begleitet wurde. Das Gefühl, in einem schmutzigen, schwankenden eisernen Bottich einige hundert Fuß über Felsen zu schweben und seine Existenz nur von der Haltbarkeit eines viertelzölligen Eisendrahts oder einiger Schrauben abhängig zu wissen, ist kein ange- // SEITE 82 // nehmes, für Leute, die an Schwindel leiden, aber ein *wahrhaft grausiges*.

Man denke sich die Kreuzblume des Kölner Domes durch zwei Drahtseile mit einem Pfeiler der Rheinbrücke verbunden. Oben auf der Turmspitze klettern wir in den eisernen Kasten und sehen unter uns die scheinbar bodenlose Tiefe. Scheinbar bodenlos kam mir aber auch der Bottich selbst vor, weil der Boden desselben siebartig durchlöchert war. Nun geht's los, der Bottich rasselt und wackelt und stößt wie eine alte Postkutsche, eine halbe Minute gebrauchen wir von der Kreuzblume bis zur Spitze des Dachreiters, wo ein »Springer« angebracht ist – dem wir denn auch einen ganz bedenklichen Sprung verdanken –, eine weitere halbe Minute und wir landen am Ufer des Rheins.

Die Erlaubnis, die Gruben zu besuchen, wird selbstverständlich nur sehr wenigen erteilt; ich glaube sogar, das Benutzen der Fahrkörbe ist gesetzlich verboten; ich selbst bekam einen Erlaubnisschein, auf dem vermerkt stand: »Diese Erlaubnis schließt den betreffenden nicht von der Verbindlichkeit aus, jederzeit untersucht zu werden.«

Auch der Aufenthalt unten in der Grube ist durchaus nicht gemütlich: da rasseln Hunderte solcher riesigen Eimer auf und ab; stets glaubt man, einer derselben müsse einem ohne Fehl auf das werte Haupt fallen; Dynamit liegt in unheimlichen Mengen zum Schuß bereit, bei jedem Tritt stolpert oder tritt man in einige Kubikmeter Schlamm und Wasser; dabei hatte ich stets ein Gefühl, ich kann es nicht anders als mit Furcht bezeichnen, das in dem Wunsche seinen Ausdruck fand: »Wenn du erst einmal wieder glücklich oben wärst!« aber dennoch muß ich wiederholen, daß der Anblick, den man hier unten genoß, ein so großartiger, der- // SEITE 83 // maßen überwältigender war, daß ich überzeugt bin, jedermann, der einmal die Kimberley-Mine besucht hat, wird diesen Augenblick in seinem Leben nie wieder vergessen. Ich habe auf meinen Reisen neun thätige Vulkane bestiegen und in die tiefsten Krater der Erde geschaut, aber die Löcher in Kimberley haben mir mehr imponiert als selbst die mächtigsten Ventile unseres Erdinnern, gerade weil ich wußte, daß sie in so wenigen Jahren von Menschenhand gegraben sind.

Die schwarzen Arbeiter führen ein hartes Dasein: nur eine Stunde im Tage gönnt man ihnen, um innerhalb derselben den ganzen Weg aus der Mine hinauf nach ihren Baracken hin und wieder zurück zu laufen und oben ihre Mahlzeit zu kochen und zu verzehren.

Zu anthropologischen Studien begab ich mich täglich bei Sonnenuntergang in die Zinkbuden, in welchen die aus den Gruben kommenden K̶a̶f̶f̶e̶r̶n̶ auf Diamanten untersucht werden. Dieselben entledigen sich ihrer Arbeitstracht und haben dann vollkommen unbekleidet einen Raum zu passieren, in welchem ihnen mehrere Aufseher die Haare, Ohren u. s. w. genau besichtigen, ihnen den Mund aufreißen und die Gegend unter der Zunge sowie den Schlund oft zolltief absuchen, bis sie zum

Schluß einen äußerst komischen Luftsprung ausführen müssen. Dennoch stehlen die Leute in unberechenbarem Maße; die beliebteste Manier ist Verschlucken der Steine; Verdächtige werden dann mit Ricinusöl geprüft, und bei einem solcher Kerle fand man kürzlich nicht nur 30 Karat kleiner Steine, sondern außerdem einen Solitär von Haselnußgröße (14 Karat!).[112]

Der diamanthaltige blaue Grund wird, nachdem er in der beschriebenen Weise an die Oberfläche geschafft // SEITE 84 // worden ist, in kleinen, von Pferden gezogenen Eisenbahnwagen nach Feldern gefahren, wo man ihn, etwa wie Dünger auf dem Acker, ausbreitet und den Einflüssen der Atmosphäre aussetzt; er hat nämlich, trotzdem er beim Graben sehr hart ist, die Eigentümlichkeit, daß er an der Luft allmählich zerfällt und weich wie Ackererde wird. Man kann diesem Zersetzungsprozeß auch durch Zerschlagen, Walzen u. s. w. künstlich nachhelfen. Sobald der Grund genügend weich ist, führt man ihn wiederum mit der Eisenbahn nach der Waschmaschine, die großen Steine werden ausgesiebt und der Rest dann mit schmutzigem Wasser, d. h. solchem Wasser gemengt, das während des Waschprozesses schon einmal benutzt worden ist, reines Wasser würde sich mit dem frischen Grunde nicht vermischen. Dieser Schlamm wird von neuem gesiebt, Steine und unzersetzter Grund werden abgesondert und der Brei fällt dann in einen runden, horizontalen Behälter, in welchem er durch Maschinen fortwährend langsam umgerührt wird. Die schweren Teile des Schlammes, also auch die Diamanten, fallen hier zu Boden, während das gelbe Wasser oben abläuft und, wie schon erwähnt, von neuem zum Waschen benutzt wird.

Sobald das Quantum eines Tages, z. B. 400 Wagenladungen, durchgewaschen ist, füllt man den diamanthaltigen Bodensatz in verschließbare Kasten und wäscht denselben am nächsten Morgen teils durch Handarbeit, teils mit Maschinen endgültig aus. Durch das wiederholte Waschen wird der blaue Grund mindestens auf ein Tausendstel seines Umfangs beschränkt. Aus den 400 Waggons erhält man vielleicht einen Kubikmeter blank gewaschener Steine, ähnlich unserem Gartenkies. Diese werden nun, nachdem man sie auf Tischen ausgebreitet hat, meist vom Direktor der betreffenden // SEITE 85 // Gesellschaft selbst, jedenfalls aber von zuverlässigen Europäern, Stein für Stein endgültig auf Diamanten untersucht.

Der Leser wird aus dieser flüchtigen Beschreibung ersehen, wie unmöglich es ist, bei all den Manipulationen, die der blaue Grund durchmacht und bei denen er Hunderte von Händen zu passieren hat, Diebstähle auch nur einigermaßen zu verhindern, und zwar sind es gerade die großen, auffallenden Diamanten, die der Gefahr des Verschwindens am meisten ausgesetzt sind.

Dem Neuling bietet es einen außerordentlichen Reiz, in Diamanten zu wühlen, händevoll sie aufzuschaufeln und durch die Finger gleiten zu lassen oder an dem Herauslesen der Edelsteine sich zu beteiligen. Man fragt sich fortwährend: was wird aus all dem Gestein, wo bleibt es in der Welt, wer kauft diese Klötze von Walnußgröße bis zu hundertkarätigen Steinen? Die »Compagnie Française«[113] allein hatte während meiner Anwesenheit in 14 Tagen, aber nur mit der Hälfte ihrer Maschinen arbeitend, über 10 000 Karat im Werte von etwa 200 000 Mark ausgewaschen![114] Die Schätzung, daß Kimberley seit 1872 für über 600 Millionen Mark Diamanten ans Tageslicht gebracht habe, erscheint eher zu niedrig als zu hoch gegriffen.[115]

Der Kauf und Verkauf der Diamanten nach dem Auslande oder gar in Kimberley selbst ist allen möglichen Förmlichkeiten unterworfen; nehmen wir den – allerdings kaum möglichen – Fall an, ein Minenbesitzer hätte mir einen seiner Steine so ohne weiteres verkauft, so würde ich mich der Gefahr ausgesetzt haben, ohne Gnade wegen I. D. B. zu fünfjähriger Zwangsarbeit verurteilt zu werden. Jeder Minenbesitzer, Diamantenkäufer oder Makler – es giebt deren eine // SEITE 86 // große Menge, trotzdem eine bezügliche Konzession 400 oder 600 Mark jährlich kostet[116] – muß eine ganz genaue Liste sämtlicher produzierten sowie der ge- oder verkauften Steine führen; alle Steine werden nach Größe oder Farbe sortiert, die kleinen registriert man nach dem Gewicht, das heißt, man schreibt: so und so viel Karat von der und der Sorte; Diamanten von über 2000 Mark Wert dagegen werden einzeln angegeben.[117] Diese Listen werden monatlich einer eigenen Behörde eingereicht, welche dieselben genau vergleicht und, da die Anzahl der im Handel befindlichen Diamanten genau den Unterschied der gewaschenen und verkauften, d. h. ausgeführten und wiederum eingeschriebenen Steine bilden muß, so ist sie imstande, jedem Menschen, der einen gestohlenen Diamanten ge- oder verkauft hat, nachzuweisen, daß er ihn nicht auf gesetzliche Weise erworben haben kann, da er sich nicht in den Listen findet, keinen »Stammbaum« hat.

Ich selbst als Fremder mußte mindestens dreimal Papiere unterzeichnen, einige Eide schwören und mich mehrmals legitimieren lassen, bevor ich einige Muster blauen Grundes kaufen durfte.

Die geheime Polizei ist gut organisiert, sie kennt beinahe alle I. D. B.; da sie aber weiß, daß sie trotz aller Schlauheit doch nie die Steine selbst bei den Hehlern finden würde, so werden diese in der Weise abgefaßt, daß man ihnen durch dressierte K̶a̶f̶f̶e̶r̶n̶ Steine zum Kauf anbieten läßt. Gehen sie in die Falle, so sind sie ihrer Strafe sicher. Diese Leute erwarten aber dieses Verhängnis täglich und stündlich, sie zahlen vielleicht 2 L. für einen Stein von 100 L. Wert, und werden sie dann zuletzt einmal abgefaßt, so sitzen sie ihre zehn Jahre ab und kehren als reiche Leute in ihre Heimat zurück.[118] Einmal fand man bei einem I. D. B., der in // SEITE 87 // Kapstadt schon an Bord sich sicher dachte, sieben Pfund Diamanten!

Besteuert werden die Steine in der Weise, daß jeder Besitzer eines Claims 10 Mark monatlich, der Exporteur außerdem ½ Prozent vom Werte zahlen muß.[119] Die Diamantenkäufer beziehen die Steine entweder unmittelbar von den Produzenten oder der Handel wird durch Makler besorgt, die, mit großen Brieftaschen bewaffnet, geschäftig von Händler zu Händler eilen. In Büreaus, die oft nicht größer als eine Theaterloge sind, sitzen diese hinter einem mit weißem Löschpapier überzogenen Schreibtisch, auf dem sie die Steine prüfen, wiegen, sortieren und abschätzen. Die Diamanten werden dann in Paketchen wie Brausepulver eingefaltet und in Blechdosen verpackt, in welchen sie, nachdem die Dosen noch in Leinwand eingenäht worden sind, mit der Post alle nach London gesandt werden; erst von dort aus zerstreuen sie sich über die ganze Welt.

Bevor wir von Kimberley Abschied nehmen, möchte ich noch eines interessanten Unfalls Erwähnung thun, der sich kurz vor meiner Ankunft ereignete. Dicht bei der Stadt befanden sich mehrere Magazine aus Eisenblech, in welchem größere Vorräte von Dynamit, von Pulver, Patronen u. s. w. aufbewahrt wurden. Aus irgend einem unaufgeklärten Grunde flog eines schönen Tages eines dieser Magazine in die Luft; ihm folgte ein zweites, drittes und viertes, kurz, es explodierten hier über 30 000 kg Dynamit und 8000 kg Pulver! Und was war die Wirkung dieser furchtbaren Lufterschütterung? Eigentlich gar keine, denn die Explosion that kaum irgend welchen Schaden. Im ganz nahe gelegenen Kimberley glaubte man ein Erdbeben zu verspüren, einige Fensterscheiben platzten, ein paar Wellblech- // SEITE 88 // buden wurden umgeblasen und die einzigen Opfer der Katastrophe waren ein Weißer und ein Farbiger, und dies bei dem Explodieren einer Menge Dynamit, welche die im Jahre 1876 in New-York zur Sprengung des Hellgate verwandte – wenn ich nicht irre – um das Doppelte übertraf.[120] Was mir am meisten bei der Katastrophe auffiel, war, daß nur ein Teil der Magazine in die Luft flog, während die andern, vielleicht 20 Schritte davon gelegenen entweder ganz unverletzt blieben oder nur umgeworfen wurden, ohne daß der gefährliche Inhalt sich entzündete. Die explodierten Häuser waren wie weggeblasen, der Dynamit selbst aber hatte sich auch nicht einen Zoll tief in die Erde gewühlt. –

Der Aufenthalt in Kimberley ist im übrigen, wie ich schon einmal andeutete, kein angenehmer; das unruhige Treiben zieht wenig an; dicke Staubwolken fegen zudem fortwährend über die Straßen und machen, verbunden mit starker Hitze, das Dasein noch ungemütlicher. Was sonst die Hitze in Südafrika, verglichen mit der anderer heißen Länder, betrifft, so hat die Natur diesen Strich Afrikas in jener Beziehung wenigstens einmal bevorzugt. Das Klima ist durchgängig ein angenehmes und gesundes; Fieber kennt man nur an wenigen Orten. Die Hitze bei Tage ist zwar oft erdrückend, dafür sind die Nächte aber stets kühl, und Moskitos giebt es beinahe gar keine. In klimatischer Beziehung aber ist Kimberley das Stiefkind Südafrikas, und ohne seine Diamanten würden wohl wenige Europäer sich hier niedergelassen haben. Ein Blick in die Mine versöhnt uns aber auch mit Fieber und Hitze.

Ich habe manchen Abend am Rande dieser Riesengrube gesessen, wenn drunten in der Tiefe Fackeln wie Glühlichter hin und her zuckten, während am Rande   // SEITE 89 //   Hunderte von elektrischen Lampen, mit dem gelben Scheine des aufgehenden Mondes sich mischend, in magischem Effekt von dem teils blutrot, teils grellgelb erschillernden Himmel sich abhoben und droben aus der Höhe ein Komet mit seinen zarten Strahlen Harmonie über das Ganze zu ergießen schien.

Kapitel 5

1890, Guyana

Wenige Ruderschläge können den Reisenden im Inneren Surinams oft aus dem vorspanischen Amerika in das modernste Afrika versetzen.

―

[Der ~~Buschneger~~]¹ fühlt, singt, lacht und weint afrikanisch und ohne sein Wollen dokumentirt sich dieser Alles durchwehende Hauch in seinen Werkzeugen, Waffen, deren Ornamenten usw.«

WILHELM JOEST AN DEN PREUSSISCHEN KULTUSMINISTER
GUSTAV VON GOSSLER, BERLIN, 22. OKTOBER 1890

Es ist eine einigermaßen spontane Tour, keine lange vorbereitete Forschungsreise: fünf Monate Guyana, Suriname, Französisch-Guyana. Im Januar 1890 geht es per Dampfer von London aus los. Der Schwager seiner Frau Clara, Paul vom Rath, hat Wilhelm Joest erst im Dezember vorgeschlagen, nach Paramaribo mitzukommen. Vermutlich eine Geschäftsreise, um Zuckerplantagen zu besuchen: Die Familie der vom Raths gehört wie die Joests seit Jahrzehnten zu den führenden Kölner Unternehmern, ihr Geschäft ist die Zuckerproduktion – und Zuckerrohr ist zu jener Zeit nach wie vor Surinams wichtigster Rohstoff; direkt gefolgt von Kakao, Bananen, Reis, Kaffee und, zunehmend, Gold.[2]

Nach kurzem Halt auf Barbados landen Joest und seine Reisebegleitung – neben vom Rath sind auch zwei Holländer mit von der Partie – zuerst in Georgetown in der britischen Kolonie Guyana, über die holländische Kolonie Suriname samt Hauptstadt Paramaribo schließlich in der Grenzregion zu Französisch-Guyana. In einem Brief an den preußischen Kultusminister Gustav von Goßler berichtet Joest: »Ich befuhr die 3 Riesenströme: Saramacca, Suriname und Maroni, soweit ich im Corjal hinauf konnte, und sammelte, soweit es meine Kräfte und Mittel erlaubten.«[3]

Zwei Jahre nach seiner Rückkehr erscheint ein 110 Seiten starker Sonderband von Joest: »Ethnographisches und Verwandtes aus Guayana«[4], 102 Seiten Text, dazu Illustrationen und einige der Fotografien, die er unterwegs gemacht hat. Wobei hier »Guayana« eher als loser Sammelbegriff fungiert – Joest berichtet unter dieser Überschrift über alle Regionen seiner Reise. Vielmehr: über die Bevölkerung. Die zwei umfänglichen Hauptkapitel sind »Die Buschneger« und »Die Indianer«. Dazu vorab kürzere Abschnitte, ebenfalls Menschengruppen in Kategorien fassend, darunter etwa »Annamiten«, »Mulatten«, »Karburger«, »Ostindische Kulis«, »Mischlinge«, »Dienstboten«.

Joest hält später außerdem Vorträge über diese Reise, in denen er – damals eine relativ neue Praxis – seine Ausführungen mit eigenen Fotografien illustriert; einige davon sind Teil des hier in einem Auszug abgedruckten 110-Seiten-Sonderbandes. Auch in seinem Dreiteiler *Welt-Fahrten* veröffentlicht er eine Kurzfassung eines Unterkapitels[5]: über die französischen Strafgefangenen, die in »Deportationsstationen« wie St. Laurent die bis dato vor allem für Ressourcen genutzte Kolonie Französisch-Guyana in eine Siedlungskolonie verwandeln sollen.

Drei jener Gruppen, über die Joest schreibt, scheinen ihn besonders zu interessieren: die französischen Strafgefangenen; jüdische Menschen aus Holland oder Portugal, die sich in Suriname niedergelassen haben; und: die Maroons – er nennt sie »Buschneger« –, versklavte Menschen, die sich gewaltsam befreit haben, geflohen sind und sich entlang der Flüsse ein eigenes, selbstbestimmtes Leben aufgebaut haben. Letztere beschreibt Joest in jenem Brief an von Goßler: »[Der Buschneger] fühlt, singt, lacht und weint afrikanisch und ohne sein Wollen dokumentirt sich dieser Alles durchwehende Hauch in seinen Werkzeugen, Waffen, deren Ornamenten usw.«. Und er bemerkt: »Wenige Ruderschläge können den Reisenden im Inneren Surinams oft aus dem vorspanischen Amerika in das modernste Afrika versetzen.«

Somit durchzieht Joests Sonderband im Subtext, unbeabsichtigt, ein Leitmotiv: Es sind Geschichten übers Woanders-Sein. Die einen freiwillig, die anderen entführt, verschleppt, verkauft, gezwungen. Als versklavte Menschen vom afrikanischen Kontinent zur Plantagenarbeit gezwungen, aber auch als Sträflinge aus Frankreich. Die einen sollen als Zwangsarbeiter Ressourcen abbauen für die Kolonialmächte, die anderen leisten so Strafen ab, zwangsumgesiedelt, in der Erwartung, dass sie sich niederlassen, Familien gründen. Was sie Joest zufolge jedoch nicht tun, sondern nach Ablauf ihrer Strafzeit wieder abreisen, daher seine Schlussfolgerung: »Französisch Guayana ist wohl eine französische Besitzung, aber keine Kolonie.«[6]

Hinter diesem Nachdenken übers »Woanders-Sein« steckt bei Joest jedoch eine zentrale Frage, die völkisch, imperial und rassistisch aufgeladen ist und sich auch mit dem verbreiteten Antisemitismus seiner Ära verbindet: Welche Menschengruppe kann wo »siedeln«? »Von weissen Völkern und Rassen sind es allein die Juden, die sich vollkommen in Guayana, zumal in Surinam, akklimatisirt haben«, schreibt er.[7] Grundsätzlich findet sich Joest 1890 damit bestätigt in seiner ablehnenden Haltung gegenüber Siedlungskolonialismus, die er bereits auf seiner Reise um die Küste Afrikas 1883 entwickelt hat.

Joests Freund und Kollege Arthur Baessler wird ihm posthum in seinem Buch *Neue Südsee-Bilder* ein ganzes Kapitel widmen – und schreibt in »Wilhelm Joest's letzte Weltfahrt« auch über diese Guyana-Tour:

Die reichen Sammlungen, die er auch diesmal zurückbrachte und wie alle früheren an Museen verschenkte, erregten wiederum Aufsehen, da an ihnen in einer auch für den Laien verständlichen Weise sich der Umwandlungsprozess darstellte, den die Neger unter dem Einfluss der weissen Rasse in Amerika, wohin sie als Sklaven kamen, durchmachten.[8]

Joests Blick und seine Definition folgen dem Denken in »Rassen« und »Menschen-Typen«, das zur Grundlage der Ethnologie jener Jahrzehnte gehört. Doch die Gleich-Zeitigkeit und Gleich-Räumlichkeit im Leben der Maroons, die auch er benennt, mag Ausdruck ihrer Selbstbefreiung und Macht sein, ihre eigene Identität zu bestimmen: zwischen den Heimaten ihrer Vorfahren an der afrikanischen Westküste und ihren neuen, selbst geschaffenen Orten in den Wäldern entlang des Maroni, des Saramacca, des Suriname.

ETHNOGRAPHISCHES UND VERWANDTES

AUS

GUAYANA.

VON

PROF. DR. W. JOEST.

MIT 8 TAFELN UND MEHREREN TEXTILLUSTRATIONEN.

Supplement zu Band V von „Internationales Archiv für Ethnographie".

VERLAG VON P. W. M. TRAP, LEIDEN.
ERNEST LÉROUX, PARIS.   E. STEIGER & Co., NEW-YORK.
C. F. WINTER'SCHE VERLAGSHANDLUNG, LEIPZIG.
On sale by KEGAN PAUL, TRENCH, TRÜBNER & Co. (Lim^d.) LONDON.
1893.

Wilhelm Joest, »Ethnographisches und Verwandtes aus Guayana«, Supplement, INTERNATIONALES ARCHIV FÜR ETHNOGRAPHIE V, Leiden 1893.

Im Jahre 1890 bereiste ich Guayana vom Orinoco bis zum Maroni[I], das Venezolanische, Englische und Französische Guayana nur flüchtig berührend, während ich mich in Surinam[II] über zwei Monate aufhielt und durch Ausflüge nach den unteren Wasserfällen oder Stromschnellen der drei wichtigsten Flüsse jener Kolonie, des Saramacca, Surinam und Maroni, mit welchen Besuche der bedeutendsten Plantagen und Goldgruben verbunden waren, dieses in jeder Hinsicht merkwürdige Land und seine Bewohner kennen zu lernen versuchte.

Ich werde mich in nachstehendem Bericht möglichst auf das beschränken, was ich selbst gesehen und beobachtet habe[9], den Leser, der sich eingehender mit Land und Leuten beschäftigen will, an passender Stelle auf die Werke derjenigen Schriftsteller, Naturforscher und Reisenden verweisend, an deren Glaubwürdigkeit zu zweifeln ich keine Veranlassung habe.

Das brasilianische und venezolanische Guayana werde ich hier nicht berücksichtigen da ich ersteres nicht besucht habe, während letzteres – abgesehen von der Goldindustrie, mit der wir uns nicht zu beschäftigen haben – sich nicht wesentlich von den anderen benachbarten Provinzen der Vereinigten Staaten von Venezuela unterscheidet, also mehr den Charakter von Venezuela, wie den der übrigen Guayanas trägt.

I   HOLLÄND: »Marowijne« Die Buschneger und Indianer nennen den Strom »Maroni«, darum werde auch ich diesen Namen beibehalten.

II HOLLÄND: »Süriname«. SCHOMBURGK ROB. (A description of Br. Guiana. London 1840. p. 83) schreibt: »Die ganze Kolonie wurde im Jahre 1662 durch KARL II dem damaligen Gouverneur von Barbados, Lord WILLOUGBY verliehen, der den Hauptstrom, an welchem Paramaribo liegt, zu Ehren des Earl of Surry ›Surryham‹ nannte«. 1667 tauschten die Holländer von England Surinam gegen das heutige New York ein. Die Engländ-er machten hierbei ein gutes Geschäft, geradeso wie bei dem späteren Tausch von Atjeh gegen den holländischen Theil der afrikanischen Goldküste. Die Abstammung des Worts Paramáribo ist unbekannt; der Versuch, dasselbe von dem Namen des Lord PARHAM abzuleiten, scheint mir sehr gewagt. Die Indianer nennen die Hauptstadt »Bramuro – bo« »Regenbogen Dorf«; die Neger und Buschneger »Foto«, d. h. »Fort«.

Dagegen weisen das englische Demerára mit der Hauptstadt Georgetown, das holländische Surinam mit Paramáribo und das französische Guayana, das nach der auf // SEITE 2 // einer Insel dicht an der Küste gelegenen Hauptstadt vielfach kurzweg Cayenne genannt wird, besondere, unter einander verschiedene Eigenthümlichkeiten auf: Demerara ist eine blühende, reiche Kolonie mit grossartiger Zuckerindustrie. Zahlreiche Engländer haben sich hier niedergelassen, von denen durchaus nicht Alle, die sich hier ein Vermögen verdient, in ihre nebelige Heimath zurückkehren. Die Engländer sind eben in der glücklichen Lage, geradeso wie sie es gleich nach Aufhebung der Sklaverei waren, die fehlenden Arbeitskräfte, durch deren Ausfall Surinam und Cayenne zu Grunde gingen, durch Einfuhr freier Arbeiter aus ihren eigenen übervölkerten Kolonien in Westindien – zumal Barbados – und aus Ostindien zu ersetzen. So kommt es denn, dass in Demerara in der Zone der Zuckerplantagen (ebenso wie z. B. auf Trinidad) ganze Dörfer entstanden sind, die ausschliesslich von Indiern, meist Tamyls[10] und Bengalen bewohnt werden, welche sich dauernd hier niedergelassen haben. Diese Kulidörfer mit ihrem spezifisch indischen Lokalkolorit, Schmutz und Geruch, können den Reisenden veranlassen, sich in die Umgebung von Calcutta oder Madras versetzt zu wähnen.

In Surinam werden, abgesehen von den amerikanischen Eingeborenen, die Juden die heutigen Herren des Landes, und neben ihnen die Buschneger, diese merkwürdigen Afrikaner, die auf amerikanischem Boden geboren sind und eine europäische Sprache reden, das Interesse des Reisenden in Anspruch nehmen.

In Französisch Guayana sind es die aus allen Weltgegenden zusammengetriebenen Sträflinge, deren Lage und Behandlung, sowie das Deportationswesen überhaupt mit seinen guten und schlechten Seiten, der wechselseitige Einfluss, den die Sträflinge auf die Kolonie, und diese auf die Deportirten ausübt, welche den Reisenden zu belangreichen und lohnenden Beobachtungen und Studien veranlassen können.

Die spärlichen Reste der amerikanischen Urbevölkerung, die sogenannten Indianer[1], ebenso wie die Nachkommen der früheren Sklaven

---

[1] Ich glaube dieses Wort, das sich in seiner heutigen Bedeutung, als Bezeichnung amerikanischer, bzw. westindischer Eingeborener, einmal bei uns Heimathsrecht erworben hat, beibehalten zu dürfen.

und deren ~~Mischlinge~~, also die heutige ~~Neger~~bevölkerung, der überwiegende Theil der Bevölkerung überhaupt, haben sich, genau der ihnen zu Theil gewordenen Erziehung oder Vernachlässigung entsprechend, entwickelt, und bieten demgemäss in den drei Kolonien ebenso viele verschiedene Kulturbilder; kurz, in Guayana findet der Ethnograph, der nicht von der verkehrten Anschauung ausgeht, dass seine Thätigkeit sich ausschliesslich auf Natur~~völker~~, die sogenannten »~~Wilden~~« zu beschränken habe, ein geradezu unbegrenztes Gebiet anregendster und dankbarster Arbeit.

[...]

// SEITE 7 // Dass der Versuch der Franzosen, durch Einführung von Sträflingen, aus Europa sowohl wie aus ihren übrigen Bezitzungen, zumal aus Algier, in Guayana eine Kolonie anzulegen, die sich später einmal ebenso wie die einst so verrufenen australischen Verbannungsorte entwickeln sollte, vollkommen scheiterte, ist allgemein bekannt.

[...]

Französisch Guayana ist wohl eine französische Besitzung, aber keine Kolonie: es leben, bzw. sterben dort allerdings – abgesehen von den Beamten, Offizieren, Soldaten usw. die alle 2 Jahre gewechselt werden – Franzosen, aber keiner derselben oder kein Europäer überhaupt denkt daran, sich nach Ablauf seiner Strafzeit oder nachdem er sich einige Tausend Franken verdient hat, dauernd im Lande niederzulassen. Auch die Entdeckung der Goldfelder oder Lager hat hieran nichts geändert: »La Guayane française est une immense ruine où tout respire l'abandon. La Guayane est morte.«[11]

Die Gründe für diese Thatsache zu entwickeln, würde, so verlockend die Aufgabe auch erscheint, weil Schreiber ds. früher Gelegenheit hatte, in Sibirien die russischen Verbannten auch als sibirische Kolonisten und Verbreiter europäischer Kultur im Allgemeinen kennen zu lernen, zu weit führen.

---

11 NIBAUT, ERNEST: *Guyane Française*. Paris 1882.

Nicht glücklicher waren die Holländer mit ihrem, vor ungefähr 50 Jahren unternommenen Versuch, europäische Kolonisten in Surinam anzusiedeln.[1] In den Jahren 1843 und 45 liessen sich mehrere Hundert Auswanderer, im Ganzen deren 384, meist holländische, aber auch mehrere deutsche Familien, dazu verleiten, ihr Vaterland zu verlassen, um sich im fernen Guayana eine neue Heimath zu gründen. // SEITE 8 // Als dieselben in Surinam anlangten, hatte die dortige Regierung auch nicht die geringste Massregel zur praktischen Verwerthung der Arbeitskräfte dieser geradezu unschätzbaren, kolonisatorischen Elemente ergriffen. Die armen Leute mussten wochenlang – auf eigene Kosten – in Paramaribo herumlungern, bis sie eines schönen Tags ihren zukünftigen Wohnsitz am unteren Saramacca-Fluss, bei der Plantage Voorburg, dort, wo heute der die Hauptstadt mit dem Saramacca verbindende Kanal mündet, angewiesen erhielten. Diese Wahl muss als eine durchaus unglückliche und verkehrte bezeichnet werden, da der betreffende Landstrich als ein ungesunder damals ebenso bekannt war, wie er es bis heute geblieben ist. Die Surinamer Regierung hatte weder die den Einwanderern überwiesenen Grundstücke vermessen lassen, noch überhaupt irgend welche Vorbereitung getroffen, den Leuten, sei es durch Verabreichung von Nahrungsmitteln, oder durch Lieferung von Sämereien, Beilen, Hacken oder sonstigen zur Urbarmachung der Wälder nöthigen Werkzeugen es zu ermöglichen, sich wenigstens die Grundlage für ein wenn auch bescheidenes, so doch einigermassen erträgliches Dasein, bei dem ein späteres Erblühen nicht ausgeschlossen gewesen wäre, zu schaffen. Der traurige Erfolg blieb nicht aus: schon nach einem halben Jahre war die Hälfte der Einwanderer gestorben; der Rest verliess den unheimlichen Saramacca, um sich in der nächsten Umgebung von Paramaribo niederzulassen oder nach Europa zurückzukehren. Dieser Versuch, welcher der holländischen Regierung, allerdings durch deren eigene Schuld, über 700 000 Gulden kostete, missglückte vollkommen. In derselben Weise misslang das Unternehmen KAPPLER's[12], im Jahre 1856 eine württembergische Kolonie am unteren Maroni zu gründen: die Leute starben oder liefen aus einander; allerdings war auch KAPPLER wohl kaum die geeignete Persönlichkeit dazu, den

---

[1] Näheres hierüber bei KAPPLER, AUG.: *Surinam sein Land, seine Natur, Bevölkerung u. s. Kulturverhältnisse mit Bez. auf Kolonisation.* Stuttgart 1887.

guten Schwaben ihren Aufenthalt in Albina zu einem angenehmen zu machen oder sich die Zuneigung derselben zu erwerben.

Ich hatte Gelegenheit, die Nachkommen der holländischen Auswanderer, die vom Saramacca nach Paramaribo verzogen waren, kennen zu lernen. Es giebt deren heute noch ungefähr 300. Dieselben erhielten Grundstücke angewiesen, deren billigen Preis sie in wenigen Jahren abzahlen konnten, und heute sind sie Besitzer von ausgedehnten Ländereien, auf denen sie Vieh weiden lassen, für dessen Produkte in Gestalt von Fleisch, Milch oder gelegentlich Butter sie in der Hauptstadt allzeit bereite Käufer finden.

Der Eindruck, den ich von diesen in den Tropen seit einer oder zwei Generationen lebenden Europäern erhielt, war ein durchaus unerquicklicher, ich kann sagen recht trauriger.

[...]

// SEITE 9 //   Einen viel weniger energischen, sympathischen und einigermassen lebensfrischen Eindruck machten die, meist schon in Surinam geborenen Kinder dieser ersten Einwanderer. Unter den Männern gab es noch einige ganz stramme Kerle, die ihr Vieh beaufsichtigten, Gemüsebau trieben und hin und wieder aus dem Wald mit einem starken Stück Wildpret heimkehrten, für das in der Stadt stets ein guter Preis gezahlt wird. Ganz anders die Frauen, meist die Basen, Nichten oder früheren Schwägerinnen ihrer Gatten. Diese schienen verwahrlost und ungesund. Meist mager und bleichsüchtig in Folge häufiger Geburten, die nicht alle glücklich verlaufen, mit spärlichem Haarwuchs und schlechten Zähnen, boten sie das Bild einer degenerirenden Rasse [13].

Noch viel schlimmer stand es mit den Kindern dieser Leute, also mit der zweiten oder dritten, in Guayana geborenen Generation. Manche derselben waren von einer geradezu an Kretinismus [14] streifenden Stumpfheit der Sinne, Dummheit und Verlegenheit. Skrophulös [15], rhachitisch [16], mit blöden, blinzelnden Augen, ohne besondere Laster, aber auch ohne jede gute Eigenschaft, bedauernswerthe, aber durchaus unnütze und zwecklose, leider aber einmal vorhandene Wesen, boten sie den unanfechtbaren Beweis für meine früher an anderer Stelle ausgesprochene Behauptung: Dass Europäer nicht im Stande sind, in den ~~Tropen~~ eine gesunde und fortpflanzungsfähige ~~Rasse~~ zu erzeugen.[117]

Ich bin dagegen überzeugt, dass diese holländischen Bauern der zweiten Generation, wenn sie sich mit ~~Negerinnen~~ vermengt hätten, eine recht tüchtige und gesunde ~~Mischrasse~~ erzeugt haben würden. Ob dieselbe sich gerade als ein Segen oder Vortheil für die Kolonie erwiesen hätte, mag dahingestellt bleiben.

Während zur Zeit der Sklaverei Europäer vielfach mit ihren weissen Frauen längere oder kürzere Zeit auf den Plantagen lebten, kehrten sie nach Aufhebung der Sklaverei die den Ruin der Kolonie besiegelte, meist in ihre Heimath zurück; ich glaube nicht, dass, abgesehen von den erwähnten Auswanderern, heute in Surinam ein arisch-europäisches, rein weisses Ehepaar zu nennen wäre, das sich, auch im Falle beide Gatten dort geboren wären, die Kolonie zu dauerndem Wohnsitz erkoren hätte. Von einer Einwanderung von Holländern in die Kolonie ist natürlich gar keine Rede mehr, eher findet das Umgekehrte statt; wohl aber leben in Paramaribo noch mehrere Leute im Alter von 60–80 Jahren, die vor vielleicht 50 Jahren in die Kolonie kamen, hier fleissig unter freiem Himmel als Aufseher u. dgl. arbeiteten und heute manchmal behaupten, nie in ihrem Leben krank gewesen zu sein. Es würde deren wohl noch viel mehr geben, wenn der // SEITE 10 // Europäer hier, wie in ganz Guayana etwas mässiger im Genuss geistiger Getränke sein wollte; aber das ist eben sehr schwer bei der den Menschen oft geradezu ausdörrenden Hitze.

Von weissen ~~Völkern~~ und ~~Rassen~~ sind es allein die Juden, die sich vollkommen in Guayana, zumal in Surinam, akklimatisirt haben und heute hier eine in der Welt (etwa mit Ausnahme von Curaçao), wohl einzig dastehende Rolle spielen. Surinam ist keine holländische, sondern eine jüdische Kolonie in dieses Wortes voller und klassischer Bedeutung. Es fällt keinem Surinamer Juden ein, mit dem Geld, das er in der Kolonie erworben, sich etwa nach Holland oder Europa zurückzuziehen. Surinam ist das Land seiner Väter, er ist darin geboren, er wird hier sterben.

---

1 »Zeitschrift für Ethnologie« 1885 p. 475 der Verf. – »Prétendre que l'homme est cosmopolite ... prétendre qu'il peut vivre, travailler, cultiver le sol et se perpétuer sur tous les points du globe, c'est là une thèse qui n'est pas soutenable, à moins de nier catégoriquement l'autorité des faits les plus positifs.« ORGÉAS, I. c. p. 4.

Diese Juden stammen nur zu einem geringen Theil aus Holland; die meisten derselben sind Nachkommen portugiesischer Juden, die in der Mitte des 17ten Jahrhunderts aus Brasilien vertrieben wurden und damals mit ihren ~~Sklaven~~ über Cayenne in das holländische Guayana einwanderten. Die Entwicklung dieser semitischen Kolonie habe ich in einem Vortrage in der Berliner Gesellschaft für Erdkunde (Sitzung vom 4 Juli 1891)[18] besprochen und kann mich darum darauf beschränken, den Leser, der sich für diese Verhältnisse interessieren sollte, auf denselben zu verweisen.

Hier handelt es sich nur darum zu konstatieren, dass ein weisses, eingewandertes ~~Volk~~ auf dem Boden des verrufenen Landes, in dem der Pfeffer wachsen soll, seit Generationen vollständig heimisch ist. Selbstverständlich ging der Jude weder selbst in den Urwald noch in die Plantagen, um dort Bäume zu fällen oder Kaffee anzupflanzen, eben so wenig wie er mit der Schaufel in der Hand nach Gold grub; dazu standen ihm die ~~Neger~~ zu Gebote; er arbeitete hier wie überall, wohin er eingewandert ist, erst als bescheidener Hausierer und Kleinhändler, dann als Grosskaufmann, Kapitalist und Goldgrubenbesitzer.[19] Seinen Kindern lässt er eine gediegene Erziehung zu Theil werden, um dieselben dann als Lehrlinge in seinem oder seiner Freunde Geschäft, oder als Schreiber und kleine Beamte in den Amtsstuben seiner Verwandten und Glaubensgenossen unterzubringen. Dank allseitiger Protektion und auch Dank der eigenen Tüchtigkeit, die sich leider oft nur in einseitiger Opposition gegen die holländische Regierung zu entfalten sucht, erlangen die jungen Leute dann bald die höchsten oder bestbezahlten Stellen in der Kolonie. Es ist und bleibt Thatsache, dass die Juden sich in Surinam akklimatisirt haben, d. h. dass es in Surinam geborene, sehr gesunde, kräftige, hübsche, vollkommen weisse, in keiner Weise mit ~~Neger~~blut versetzte Juden und Jüdinnen giebt, von denen man annehmen darf, dass deren Vorfahren im 17ten Jahrhundert in Guayana eingewandert sind. Ich lernte eine junge Dame kennen, die ihren Stammbaum bis zu den ersten brasilisch-jüdischen Einwanderern zurückführen konnte und die mir durchaus den Eindruck machte, als ob sie sehr wohl im Stande wäre, den ~~Stamm~~ ihrer Väter auch auf kommende Generationen fortzupflanzen.

Aber auch unter diesen Juden kann man vielfach die verhängnissvollen Folgen steter Familienheirathen beobachten: schwächlichen Körperbau, Triefaugen, Verwachsenheit, Skrophulose, schlechte Zähne, kurz alle Merkmale einer ~~Rasse~~, welcher eine Auffrischung mit gesunderem [sic], sei es auch mit ~~Neger~~blut, zweifellos zum Segen gereicht haben würde. Wenn ich die Juden in Surinam nun stets »Weisse« nenne, so möchte ich hierbei betonen, dass ich das Wort »Jude« dann nicht zur Bezeichnung des oder der Angehörigen einer ~~Rasse~~, sondern der Religion anwende.

// SEITE 11 // [...] Dass die Juden hier, ebensowenig wie in anderen Theilen der Welt, für ihre Religion keinerlei Propaganda treiben, geht aus dem eben Gesagten zur Genüge hervor. Die angesehene Stellung, welche die Surinamer Juden in der Kolonie einnehmen, hat naturgemäss auch häufig holländische Juden veranlasst, nach Guayana auszuwandern und dort ihr Glück zu versuchen. Selbst als Soldat lässt sich der sonst wenig streitbare Israelit bisweilen für Westindien anwerben. So kenne ich zwei solcher Herren, die vor langen Jahren Surinam's Boden als Krieger betraten und die sich heute im Besitz recht ansehnlicher Vermögen befinden. Einer derselben ist ein polnischer Jude.

Auch diesen Aschkenasim[20] scheint das Klima von Surinam, oder besser gesagt Paramaribo auf das Beste zu bekommen. So findet man unter den Spitzen der Kolonie neben den da Costa, Granada, Louzada, Morpurgo, Fernandez, Coutinho, die van Emden, van Doorn, Polak, van Praag, Salomons oder Taitelbaum.

Die Gründe für diese Akklimatisationsfähigkeit der Juden sind rasch gefunden, denn:

1. Ist das Klima von Surinam, zumal das von Paramaribo, gar nicht so schlimm, wie man im Allgemeinen in Europa glaubt;

2. Setzen die Juden sich möglichst wenig der Arbeit im Freien oder im Urwald, wie etwa dem Prospekten[1], dem in letzter Zeit die meisten Europäer zum Opfer gefallen sind, oder auch nur den Ermüdungen der Jagd aus

3. Last not least! – trinken oder besser gesagt, »saufen« die Juden nicht

---

1 Dem Suchen nach Gold im Urwald.

Auf Grund langjähriger, in beinahe allen Ländern der ~~Tropen~~ gesammelten Erfahrungen glaube ich die Behauptung aufstellen zu dürfen, dass der Mohammedaner dort nie »trinkt«, wohl aber hin und wieder »säuft;« dass der Jude in ganz bescheidenem Masse sein Glas Branntwein, Bier oder Wein trinkt, aber nie säuft; dass der Europäer dagegen, ebenso wie der ~~Indianer~~, meist auch der ~~Neger~~, (letzterer merkwürdiger Weise aber nicht in Surinam) durchgehend »trinkt«, in ausserordentlich vielen Fällen aber »säuft«. Die ~~Indianer~~   // SEITE 12 //   und viele Europäer in Guayana saufen – sie sterben. Der Jude, der ~~Buschneger~~, auch die Mehrzahl der ~~Neger~~ – sie saufen nicht, und sie fühlen sich ganz wohl da draussen.[21] Die Gesundheitsverhältnisse in Paramaribo[22] sind durchaus keine ungünstigen. Die Stadt ist am linken Ufer des Surinam auf einer, bis an den Strom sich erstreckenden Muschelbank erbaut und von vielfachen Gräben und Kanälen durchzogen, die nach dem Fluss hin mit Schleusen versehen sind. Bei Ebbe werden diese Schleusen geöffnet, wodurch jeglicher Unrath nach dem Strom herabgeschwemmt wird, da sowohl durch die beinahe ewigen Regen, wie durch unzählige Kreeks und Canäle, welche aus den Paramaribo umgebenden Wäldern nach der Stadt geleitet sind, zur Fluthzeit, also wenn die Schleusen geschlossen sind, die hierzu nöthigen Wassermassen sich ansammeln. Der Muscheldetritus ist daneben ein ideales »Strassenpflaster«: weder bacillengeschwängerter Staub, noch übelriechende Pfützen belästigen den Hauptstädter. Wenige Minuten nach den heftigsten Platzregen, während welcher die Strassen und Plätze der Stadt buchstäblich fusstief unter Wasser stehen, sind diese Fluthen verlaufen und die Strassen sehen so blitzblank, rein und appetitlich aus wie ein Boden aus Marmorfliesen.

Paramaribo ist zweifellos die reinlichste Stadt des äquatorialen Südamerika[11] und darum gar kein ungesunder Ort, der denn auch während der in den letzten Jahren hin und wieder an der Küste Guayana's, durch Uebertragung aus Brasilien oder den west-indischen Inseln herrschenden Gelben Fieber- oder Cholera-Epidemien mehrfach vollkommen

---

11 Diese Reinlichkeit erstreckt sich scheinbar auch auf die Bewohner. So führt z. B. das Adressbuch von Paramaribo unter 27752 Einwohnern 1039 Wäscherinnen auf, unter denen aber wohl vielfach Hausfrauen zu verstehen sind, welche die Wäsche der Familie reinigen. Mit der körperlichen Reinlichkeit der Surinamer ist es nicht weit her, indes giebt es einige sehr geschickte Wäscherinnen in Paramaribo.

verschont geblieben ist. Dennoch haben solche Fieberjahre zeitweise grosse Lücken in die Bevölkerung die weisse sowohl, wie die ~~farbige~~, gerissen. Die alte Behauptung, dass der ~~Neger~~ gegen das gelbe Fieber unempfänglicher sei wie der Weisse, oder gar »immun«, brauchen wir wohl heute nicht mehr zu widerlegen. Nach KAPPLER soll in den Jahren 1836–52, während welcher Surinam vier Mal vom gelben Fieber heimgesucht wurde, die durchschnittliche Abnahme der Bevölkerung 6 1/5 % (14 4/5 % pro Fieberjahr), in den Jahren 1875–84 ca 1/8 % betragen haben. Ich bemerke hierbei, dass in obigen Zahlen die ~~Indianer~~ und ~~Buschneger~~ nicht einbegriffen sind; dieselben sind für das statistische Bureau der Kolonie überhaupt nicht vorhanden. Seit langen Jahren ist nun Surinam von Epidemien verschont geblieben und haben sich die Verhältnisse dementsprechend gebessert.

Es starben in Surinam von 1000 Menschen im Jahre 1890 deren 27,2 (1889 27,4), in Paramaribo deren 32 (1889 33,9)[1]. Die letzte Zahl erscheint vielleicht hoch im Vergleich mit der vorhergehenden, man muss aber hierbei den Umstand in Betracht ziehen, dass sich in der Hauptstadt das grosse Militärhospital befindet, nach welchem in jährlich wachsendem Maasse die Schwerkranken aus der ganzen Kolonie, darunter auch ~~Buschneger~~ und ~~Indianer~~ gebracht werden. Jedenfalls beweisen obige Zahlen, dass in den Jahren 1889 und 90 in dem so berüchtigten holländischen Guayana verhältnissmässig weniger Menschen gestorben sind, wie etwa in Regensburg (1890 32), Breslau (1890 28), oder gar in Stettin (1889 34,1) und Amsterdam (1889 34), ganz abgesehen von Neapel, Krakau oder anderen europäischen Städten.[II] // SEITE 13 // In Demerára starben im Jahre 1876 von 1000 Einwohnern 36,69; über Cayenne stehen mir keine Zahlen zu Gebote. Die Sterblichkeit unter den Sträflingen ist zweifellos eine grosse[III]; man darf aber wiederum nicht vergessen,

---

I Nach dem offiziellen Gouvernements Advertentie-Blad vom 8.3.90 und 19.2.91.

II N. Schönhausen bei Berlin 36,5; Tempelhof 33,7; Linden bei Hannover 40,5; Weissensee 47; Stralau bei Berlin 50,5 pr. 1000 (Nach d. Veröffentl. des Kaiserl. Gesundheit-Amts über die Jahre 1889/90.).

III COUDREAU, H. »La France equinoxiale.« Paris 1887, spricht von einer Sterblichkeit von 62 % in gewissen Jahren; die Zufuhr von Sträflingen beträgt mindestens einige Tausend jährlich.

dass dieselben sich aus dem Abschaum der französischen, speziell Pariser Verbrecherwelt rekrutiren; dass sie durchgängig, Männer sowohl wie Frauen, Alkoholisten, und durch alle möglichen Krankheiten der schlimmsten Art, durch Schwelgerei oder Entbehrungen während ihrer Verbrecherlaufbahn, dann durch Gefängnisshaft, den Transport u. s. w. dermassen geschwächt sind, dass sie einfach nicht im Stande sind, den einmal überall in den ~~Tropen~~ vorhandenen, den Europäer bedrohenden Einflüssen des Klimas dieselbe Widerstandsfähigkeit entgegenzusetzen, wie etwa normale, solide Auswanderer, Soldaten oder Kolonisten.[23] Ich habe mehrfach Franzosen gesprochen, die seit Jahren als Aerzte, Beamte, oder Kaufleute in der Kolonie lebten und die durchaus nicht über das Klima klagten – dass sie sich nicht zu ihrem Vergnügen hier aufhielten, brauchten sie mir nicht zu sagen. Die heute so übel berüchtigten, im Jahre 1857 gegründeten, Deportationsstationen am Oberen und Unteren Maroni wurden erst ungesund, als man vollkommen zweckloser Weise dazu überging, die Bäume des Urwalds zu fällen, deren Wurzeln auszugraben, erstere zu Balken und Brettern zu verarbeiten, letztere zu verbrennen oder vermodern zu lassen, um in dem so ausgerodeten Gelände Zuckerrohr anzupflanzen. Die betreffende Zucker- und Rumfabrik ist allerdings heute noch in Betrieb; wie viele Tausende von Verbannten aber diesem ganz überflüssigen Versuch – da die Fabrik der Kolonie bzw. dem Mutterlande doch jährlich über 300 000 Fcs. kostet – zum Opfer gefallen sind, wird wohl niemals Jemand erfahren. Ich besuchte den sogenannten »Chantier forestier«[24] am Oberen Maroni, nahe der Mündung des Sparuwine[25], wohin kaum 8 Tage vor meiner Ankunft 43 der schlimmsten Verbrecher, jeder wegen wiederholten Fluchtversuchs mit 2 Ketten vom Fussgelenk bis zur Hüfte belastet, von Cayenne geschickt worden waren, um hier ein von französischen Abenteurern gegründetes, dann verkrachtes, später von der Regierung für theures Geld (man sprach von Millionen) gekauftes Etablissement, eine Sägemühle mit Dampfbetrieb, wiederum in Gang zu bringen. Die Leute, deren Arbeit zunächst nur darin bestand, die früheren Werkstätten, Wege, eine kleine Eisenbahn, von Unkraut zu säubern, litten furchtbar an Fieber. Sie wussten ganz genau, dass die Verschickung nach diesem versumpften, überwucherten

Chantier forestier einem Todesurtheil entsprach[1]. Dennoch – ich komme absichtlich immer wieder auf diesen Umstand zurück – befanden sich die 4 europäischen Aufseher wie der Direktor der Anstalt durchaus wohl. Dieselben betheiligten sich natürlich nicht nur nicht im Geringsten selbst an der Arbeit im Freien, sondern sie wurden ausserdem von der französischen, bzw. Kolonialregierung ausgezeichnet verpflegt. Ich habe während meines viermonatlichen Aufenthalts in Guayana nie besser gegessen und getrunken wie in diesem berüchtigten Fiebernest; hier fand ich auch zum ersten Mal, seitdem ich Paramaribo verlassen, wieder ein Bett.

Ich möchte nun durchaus Niemanden [sic], der nie in den T̶r̶o̶p̶e̶n̶ gelebt hat, rathen, sich gerade Cayenne als Sommerfrische auszusuchen, wohl aber würde ich selbst gerne sofort wieder nach Guayana zurückkehren, um mir hier in jenen so herrlichen Ländern, deren   // SEITE 14 //   Naturpracht jeder Schilderung spottet, längst entschwundene Jugendträume vom idealen Reisen in den T̶r̶o̶p̶e̶n̶ wiederum zur Wirklichkeit werden zu lassen. Aus dem Vorstehenden ergiebt sich also, dass, wenn man also auch nicht so weit zu gehen braucht, wie der Verfasser einer im 17ten Jahrhundert erschienenen kuriosen Abhandlung über Guayana[II], der sich S. 9 wie folgt äussert: »Auss welchem (Vorbemerkten) folget, dass nicht allein die Erd, sondern auch die Lufft besser als bey uns temperirt und derentwegen gesundere Menschen darinnen als hieraussen seyn, angesehen, die Indianer darinnen so alt werden, das sie vor Alter endlich umbfallen, wie dann alle so ein wenig die Weltkugel verstehen, diesem Climat den Preiss geben müssen,« man doch behaupten darf, dass das Klima des Landes, in dem der »Pfeffer wächst« bei uns in viel schlechterem Ruf steht, wie dasselbe es wirklich verdient.

---

[1]   Unter diesen Verbrechern traf ich auch einen Deutschen. Näheres hierüber veröffentlichte ich in der Berl. Nat. Zeitung vom 24 Juli 1892.

[II]   »Gründlicher Bericht von Beschaffenheit u. s. w. des in Amerika zwischen dem Rio Orinoque und Rio de las Amazones an der Westen Küste in der Landschaft Guiana gelegenen u. s. w. Landes, Welchen die Edle privilegirte West-Indische Compagnie der vereinigten Niederlande, mit Authentischer Schrifftlicher ratification und permission der Hochmögenden Herren Staten General an den hochgeb. gegenwertig regierenden Herrn FRIEDERICH CASIMIR, Grafen zu Hanaw u. s. w. unter gewissen in dieser Deduction publizirten Articoln den 18 Juli 1669 cedirt und überlassen hat. Jedermänniglichen, absonderlich aber denen, welchen daran gelegen, zum Nachricht und gefallen in Truck gegeben. – Franckfort bey Johan Kuchenbecker, Anno 1669.«

[...]

Die ausserordentlichen Erfolge // SEITE 39 // der Herrnhuter Missionare[26] sind gewiss anzuerkennen und freudig zu begrüssen, aber es wird ihnen, zumal als Deutschen, doch nicht gelingen, die ~~Neger~~ zu arbeitenden oder zu denkenden Menschen zu erziehen, wenn sie, wie bisher, in keiner Weise von der holländischen Regierung in ihren Bestrebungen unterstützt werden, und wenn das Mutterland sich um diese Kolonie – einst eine Perle seines ganzen Kolonialbesitzes – nach wie vor so unverzeihlich wenig bekümmert.[27] Man sollte den ~~Negern~~ von Seiten des Staats, etwa durch Anlage oder Unterstützung von industriellen Unternehmungen, durch Staatsplantagen, durch Bauten von Kanälen und Dämmen, wie in Demerára, Gelegenheit bieten, mit ihrer Hände Arbeit Geld zu verdienen; die Kosten werden sich später reichlich lohnen. Will dann der ~~Neger~~ nicht arbeiten, nun so zwinge man ihn dazu; dass er arbeiten kann, wenn er will, bzw. muss, das beweisen die westindischenglischen Schwarzen. Wenn die allgemeine Versumpfung – in des Wortes umfassendster eigentlichen und übertragenen Bedeutung – Surinam's so weiter geht, dann können wir es noch erleben, dass erst eine Republik mit halb jüdischer, halb ~~farbiger~~ Oligarchie sich dort entwickelt bis eines Tages der emanzipirte ~~Neger~~, verbündet mit seinem im Urwald lebenden Vetter, dem ~~Buschneger~~, die ganze Europäische Wirthschaft, Juden und Judengenossen, zum Lande hinausjagt, um auf dem Grabe einstiger europäischer Kultur, das Zerrbild zentralafrikanischer ~~Häuptlings~~herrlichkeit und blutigen Fetischismus mit all seinen Gräueln und haarsträubenden Lächerlichkeiten wieder erstehen zu lassen. Haben denn die Holländer aus der Geschichte Haiti's[28] gar nichts gelernt? Mene Tekel Upharsin.[29]

Unter allen ~~Rassen~~, ~~Völkern~~ oder ~~Stämmen~~ von ~~Farbigen~~, mit denen man im heutigen Guayana in Berührung kommt, sind zweifellos die eigenartigsten, merkwürdigsten und interessantesten, sowohl in ethnologisch-anthropologischer, wie linguistischer, überhaupt in jeder Beziehung, die ~~Buschneger~~.

Man findet sie nur in Holländisch und Französisch Guayana.

Wie bekannt, sind die ~~Buschneger~~ die vollkommen freien und unabhängigen Nachkommen von früher als ~~Sklaven~~ importirten Afrikanern, die, weit im Innern des Landes hausend, ihre heutige Freiheit und Unabhängigkeit durchaus nicht etwa der Emanzipation der ~~Sklaven~~ oder der »Erklärung der Menschenrechte«[30] verdanken, sondern die sich ihre gegenwärtige Stellung in langjährigen, blutigen Kämpfen erfochten und errungen haben.[31] Während der endlosen Kriege, die am Ende des vorigen und Anfang dieses Jahrhunderts zwischen den Kolonialmächten England, Frankreich, Holland, Spanien und Portugal in Europa sowohl, wie auch in allen, über die ganze Welt zerstreuten Kolonien geführt wurden, blieben auch die damals unermesslich reichen und ergiebigen Küstenländer des nordöstlichen Amerika, unser Guayana[32], nicht verschont. Auch hier wechselten, je nachdem die Würfel des blutigen Kriegspiels fielen, die Kolonien ihre Herren. Das heutige Demerára war z. B. einst eine holländische Kolonie, Surinam dagegen lange im Besitz der Engländer; Cayenne und Brasilien theilten das Schicksal ihrer Nachbarländer.

Bei diesen Kriegen und Kämpfen, die oft nur mit Ueberfällen von Seeräubern verglichen werden können, war es nun Sitte, wenn irgend möglich unter Vermeidung von Zusammenstössen mit regelrechten Truppen, die, nahe der Meeresküste oder an den, viele Kilometer // SEITE 40 // breiten, Mündungen der Flüsse gelegenen, Pflanzungen bei Nacht und Nebel zu überraschen; die Häuser und Fabriken, das Zuckerrohr, die Kaffeebäume auf den Feldern, niederzubrennen und zu vernichten; Jeden, der sich zur Wehr setzte, todt zu schlagen, die werthvollen ~~Sklaven~~ dagegen zu schonen, um dieselben gefangen an Bord der Schiffe zu bringen, und später in der eigenen Kolonie, oder irgendwo in Westindien zum besten Preise zu verkaufen. Die ~~Sklaven~~ wurden weggetrieben wie das Vieh, gerade so wie heute der »schneidige« Afrikareisende den Afrikanern nach einem siegreichen Gefecht ihre Kühe und Ochsen wegtreibt.[33] Die Plantagenbesitzer gaben darum ihren ~~Negern~~ den Befehl, im Fall eines feindlichen Angriffs sofort in den Urwald, wohin ihnen kein Mensch folgen konnte, sich zurückzuziehen und dort die weitere Entwicklung der Dinge abzuwarten. Das thaten die ~~Neger~~; sie thaten aber noch mehr – und darauf hatten ihre Herren nicht gerechnet – sie kehrten nämlich einfach gar nicht wieder auf die Plantagen zurück. Der afrikanische N̶e̶g̶e̶r̶ kann sich im Urwald ernähren; er kann sich Bogen und Pfeile zurechtmachen, damit Vögel, Fische und Schildkröten erlegen; er kann sich sein Feuer ohne Streichholz, Brennglas, ohne Stahl und Feuerstein anzünden, – das kann der Europäer nicht; der N̶e̶g̶e̶r̶ gräbt nahrhafte Wurzeln aus, klettert nach Früchten auf die höchsten Bäume des Urwalds, er findet verborgene Schildkröteneier und stellt selbst grösseren Thieren erfolgreich mit geschickten Fallen nach – nicht so der Europäer! Der Europäer (z. B. der Flüchtling in Cayenne) verhungert im Urwald.

Die S̶k̶l̶a̶v̶e̶n̶, oder wenigstens ein grosser Theil derselben, erschienen also nicht wieder auf den Plantagen. Die Europäer sahen sich darum gezwungen, den Verschwundenen andere N̶e̶g̶e̶r̶ nachzusenden, um die Vermissten aufzusuchen und nach der Pflanzung zurück zu geleiten. Aber auch diese kehrten nicht mehr zurück; sie zogen es vor, bei ihren Freunden im Urwald zu bleiben.

Und nun brach jener entsetzliche Krieg[34] zwischen den inzwischen unter einander verbündeten Europäern mit ihren treu (?) gebliebenen N̶e̶g̶e̶r̶n̶ gegen die entlaufenen S̶k̶l̶a̶v̶e̶n̶ los, ein Krieg der von beiden Seiten mit solch schauderhafter Grausamkeit, mit einer raffinirten Bestialität geführt wurde, dass er in der ganzen Weltgeschichte vielleicht einzig dasteht; ein Krieg aber, aus welchem wie ich jetzt schon vorausschicke, die Neger als Sieger hervorgingen. Die S̶k̶l̶a̶v̶e̶n̶jagden in Afrika, oder die N̶e̶g̶e̶r̶hetzen in den Süd- und Nordstaaten Amerikas sind einfach harmlos im Vergleich mit jenem Kampf ums Dasein, in den Wäldern Guayanas. Man sehe darüber die einschlägige Literatur nach. Dem Leser stehen vor Grausen geradezu die Haare zu Berge, wenn er z. B. bei STEDMANN[1] – ich möchte sagen – sieht, wie auf dem Paradeplatz in Paramaribo neun N̶e̶g̶e̶r̶n̶, die einen misslungenen Fluchtversuch unternommen hatten, um ihnen die Lust zu weiteren ähnlichen Unternehmungen zu rauben, und zugleich als warnendes Beispiel für Andere, von dem holländischen Militärchirurgus je ein Bein abgeschnitten wird! Fünf von diesen armen

---

1 JOHN GABRIEL STEDMANN: »Reize naar Surinamen en Guiana.« Amsterdam 1799 (p.60) übersetzt aus: »Narrative of a five years expedition against the Revolted Negroes of Surinam, in Guiana, on the Wild Coast of South America 1772–77.«

Teufeln starben bald nach der Operation; Einer rauchte bis zu seinem Tode, ohne einen Schmerzenslaut ausgestossen zu haben! Für die abgehackte Hand eines getödteten Flüchtlings wurde eine Prämie bezahlt, wie bei uns für die Fänge eines Raubthiers. Selbst die ~~Indianer~~ benutzte man als Bluthunde. Der Missionar C. QUANDT schreibt darüber in seinem sehr lesenswerthen Buche: »Nachricht von Suriname und seinen Einwohnern, sonder- // SEITE 41 // lich der Arawaken, Warauen und Kariben u. s. w.« Görlitz 1804, auf Seite 51: »Unseren getauften ~~Indianern~~ hatten wir empfohlen, die von ihnen gefundenen (sic!) weggelaufenen ~~Neger~~ so viel möglich lebendig zu fangen«, weil – für die rechte Hand eines todten ~~Sklaven~~ 25 Gulden, für einen lebendig Gefangenen dagegen 50 Gulden Belohnung gezahlt wurden!

Die schauderhaften Qualen, wie sie nur in einem ~~Neger~~hirn erdacht werden können denen vielfach die weissen Frauen und Mädchen von Seiten der entmenschten ~~Sklaven~~ unterworfen wurden,[35] können hier nicht einmal angedeutet werden. Der ganze, in langen Jahren verbissene und aufgespeicherte Hass der ~~Neger~~ gegen ihre weissen Herren, die sie zu regelmässiger Arbeit zwangen, kam hier in derselben plötzlichen Weise zum Ausbruch, wie etwa der allerdings gänzlich anderen Ursachen entsprungene Hass der Indier gegen die Engländer während der »Mutiny«[36], trotzdem die indischen ~~Eingeborenen~~ von den Engländern zweifellos viel besser behandelt wurden, wie von ihren früheren Maha- und andern Radschas.[37]

Auch die ~~Neger~~ führten in ihrer Heimath – man darf sich nicht scheuen, das auszusprechen – als »freie« Afrikaner ein viel erbärmlicheres Dasein, wie als ~~Sklaven~~ in den Kolonien. In steter Todesfurcht vor ihren blutigen Fetischpriestern, ihren blutgierigen und bluttrunkenen ~~Häuptlingen~~ zitternd, konnten sie sich nur als Objekte, als Stücke Vieh betrachten, die bei irgend einer der ewigen Fehden zwischen den zahllosen ~~Häuptlingen~~ entweder todtgeschlagen oder aber gefangen genommen wurden, um sofort oder später abgeschlachtet, oder an der Küste einem der dort auf die Waare lauernden Europäer als ~~Sklaven~~ verkauft zu werden.[38] Engländer waren es damals beinahe ausschliesslich, die sich mit diesem schmachvollen, aber lohnenden Handel befassten. Mit dem Verbot der Einfuhr frischer ~~Neger~~, dann mit der Aufhebung der Sklaverei überhaupt, hörte wohl der Export von Schwarzen nach dem amerikanischen Festlande und nach den westindischen Inseln auf, den ~~Sklaven~~jagden in Afrika aber wurde dadurch kein Ende bereitet: sie blühen heute noch ebenso wie vor hundert Jahren.

Wir müssen uns versagen auf dies Thema hier weiter einzugehen. Könnte man es den ~~Sklaven~~jägern oder -Händlern unmöglich machen, einen Absatz für ihre Waare zu finden, dann würden auch die bisherigen Zustände in Afrika bald aufhören. Wir, und auch die nächsten Generationen, werden das nicht mehr erleben. So lange es Mohammedaner giebt, so lange der Islam irgendwo in den [sic] Welt als Staatsreligion bestehen bleibt – und er gewinnt täglich an Anhängern und Gläubigen – so lange wird auch die Sklaverei dauern mit ihren unvermeidlichen, unser angehendes neues Jahrhundert schändenden Gräueln der ~~Sklaven~~jagden und des ~~Sklaven~~handels. Ich glaube nicht, dass die ~~Sklaven~~ in Guayana von ihren damaligen holländischen und englischen Herren besonders schlecht behandelt wurden. Warum auch? Ein ~~Sklave~~ war ein sehr werthvoller Gegenstand, dessen Arbeitskraft oder Verkaufswerth durch Züchtigungen, mangelhafte Ernährung oder dergl. zu vermindern der Besitzer sich wohl gehütet haben wird. Ich habe vom Jahre 1874 an ziemlich alle Länder der Erde kennen gelernt, in denen damals Sklaverei bestand oder heute noch besteht – ich muss offen gestehen, dass mir nirgendwo eine ungerechte oder gar grausame Behandlung der ~~Sklaven~~ von Seiten ihrer Besitzer aufgefallen ist.[39]

In Surinam scheinen indess die Juden wegen ihrer Härte und Grausamkeit von den ~~Negern~~ gehasst und gefürchtet worden zu sein.

// SEITE 42 // [...]

Allzu zart ging man mit den ~~Sklaven~~ allerdings wohl nirgendwo um; an eine zarte Behandlung waren dieselben aber auch von Hause aus gar nicht gewöhnt. So pflegte man z. B. lange vor dem ~~Buschneger~~krieg die ~~Neger~~, die nach einem misslungenen Fluchtversuch wieder eingefangen wurden, (geradeso wie in Nordamerika) zu brandmarken. Diese Strafe war, so hart das Wort auch unsern europäischen Ohren klingen mag, weniger eine körperliche Züchtigung, wie eine Massregel, weitere Desertionen zu verhindern. Der Besitzer wird sie nur ungern verhängt haben, da durch die Marke der Neger als Verkaufsobjekt entwerthet wurde.[1]

Wir denken bei dem Worte »brandmarken« gleich an die glühenden Eisen und Zangen, mit denen einst in unserm lieben Vaterlande Verbrecher oder Ketzer, Hexen und Juden zu Tode gezwickt und gemartert wurden; da waren die bösen Sklavenbesitzer doch bessere Menschen.

»Instrument zum Brandmarken der Sklaven«

Durch die Güte meines Freundes CABELL[40], des deutschen Consuls in Paramaribo, bin ich in der Lage, eins der Instrumente, mit denen man in Surinam die Sklaven zeichnete, nebst dem dadurch hervorgebrachten Stigma hier abzubilden. Der obere, in einem Holzgriff befestigte Theil desselben wurde zur Glühhitze gebracht und der Delinquent dann auf dem Oberarm oder der Brust gestempelt. Zu meiner grössten Ueberraschung erwiesen sich die Metalltheile des ca. 17 cmtr. Langen Instruments bei einem Versuch, den ich damit auf einer Schinkenschwarte machte, als aus reinem Silber bestehend. Das Monogramm bedeutet A. VAN DER BERGH. Sehr schmerzhaft kann die, kaum eine Sekunde dauernde, Operation nicht gewesen sein; die Brandnarben aber waren auf keine Weise, oder höchstens dadurch, dass man das der Sklaven betreffende Hautstück ausschnitt, wieder zu entfernen.

Dass diese Sitte in allen Kolonien herrschte, beweisen nachstehende Zeilen aus MOREAU DE ST. MERY, »Description de la partie Française de Saint-Domingue«[41] (Philadelphia, 1797 p. 67): »J'oubliai de dire que ce qui distingue le plus le nègre créol (also den in der Kolonie geborenen) de l'Africain (dem importirten Neger) c'est qu'à l'exemple des Colons anglais, les habitants de la Colonie française font étamper sur la poitrine de leur nom ou avec de simples lettres initiales, les Africains; tandis que les autres ne le font que dans les cas // SEITE 43 // extrêmement rares où l'on veut les humilier précisément parceque l'usage les excepte. L'étendue de

---

[1] Auf Cuba pflegte man zu meiner Zeit den widerspenstigen Sklaven, die geprügelt werden mussten, Säcke auf den Rücken und dessen Verlängerung zu legen, damit die Betreffenden, die man bei der nächsten Gelegenheit los zu werden hoffte, nicht durch etwaige Narben ihre Untauglichkeit verriethen.

la Colonie, le voisinage d'une Colonie étrangère, tout aura porté à adopter une précaution qui n'a rien de douloureux«.[42]

Was die »humiliation« betrifft, so möchte ich sehr bezweifeln, dass der Neger dieses Stempeln als eine solche empfunden habe; da könnte man gerade so gut von einer »Demüthigung« reden, die man einem Neger zu Theil werden lässt, wenn man ihn 8 Tage ins Gefängniss sperrt – il ne demande pas mieux[43]; und was die Schmerzhaftigkeit des Brandmarkens betrifft, so ist dieselbe ja Null im Vergleich zu den Schmerzen, die der Neger sich in seiner afrikanischer Heimath freiwillig aus Eitelkeit oder weil es einmal so Mode ist, bereitet, wenn er seine Wangen und Schläfen mit grossen Schmissen verziert, oder seinen ganzen Körper mit Ziernarben und Tätowirung bedeckt. Prügel werden ihm zweifellos viel unsympathischer gewesen sein, wie das Brandmarken.[44]

Um nun zu unsern Buschnegern zurückzukehren, so gelang es den Holländern weder in unzähligen kostspieligen Expeditionen, noch, trotz aller List und Versprechungen, in endlosen Palavern, die früheren Sklaven zur Rückkehr nach der Küste zu bewegen. Die Neger hatten sich durch den Urwald oder auf dem Wasserwege mit Weibern und Kindern in das Innere des Landes, bis oberhalb der Wasserfälle oder Stromschnellen, über welche alle die an den Abhängen des Tumac-Humac-Gebirges sich bildenden oder entspringenden Ströme herabstürzen, zurückgezogen, und begannen hier, am oberen Maroni, dem Lawa und Tapanahoni, dem Saramacca, Paramacca, oder Surinam-Fluss sich häuslich einzurichten. Kein Europäer konnte ihnen in ihre Verstecke folgen, dagegen behielten sie mit den Negern auf den Plantagen stete Fühlung.

Die Indianer wichen scheu vor den Negern zurück; entweder verlegten sie ihre Ansiedlungen, sofern sie durch die Buschneger aus denselben verdrängt wurden. stromabwärts nach der Küste hin oder sie zogen in das auch heute noch beinahe ganz unbekannte Innere. Damals begannen die Buschneger als Keil zwischen die kultivirte Küste Guayanas und das Hochland sich einzuzwängen, den schwarzen Ring zu bilden, den zu durchbrechen wenigen glücklichen Europäern erst in den letzten Jahren gelungen ist. Eine Vermischung von Indianern und Buschnegern hat wohl nie, oder nur höchst selten statt gefunden.

Die Fehden zwischen den Holländern und den »Buschnegern«, also den in den »Busch« (Urwald) entwichenen Sklaven und deren Nachkommen, waren indess noch lange nicht beendet. Nach wie vor entliefen die Neger von den Plantagen; Jahr aus, Jahr ein wurden die europäischen Ansiedlungen von Buschnegerhorden überfallen, bis die Holländer sich zu Anfang des vorigen Jahrhunderts gezwungen sahen, mit den früheren Unterthanen als gleichberechtigter Macht in Friedensunterhandlungen zu treten. In ganz erstaunlicher Weise hatten sich die Buschneger inzwischen organisirt. Aus den Schlupfwinkeln an den Ufern der oben erwähnten Flüsse, in die sich die entlaufenen Sklaven einst verkrochen, waren blühende Ansiedlungen, vollkommene Dörfer geworden. Die Gemeinsamkeit der Interessen hatte alle die heterogenen Elemente, aus denen die afrikanische importirte Negergesellschaft bestand, zu einem neuen Ganzen zusammen gekittet. Aus den entlaufenen Sklaven, von denen vielleicht kaum zwei ein und demselben Stamm[45] in Afrika angehörten bildete sich hier auf amerikanischem Boden ein neuer Stamm, ein Volk, eine Rasse! Eine gemeinsame Sprache besassen sie nicht; in ihren afrikanischen Dialekten konnten sie sich nicht unter einander verständigen, darum nahmen sie die damalige lingua franca der Küste,
// SEITE 44 // die Sprache, in welcher ihre Herren während der Sklavenzeit mit ihnen verkehrten, als die ihre an. Kein Buschneger spricht oder versteht heute eine andere Sprache als das schon erwähnte merkwürdige Deutsch-Englisch-Holländisch-Portugiesische Gemengsel taki-taki[46], das durch den Einfluss der Herrnhuter Missionare täglich mehr deutsche Worte in sich aufnimmt. In den verschiedenen Ansiedlungen, die oft, je nach dem Laufe der Flüsse, an dem sie entstanden, weit aus einander lagen, waren Häuptlinge »Granman« (»grosser Mann«, »Kings« würde man in Westafrika sagen) zu Macht und Einfluss gelangt, und mit diesen grossen Herren begannen nun die Holländer zu unterhandeln. Nach Jahre langen Palavers, bei welchen die Buschneger wirklich das Unglaublichste an Frechheit und Unverschämtheit leisteten, wurde vor ca. 100 Jahren ein endgültiger Friede geschlossen, ein Friede, den sich Holland unter geradezu schmachvollen Bedingungen erkaufte. Die Unabhängigkeit der Buschneger, die also heute viel besser daran sind, wie

die einst treu gebliebenen S̶k̶l̶a̶v̶e̶n̶, wurde nicht nur anerkannt, sondern die Holländer erklärten sich ausserdem bereit, den einstigen Rebellen Tribut zu zahlen. Nicht genug damit. Dieser Vertrag musste in gewissen Zeitabständen dadurch bekräftigt und erneuert werden, dass der Vertreter S. M. des Königs von Holland mit dem schwarzen H̶ä̶u̶p̶t̶l̶i̶n̶g̶, seinem ehemaligen S̶k̶l̶a̶v̶e̶n̶, Blutbrüderschaft trank. Diese Komödie finden wir mehrfach beschrieben.[1]

[...]

// SEITE 48 // Wie ich schon einmal bemerkte, sind die B̶u̶s̶c̶h̶n̶e̶g̶e̶r̶ vom anthropologischen wie ethnologischen und politischen Standpunkt aus betrachtet zweifellos die interessantesten f̶a̶r̶b̶i̶g̶e̶n̶ Bewohner Guayana's: sie haben sich zu einer von der schwarzen Küstenbevölkerung durchaus verschiedenen, selbständigen R̶a̶s̶s̶e̶, zu einem andern Menschens̶t̶a̶m̶m̶ entwickelt. Die N̶e̶g̶e̶r̶ in den Städten, auf den Plantagen, in den Goldfeldern, sind heute Surinamer, bzw. koloniale Engländer, Franzosen und fühlen sich als solche, geradeso wie der c̶o̶l̶o̶u̶r̶e̶d̶ gentleman in den Vereinigten Staaten sich als Amerikaner betrachtet; die B̶u̶s̶c̶h̶n̶e̶g̶e̶r̶ aber, deren Grosseltern und vielleicht Urgrosseltern schon in Amerika geboren sind, bilden heute einen afrikanischen Freistaat auf amerikanischem Boden. Schwerlich weiss Einer von ihnen von dem Vorhandensein eines Afrika, Keiner hat eine Ahnung von einer afrikanischen Sprache und dennoch sind sie in ihren Sitten und Gebräuchen, auch in ihrem Aeusseren wieder volkommne Afrikaner geworden. Ein Europäer, den eine gütige Fee, oder, um mich moderner auszudrücken, ein Luftballon, aus irgend einem N̶e̶g̶e̶r̶dorf oder K̶a̶f̶f̶e̶r̶kraal Afrika's nach einer B̶u̶s̶c̶h̶n̶e̶g̶e̶r̶-Ansiedlung in Guayana trüge, würde die Veränderung ganz entschieden nicht bemerken.

Der Unterschied zwischen dem B̶u̶s̶c̶h̶n̶e̶g̶e̶r̶ und dem gewöhnlichen N̶e̶g̶e̶r̶ ist – ganz abgesehen von der Kleidung – unverkennbar. Man unterscheidet die Beiden vom ersten Tage an, etwa wie in Indien den Hindu vom (gleichgekleideten) Mohammedaner, in Europa den Juden vom

---

[1] Z. B. bei KAPPLER: »Holl. Guiana,« Stuttgart 1881. Ein oder zwei Tropfen Blut wurden mit Wasser und etwas weissem Thon (»pimpa doti«, von dem noch mehrmals die Rede sein wird), gemischt und von den Parteien schluckweise getrunken.

Christen. Dennoch entstammen beide derselben Heimath und gleiches Blut fliesst in ihren Adern. Es sind noch nicht genügend anthropologische Messungen an ~~Buschnegern~~ vorgenommen worden, um den Unterschied auch mit Zahlen beweisen zu können. Im Gegensatz zu den lodderigen und schlodderigen, mehr oder minder verkommenen Küsten~~negern~~ sind die ~~Buschneger~~ durchgehend prachtvolle Kerle, die sich mit den besten sudanesischen Mannschaften der ägyptischen Armee – körperlich einfach idealen Rekruten – messen können. Sie sind dunkelfarbiger wie die übrigen ~~Neger~~, eine Thatsache, die sich aus dem steten Leben, Rudern und Arbeiten dieser nackten Menschen unter der glühend heissen Sonne im Wald oder auf den Flüssen Guayanas leicht erklären lässt. Gross, kräftig, mit breitem Brustkasten, muskulösen Armen bieten sie vom Scheitel bis zur Hüfte den Typus eines schönen Afrikaners. Weniger entwickelt sind oft die unteren Extremitäten. Man sieht viele, wenn auch lange, so doch dünne und krumme Beine, eine Folge des steten Hockens und Ruderns in den schmalen Einbäumen. Auch die Frauen und Mädchen sind gut, häufig (für ~~Negerinnen~~) tadellos gewachsen. Die jungen Mädchen entwickeln sich schnell vom Kind zur Jungfrau und dann stört die übergrosse Fülle des Busens wohl das Auge des Europäers[1], ebenso der Umstand, dass diese jungfräuliche Zier bei den Müttern oder älteren Frauen bald zur Unzier wird. Im Allgemeinen sind die weder scheuen noch irgendwie zudringlichen jungen Mädchen hübsch und kokett, als sei ihnen das Wort des königlichen Sängers bekannt: »Ich bin schwarz aber gar lieblich.«[II][47] Die Kleidung der ~~Buschneger~~ ist eine sehr einfache: Die Männer tragen zwischen den Beinen ein schmales, dunkles (europäisches) Tuch, dessen Enden vorne und hinten über einen als Gürtel dienenden Baumwollfaden herabhängen, die sogenannte »camisa« (von portugiesisch-westafrikanisch »camisa,« »Hemd.«). Die Frauen und Mädchen schlingen sich ihr »pantje« (von portug. »panno«, »Tuch«) ein viereckiges, möglichst buntes europäisches Stück Kattun, // SEITE 49 // etwa von der 4 bis 6-fachen Grösse unserer Taschentücher in derselben Weise um die Hüften, wie die Malayin ihren Sarong. Das ist Alles. Die Kinder laufen nackt herum; die Glücklichen.

---

1 Vgl. N°. 4 auf Tafel VI.

II Hohelied Salomonis I.5.

In der Stadt Paramaribo sind die ~~Buschneger~~ verpflichtet, sich mehr oder minder zu bekleiden. Da kann man dann dieselben komischen Figuren beobachten, wie in anderen Theilen der Welt, wo die sündhaften ~~Wilden~~, von den, die Kleidungstücke oft selbst verkaufenden Missionaren (z. B. in der Südsee) angehalten werden, ad majorem Dei gloriam[48] und zur Hebung des heimathlichen Ausfuhrhandels, ihre Blösse mit europäischer oder amerikanischer Schundwaare zu bedecken. Die Holländer sind aber in dieser Beziehung, den ~~Buschnegern~~ sowohl, wie den ~~Indianern~~ gegenüber, sehr vernünftig. Im Gegensatz zum ~~Neger~~ der Küste, hegt der von Kultur und Christenthum noch wenig berührte ~~Buschneger~~ eine starke Abneigung gegen europäische Tracht; meist bekleidet er sich, dem Zwang gehorchend, nicht dem eigenen Triebe, mit einem bunten europäischen Weiber-Unterrock, den er über den Kopf zieht und dann wie eine Toga so um sich schlingt, dass eine seiner Schultern frei bleibt während der obere Saum des Unterrocks sich von der anderen Schulter zur entgegengesetzten Hüfte wie ein Bandolier[49] um den schwarzen Oberkörper schmiegt; das herabhängende Ende des Unterrocks wird in den Bindfadengürtel eingeschlagen. Auch knüpft der ~~Buschneger~~ häufig ein Leintuch oder ein Handtuch um Hals und Schultern.

Die Frauen hüllen sich meist in grosse Stücke bunten Kattuns, welche sie später zu Hause in die beliebten pantje's zerschneiden. – Beide Geschlechter winden gern nach ~~Neger~~sitte ein Tuch um den Kopf, wie sie denn auch allmählich die Annehmlichkeit und Vorzüge unserer Kopfbedeckungen schätzen lernen. Das Auffallendste an dem Aeusseren der ~~Buschneger~~ beiden Geschlechts, ist ihre Tätowirung, bzw. die über den ganzen Körper sich erstreckende »Verschönerung« der Haut durch Ziernarben.[50]

Selten fehlen die afrikanischen Wangen- und Schläfenschmisse, über deren Zweck und Bedeutung, sofern solche überhaupt vorhanden sein sollten, wir noch wenig unterrichtet sind, aber auch die richtige blaue Tätowirung, also das Punktiren der Haut und Einreiben der betreffenden Stellen mit Russ kommt vielfach in Anwendung, hauptsächlich im Gesicht, auf der Stirn, den Wangen und Schläfen und an den Händen. Im Uebrigen ist, wie gesagt, vielfach der ganze Körper mit wirklich zierenden und zierlichen kleinen Narben, die zu sehr gefälligen Mustern zusammengestellt werden, bedeckt. Die Narben werden in der bekannten Weise dadurch hergestellt, dass man eine kleine Hautfalte zusammenkneift und deren Scheitel durch einen ziemlich tiefen, etwa 1 cmtr. langen, Schnitt aufritzt. Hierzu dient in Surinam meist ein Rasirmesser. Die rasch heilende Wunde bildet später eine Narbe in Gestalt eines kleinen Wulsts, deren Farbe heller ist, wie die der übrigen Haut. Angenehm kann diese Operation, bei welcher dem oder der Betreffenden Tausende solcher Schnittchen beigebracht werden, nicht gerade sein, aber was thut der Mensch nicht Alles der lieben Eitelkeit halber! Ein mit Narben verzierter Rücken, oder, zumal bei den jungen Mädchen, die ornamentirten Busen und Oberschenkel sehen indessen wirklich entschieden hübscher aus, wie die entsprechenden Theile der gewöhnlichen Neger. Die Mädchen zeigen ihre Narben gern und ohne Ziererei, geradeso etwa wie eine Europäerin ihre Schmucksachen; dabei lassen sie in ihrer Harmlosigkeit allerdings zuweilen gewisse narbengezierte Stellen ihres schönen Körpers bewundern, die man bei uns zu den diskretesten zu rechnen pflegt.[51] Als ich einst die Schnittnarben einer jungen Buschnegerin, deren Busen von den Ach- // SEITE 50 // selhöhlen bis hinauf zur Warze dicht mit solchen verziert war, abzeichnete, und ihr die Sache langweilig wurde, ergriff sie mit beiden Händen ihre sehr entwickelten »Reh-Zwillinge«[1][52], spritzte mir aus jedem derselben einen lauwarmen Strahl Milch ins Gesicht und lief lachend von dannen. Das war eben ein kleiner Buschnegerscherz.

Hier die getreue Kopie der Nackenverzierung einer Buschnegerin, die sich in derselben Weise über den ganzen Körper erstreckte.

Neben dieser merkwürdigen Hautzier verschmähen die Buschneger aber auch anderen, theils importirten, theils selbst verfertigten Schmuck nicht, wenn sie hierin auch lange nicht so weit gehen, wie die Indianer. Auf den geradezu kolossalen Luxus, welchen die Begüterten unter ihnen oft mit den er wähnten pantje's treiben, werden wir noch zurückkommen Die Männer sowohl wie die Frauen und Mädchen lieben vor Allem schmale, aus Baumwollenfäden [sic] künstlich geflochtene, ziemlich fest ansitzende, unseren Strumpfbändern entsprechende Bänder oder Ringe an den Oberarmen, den Hand- und Fussgelenken, sowie unter-

---

1 Hohelied Sal. 4.5; 7.3.

halb der Kniee.[II] Dieselben werden mit weissem Thon (negerengl. »Klei«[53] oder »pimpa doti«[54]) demselben Material, aus welchem die Indianer ihre Töpfe verfertigen[III] eingerieben und heben sich so von der schwarzen Haut ganz gefällig ab. Der Buschneger thont und tüncht diese Bänder mit derselben Sorge und Beständigkeit, wie etwa der deutsche Kavallerist sein weisses Bandolier, der Reitknecht den Sattelgurt. Ist er zufällig nicht im Besitz eines der Baumwollbänder, so pinselt er sich einfach einen weissen Streifen um Arme oder Beine.

»Nacken-Ziernarben einer Buschnegerin«

Aus europäischen Glasperlen fertigen die Mädchen zierliche Halskettchen, Armbänder und Ringe an, welche dermassen den entsprechenden Arbeiten der Neger und Kaffern in Afrika gleichen, dass selbst alterfahrene und vielgereiste Ethnographen und Sammler dieselben nicht unterscheiden können. Auch eiserne Ringe am Oberarm oder an den Handgelenken sieht man vielfach.

Eine besondere Vorliebe hegen die Buschneger für Fingerringe und zwar merkwürdiger Weise hauptsächlich für die dünnen Messingringe, die bei uns von Tapezirern zum Befestigen von Vorhängen benutzt werden, sogenannte Gardinenringe. Dieselben, die in Europa ausserordentlich billig sind, werden zu Tausenden jährlich zu guten Preisen an die Buschneger verkauft. Eine Buschnegerin, die hundert solcher Ringlein an den Fingern, zumal an den Daumen trägt, ist durchaus keine Seltenheit. De gustibus non est disputandum.[55] Lippen-, Nasen-, oder Ohrschmuck erinnere ich mich nicht gesehen zu haben.

Grosse Pflege widmen die Buschneger wie alle Neger ihrem Haupthaar. Entweder tragen sie nur den natürlichen Lockenfilz, der aber fortwährend sorgfältig mit oft riesigen, an manche Produkte der Südsee

---

II Vgl. Die Photographie 4 auf Tafel VI.

III Eine Analyse solchen Thons findet sich in den Verh. d. berliner Ges. für A. E. u. U. 1888. p. 406. Proben davon übergab ich dem hiesigen Museum für Völkerkunde. Näheres darüber folgt weiter unten. Auch die Indianer tragen, wie wir weiter unten sehen werden, ähnliche Bänder und »Manschetten«, färben dieselben aber niemals weiss, sondern stets roth.

erinnernden selbstverfertigten Kämmen (s. weiter unten) durchfurcht wird, oder sie rasiren das Haar oberhalb der Stirn und Schläfen. Kindern // SEITE 51 // schneidet man auch gern einen schmalen Streifen ringsum aus der dichten Wolle heraus, während ganz Elegante ihr Haar gerade so wie die Kaffern, mit vieler Mühe in unzählige kleine Zöpfchen flechten, die dann steif vom Kopf abstehen.

Die Hauptzier aller Buschneger ist ihre Reinlichkeit, auch eine Eigenthümlichkeit, durch welche sie sich durchaus von den übrigen Negern unterscheiden. Ich kenne kein Volk, das dermassen auf Baden, Waschen des Körpers, Putzen der Zähne usw. versessen ist, wie die Buschneger; sie sind die reinen Amphibien.[56]

Auf unserer Maronifahrt stiessen wir einmal, als wir am Ufer dieses Riesenstroms anlegten, um zu frühstücken und unseren Ruderern Erholung zu gönnen, auf eine Gesellschaft von Buschnegern, die sich gleichfalls anschickten, ein appetitliches Mahl, aus gerösteten, eben gefangenen Fischen und frischem, knusperigen Kassavebrod einzunehmen. Wir verfügten nur über unsere ewigen Sardinen und sonstige Konserven. Bevor aber die Buschneger nach der Speise auslangten, stürzten sie sich sämmtlich, Männer, Weiber und Kinder in den Fluss, und patschten im Wasser herum, dass es eine wahre Freude war; erst nach dieser Einleitung begannen sie pustend und triefend, unter stetem Lachen und Lärmen ihre Mahlzeit. Sobald diese beendet war, wiederholte sich dieselbe Szene. Wiederum sprang Jeder in den Fluss, die Zähne wurden mit Fingern und Holzstäbchen ausgefegt, der Mund unter Äeusserung der unglaublichsten Gutturaltöne ausgespült, wobei das Wasser in weiten, kunstvollen Bogen ausgespieen wurde; dann erst rüstete man sich zur Weiterfahrt.

Alle Buschneger sind ausgezeichnete Ruderer[I], Schwimmer und Taucher, eine Folge des steten Lebens auf oder an den Wässern Guayana's. Ich hatte mehrfach Gelegenheit mich hiervon zu überzeugen. So, als wir am 27 Februar 1890 die grosse Ansiedlung des Buschnegers JACOB(O), eines mürrischen, an Fettleibigkeit und Rheumatismus leidenden alten Knaben besucht hatten. In ziemlich schwerbeladenem Zeltboot (tentboot),

---

I Unter »Rudern« ist hier und des Ferneren immer ausschliesslich das Handhaben von Schaufeln, nie von Riemen zu verstehen.

einem zur Hälfte, ähnlich den venetianischen Gondeln, mit einer Hütte oder Verdeck versehenen Nachen[57] wollten wir von JACOBO's Coundry (»Dorf«, »Ansiedlung« engl. »country«) über die im Allgemeinen ungefährlichen Stromschnellen des Oberen Saramacca nach unserm, oberhalb der Vleermuizenrotsen[11] verankerten Miniaturdampfer stromabwärts zurückkehren. Unsere Ruderer waren Surinamer; der Steuermann ein Europäer. Anfangs ging Alles gut; pfeilschnell näherten wir uns der gefährlichen Stelle; zalreiche [sic] Buschnegerinnen waren am Ufer mit Waschen oder Wasserschöpfen beschäftigt; ich selbst versuchte gerade eine Flasche Bier zu entkorken. Da, als der Pfropfen knallte, machte der Steuermann eine falsche Bewegung, unser Boot schoss, statt mit dem Bug, mit der Breitseite in den Wasserfall und kippte um. Unter lautem Hülferufen springen meine Surinamer in die brausenden Fluthen. Dass ich meine Flasche Bier im Stich liess, aus meinem Käfig herauskroch und dem Beispiel der Bootsleute folgte, ist selbstverständlich. Von Gefahr war für einen Schwimmer keine Rede; das Boot sass auf den Felsen fest. Leider aber wurde unser ganzes werthvolles Gepäck über Bord geschwemmt, darunter die lederne Reisetasche, in welcher meine photographischen Apparate mit all meinen Aufnahmen sich befanden. Sie trieb glücklicher weise munter auf den Wellen. Ich schwamm ihr nach, erhaschte sie und begann dann,   // SEITE 52 //   nachdem ich auf irgend einem Granitblock wieder festen Fuss gefunden, um Hülfe nach dem Ufer hin zu winken. Hier bot sich ein merkwürdiger Anblick.

Die am Ufer versammelten Buschnegerinnen hatten in dem Augenblick, in welchem unser Boot kenterte, ein gellendes, schrilles Geheul und Geschrei angestimmt, das man gar nicht beschreiben kann. Man muss es gehört haben, um es nie wieder zu vergessen. Die darauf hin aus dem nahe gelegenen Dorf ans Ufer eilenden Buschneger übersahen sofort die Situation – meine des Schwimmens unkundigen Begleiter hatten sich an das festgekeilte Boot angeklammert – und nun entwickelte sich für die braven Bosch ein kolossales »Plisiri,« (Plaisier) ein herrlicher Wassersport. Wie die Seehunde stürzten sie sich vom felsigen Ufer in den reissenden Strom, liessen sich nach den Felsen treiben, und begannen

---

11 Vgl. die vortreffliche »Kaart van Suriname« von CATEAU VAN ROSEVELT u. v. LANSBERGE. 1860–79.

hier mit Eifer ihr Rettungswerk. Der Inhalt unseres Boots, lebendes (z. B. eine gefesselte Ente, die uns für unser Mittagmahl verehrt worden war) und todtes Inventar, sofern letzteres nicht dem Atlantischen Ozean zutrieb, wurde rasch mit vereinten Kräften ans Ufer geschafft. Ein, sich über den Scherz beinahe todt lachender, Buschneger schwamm mit meiner photographischen Ledertasche, die sich später als vollkommen wasserdicht erwies, davon, und alsbald machten die Leute sich an ihre freiwillige Arbeit als Taucher. Es war schier unfassbar, wie die Kerle binnen kurzer Zeit beinahe alle Gegenstände, die versunken waren, aus dem brausenden Fluss wieder ans Tageslicht brachten: Plaids und Decken, vollkommen durchnässte Handkoffer, eiserne Bestandtheile des verunglückter Boots, einen ruinirten »Kodak,« Landkarten, Patronen, sogar das Messer mit Korkzieher mit welchem ich im Augenblick des Unfalls die erwähnte Flasche Bier geöffnet hatte und selbst diese letztere wurden aus den schäumenden Fluthen wieder aufgefischt. Vor Freude strahlend schwamm ein Buschneger mit dem Messer im Munde ans Ufer. Er hatte den quer daransitzenden Pfropfen mit den Vorderzähnen festgebissen und liess sich von mir wie eine Flasche »entkorken«. Riesige allseitige Heiterkeit! Die Flasche, deren Inhalt ziemlich stark mit Saramacca-Wasser versetzt war, wurde unter allgemeinem Jubel geleert. Nachdem unsere Sachen, mit Ausnahme der weggeschwemmten, so ziemlich wieder zusammen waren – das zerbrochene Boot liessen wir vorläufig auf den Felsen sitzen – begaben wir uns zu dem Häuptling JACOB, um mit ihm über die seinen Leuten zu zahlende Belohnung zu reden. Dieselbe kam natürlich ihm als Chef des Dorfs zu, um die Vertheilung hatten wir uns nicht zu kümmern. Die Summe, die der alte brummige JACOB nannte, war ausserordentlich bescheiden: ich glaube, er verlangte 7 Gulden. Dass wir mehr gaben, war ihm weiter nicht unangenehm, aber auch dieser Vorfall zeigt, dass die Bosch[58] anständige Kerle sind.

Es liegt mir nun durchaus fern, die Buschneger irgendwie als Idealmenschen schildern zu wollen; das sind sie ebenso wenig wie wir selbst. Das Schlimmste aber, was ich den Leuten vorwerfen kann, ist ihr Geruch: sie stinken furchtbar! – diese reinlichen Menschen! Ich bin überzeugt, dass mein hochverehrter Freund Prof. G. FRITSCH[59], wenn ihm diese

Zeilen vor Augen kommen, ausrufen wird: »Na natürlich! Das habe ich ja immer gesagt! Der ~~Neger~~ oder ~~Kaffer~~, der sich nie oder selten wäscht, riecht, hat seinen spezifischen und speziellen Geruch wie jeder Europäer und Mensch überhaupt, der reinliche ~~Kaffer~~ aber, z. B. der Sulu, der jeden Tag sein Bad nimmt, stinkt.« Bei dem unreinlichen ~~Neger~~ sind die Poren verstopft, bei dem peinlich sauberen – soweit es sich um Waschen und Baden handelt – nackten ~~Buschneger~~ hindert Nichts dessen Ausdünstung, und diese Ausdünstung ist unseren europäischen olfaktorischen Nerven nun einmal nicht sympathisch.[60]

// SEITE 53 //   [...]

Der einem Individuum als Mitglied einer ~~Rasse~~, eines ~~Volks~~ eigene Geruch braucht nicht immer einzig und allein seinen Ursprung in dessen Ausdünstung zu haben; er haftet ihm aber dennoch als ethnologisches Merkmal an. Der Egypter riecht nach Eselschweiss; die reizende Indierin nach parfümirtem Kuhmist; die Japanerin nach Wachspommade; die schönste Basuto, die Nubierin, nach ranzigem [sic] Fett oder verdorbenem Rhizinusöl. Wer einmal in China, oder sonst wo im Auslande, in einem chinesischen Viertel war, wird den Chinesen-Geruch nicht vergessen, oder, wenn er ihn vergessen hat, so wird er, sobald er den ersten Chinesen wieder sieht und riecht, sich in das betreffende Milieu zurückversetzt glauben[1]. Die Javaninnen, Malayinnen und Kanakinnen riechen, abgesehen von ihrem Spezialduft, nach dem vielfach ranzigem Kokosnussöl, mit dem sie ihr prächtiges Haar salben. Beim Geruch von verdorbenem oder brenzlichem Oel muss ich sofort an die schönen Mädchen der Molukken denken.

Als ich vor langen Jahren einmal hungernd und fieberkrank in Paraguay in eine Zitrone biss, glaubte ich Austern zu essen. Wenn ich heute Aas oder Kloaken rieche, denke ich unwillkürlich – an meine ~~Buschneger~~.[61]

---

1   Soeben finde ich eine Notiz bei SCHUYLER »Turkestan« II. p. 159 der noch weiter geht, wie ich, Er scheibt: »Chinese smell, a smell which it is impossible to describe, mingled of opium, of garlic and of filth of every kind; but which, once perceived, is never forgotten. I knew it at once, for it was the most highly concentrated form of that faint, curious, pungent odour which hangs about boxes and parcels brought unopened from China«.

Die Thatsache, dass allen ~~Negern~~ (und ~~Negerinnen~~), vom Afrikaner in Afrika bis zum schwarzen Enkel des dunklen Kontinents im amerikanischen Urwald oder, (in Frack und weisser Binde, oder goldstrotzender Uniform) in Washington, Port au Prince, oder Berlin ein penetranter Geruch, der, je reinlicher das Individuum, desto stärker, eigen ist, kann einfach nicht abgeläugnet werden.

Als ich vor Jahren in Süd-Afrika in der Nähe von Port Elizabeth mit einem Freunde spazieren ritt und wir die herrliche Morgenluft mit vollen Zügen genossen, umgab uns plötzlich wie eine unsichtbare pestschwangere Wolke, eine, anscheinend unverkennbar nach Aas riechende Athmosphäre. Wir gaben, um derselben zu entweichen, unsern Pferden die Sporen und stiessen in einer nahen kleinen Lichtung des Buschs, nicht etwa auf den Kadaver irgend eines verendeten Ochsens, sondern auf eine Gruppe nackter ~~Kaffern~~, die soeben in einem Flüsschen gebadet hatten! // SEITE 54 // Um aber wieder auf unsere ~~Buschneger~~ zurück zu kommen, so kann man ihnen wegen ihres Geruchs, der ihnen nun einmal anhaftet, keinen Vorwurf machen, bedauernswerther sind diese reinlichen Menschen darum, dass unter ihnen in hohem Grade Krankheiten herrschen, die wir nur als schmutzige bezeichnen können: Krätze, Yass[1] [62] und leider auch Syphilis. Ueber die Frage, ob diese Leiden im Lande entstanden, oder erst durch den Verkehr mit Europäern oder Asiaten eingeführt worden sind, masse ich mir kein Urtheil an. Als einziges Mittel gegen Syphilis gebrauchen die ~~Buschneger~~ irgend eine Lauge aus

---

[1] Diese ebenso merkwürdige, wie furchtbare Krankheit lernte ich früher in den Molukken unter dem Namen »Framboisie« kennen. Nur kleine Kinder waren von ihr behaftet. Sie waren dann von himberähnlichen rothen Geschwüren vollkommen bedeckt, zumal im Gesicht. Die Geschwüre vereiterten und heilten, ohne auffallende Narben zu hinterlassen. Man betrachtete das Leiden als eine Art Kinderkrankheit. Schlimmer und abschreckender tritt das »Papilloma tropicum« in Guayana auf. Bei einem Besuch des Hospitals in Paramaribo stellte mir der leitende Ärzt über 60 Patienten vor, die mit Yass behaftet waren. »Yass« = englisch: »Yaws« (von engl. »to yaw« = »Blasen werfen«), wird von den Negern »krasi krasi« (von holländ. »krassen« = »kratzen«, also wie »scabies« von »scabere«) genannt. Die überwiegende Mehrzahl der Patienten bildeten ostindische Kulis und allerlei Mischlinge. Dieselben behaupteten, ihr Leiden durch Fliegenstiche gefangen zu haben. Die eiternden Geschwüre verbreiteten einen beinahe überwältigenden süss-widerlichen Geruch. Die Kranken waren volkommen isolirt, da die Ansteckungsgefahr gross zu sein scheint. Sie wurden kurz nach meinem Besuch nach der am rechten Ufer des Coppename, nahe der Mündung desselben gelegenen Leprosen-Station Batavia übergeführt.

verbrannten Kräutern – »ásesi watra«, »Aschenwasser« –; nur in den schlimmsten Fällen entschliessen sie sich, meist zu spät, die Hospitäler in Cayenne oder Paramaribo aufzusuchen. Nie werde ich meine Besuche mancher erstickend heissen ~~Buschneger~~hütte am oberen Maroni vergessen: Mann, Frau und Kinder an Syphilis mit seinen furchtbarsten Erscheinungen leidend, die Kinder auch noch mit Yass behaftet, bei lebendigem Leibe verfaulend, dabei ein Geruch nach Eiter, Verwesung, ~~Buschnegern~~ im Allgemeinen schauderhaft!

Was die oft aus 50 und mehr Häusern und Hütten bestehenden Ansiedelungen der ~~Buschneger~~ betrifft, so machen dieselben, soweit ich sie kennen lernte, den Eindruck sehr sauberer und wohlgehaltener afrikanischer Dörfer. Es mag sein, dass hierbei auch der Einfluss der Herrnhuter, sowie gewisse Erinnerungen an die frühere ~~Sklaven~~zeit sich geltend machen. Die von Palmen oder geschonten Urwaldbäumen beschatteten Strassen, die sich zwar nicht immer gerade rechtwinklich kreuzen, sind rein und in gutem Zustande, vielfach reiner und besser wie manche Dorfstrasse in Europa. Die mit der Front, in welcher sich die Thüre befindet, gegen die Strassen hin gebauten, oft dicht an einander sich reihenden Hütten bestehen durchgängig aus einer fünfeckigen Vorder- und Hinterwand, die zu beiden Seiten von einem, oft bis zum Boden reichenden Giebeldach aus Palmblättern bedeckt ist.[11] Das Innere der Hütte ist dunkel; Fenster sind keine vorhanden. Die Wände bestehen meist aus ausserordentlich kunstvoll zu afrikanischen Mustern zusammengeflochtenen Palmblättern; Baumstämme oder Bambus bilden die Pfosten. Nur die Hütten der Wohlhabenden und meist auch die Vorrathskammern für Kassave u. s. w. ruhen auf Pfählen. Im Innern ist die Hütte in zwei Räume getheilt, von denen der hintere als Schlafgemach dient, während in dem vorderen, durch die Thür erhellten Theil die Bewohner, wenn etwa der Regen sie zwingt, ein Unterkommen zu suchen, sich aufzuhalten pflegen. Hier waltet auch die ~~Buschnegerin~~ ihrer Pflichten als Mutter und Hausfrau. Dass im Uebrigen alle häuslichen und sonstigen Beschäftigungen im Freien vorgenommen werden, ist selbstverständlich. Wenngleich die ~~Buschneger~~ im Allgemeinen auf einem mit Palmblättern bedeckten Bambus- // SEITE 55 // Lager schlafen, so findet man doch

---

[11] Man vgl. die Abbildungen auf Tafel III. und VI.

auch vielfach Hängematten bei ihnen in Gebrauch. Diese hamaka[63] werden meist nicht von den amerikanischen Eingeborenen, denen wir die Erfindung derselben und das Wort dafür verdanken, sondern, da sowohl die geflochtenen arowakischen Hängematten oder Netze, wie die baumwollnen Hänge-Tücher bzw. Segel der Karaiben recht theuer sind, von den weissen Händlern in Cayenne oder Paramaribo bezogen. Diese europäischen Hängematten stammen grösstentheils aus Sachsen. Unter dem Hausrath der Buschneger findet sich nicht viel Originelles, d. h. Afrikanisches. Die Leute beschäftigen sich wenig mit kleiner Hausindustrie; sie haben, wie wir gleich sehen werden, draussen im Wald oder auf den Flüssen genug zu thun. Darum ziehen sie es vor, allerhand Töpferwaren, Schalen, Wasserflaschen, oder Körbe und Siebe von den Indianern, meist gegen Branntwein, den sie in der Hauptstadt erwerben, einzutauschen, um selbst nur ihren Lieblingsbeschäftigungen sich zu widmen. Der Buschneger ist nämlich, ganz im Gegensatz zum gewöhnlichen Neger, durchaus kein Faullenzer[64]; er ist nicht nur ein fleissiger Arbeiter und Ruderer, sondern auch ein schlauer Kaufmann und gewiegter [sic] Spekulant. Allerdings wird er sich nie und nimmer seiner persönlichen Freiheit oder Unabhängigkeit begeben, er wird nie als Arbeiter auf einer Fabrik, Plantage oder einem Placer eine Stellung annehmen, dahingegen wird er in seinem eigenen Interesse oft Tag und Nacht hindurch fleissiger arbeiten, wie jemals der tüchtigste Sklave. Die Buschneger beschäftigen sich vor Allem damit, in den Wäldern des Oberen Guayana werthvolle Bäume zu fällen, dieselben roh zuzuhauen und nach der Küste, nach Paramaribo oder den Plantagen zu flössen, um sie hier mit hohem Verdienst zu verkaufen. Dann sind sie es, die in ihren Corjalen den ganzen Verkehr zwischen den im Innern auf den Placers lebenden Europäern und schwarzen Arbeitern, (auch zwischen den oberhalb der Wasserfälle stationirten Truppen) und der Küste vermitteln. Sie besitzen einfach das Monopol des Holzhandels sowie des Waaren- und Menschentransports auf den Flüssen, auf denen auch die kleinsten flachgehenden Dampfer (sofern solche vorhanden) nur bis unterhalb der Stromschnellen vordringen können, Strassen, oder Wege, die von der Küste ins Innere führen, giebt es weder in Holländisch, noch in Französisch Guayana; Jedermann, der weiter wie die ersten Wasserfälle stromaufwärts reisen will oder muss, ist einzig und allein auf die ~~Buschneger~~ angewiesen. Ebenso ist Jedermann, der in der Stadt oder auf den Plantagen Bedarf an Balken oder Brettern hat, gezwungen, diese von den ~~Buschnegern~~ zu kaufen, es sei denn, er zöge es vor, sein Baumaterial aus Nordamerika kommen zu lassen.

Der ~~Buschneger~~ ist für die Kolonie unentbehrlich[1], eine Folge des allgemein herrschenden Mangels an Arbeitskräften. Ein Surinamer, der ein Haus bauen, ein Plantagenbesitzer hinter dessen Ansiedlung der jungfräuliche Urwald sich vielleicht auf viele Meilen erstreckt, der seine Baulichkeiten erneuern oder vergrössern will, sie könnten trotz hohen Lohns und glänzender Versprechungen nie genug Schwarze auftreiben, die das Fällen und Zurichten der nöthigen Bäume für sie besorgen würden. Das ist eine Arbeit, die, wie schon erwähnt, dem ~~Neger~~ nicht behagt, er »verdammt« sie.[65]

Darum kann man in Paramaribo stets ~~Buschneger~~ treffen, die, weit aus dem Innern kommend, ihre Corjals und die herabgeschwemmten Baumstämme das Ufer hinauf, bis dicht in die Nähe des am Surinamfluss gelegenen Markts gezogen haben und hier auf einer // SEITE 56 // Art von Börse ihre Waare, Bau- und sonstige werthvolle Hölzer, an den Mann bringen. Stämme und Balken solcher Holzarten, die in Folge ihrer Schwere im Wasser untersinken, werden an zwei, unter einander verbundenen Corjalen befestigt und so stromabwärts befördert. Da die ~~Buschneger~~ ungemein schlaue, auch den Betrug durchaus nicht scheuende Händler sind, so ist grosse Vorsicht im kaufmännischen Verkehr mit denselben geboten. Die Surinamer Juden, bei denen die ~~Buschneger~~ wiederum ihre Bedürfnisse einkaufen, werden ihnen aber in dieser Beziehung gewachsen sein.[66]

Das Holz, für welches manchmal sehr hohe Preise bezahlt werden, kostet den ~~Buschnegern~~ so gut wie gar nichts. »Time« ist da draussen ja nicht »Money« und die Arbeit im Wald oder auf dem Fluss macht dem ~~Buschneger~~ Vergnügen.

Zu den vielen Vorrechten und Vergünstigungen, deren sich die Bosch im Gegensatz zu den übrigen ~~Negern~~ erfreuen – sie zahlen z. B. keinen

---

1   In Demerara vermitteln ~~Indianer~~ den Verkehr auf den Flüssen.

Cent Kopf- oder sonstige Steuer gehört auch die Erlaubniss, im Urwald nach Belieben die werthvollsten Bäume zu fällen und dadurch zum Eigenthum zu erwerben. Dabei ist das innere Surinam durchaus nicht etwa als ein »no man's land« zu betrachten. Seit Entdeckung der Goldlager ist sicher der grösste Theil der ganzen Kolonie, soweit sie nicht gänzlich terra incognita[67] ist, durch Kauf- oder Pachtverträge, wenigstens auf dem Papier, in den Besitz von Privatleuten, Gesellschaften, Spekulanten u. dgl. übergegangen. Herrenloses Land giebt es überhaupt nicht, denn Surinam gehört doch am Ende den Holländern, nicht den Buschnegern, aber während man, um ein Beispiel zu wählen, sofort jeden Portugiesen oder Chinesen von einem Grundstück, auf dem er sich erlauben würde, ohne Erlaubniss Bäume zu fällen, wegjagen oder mindestens eine Pacht, oder Steuer von ihm verlangen würde, lässt man die Buschneger ruhig im Wald schalten und walten.

Man hütet sich eben ungemein, in die Eigenheiten dieser Herren irgendwie störend einzugreifen.

Nur eins ist den Buschnegern in Surinam – soweit das Auge des Gesetzes reicht – verboten: sie dürfen nicht nach Gold graben. Der Besitzer irgend einer Urwaldparzelle oder eines Placers sagt ihnen[I]: »Thut was Ihr wollt, legt Ansiedlungen an, fällt Bäume, baut Bananen und Mandioka, aber kratzt mir nicht im Boden herum oder sucht mir nicht nach Gold in den Creeks, sonst« – ! Ja, mehr kann er kaum sagen, höchstens etwa: »sonst thut mir den Gefallen und verkauft das Gold, das Ihr bei mir findet, wenigstens mir, nicht einem Andern.« –

Noch viel grössere »Swells«[68] wie die Holzhändler in Paramaribo waren die Buschneger am Maroni, die, wie schon erwähnt, den Transport von Passagieren, Lebensmitteln, Werkzeugen, Maschinen von Albina oder der französischen Deportationsstation St. Laurent aus nach dem oberen Maroni, zumal nach den reichen, zwischen Lawa und Tapanahoni gelegenen, Goldlagern vermittelten.[II]

I   Ich will damit nicht andeuten, dass er überhaupt um seine Erlaubniss gefragt werde.

II   Dies zur Zeit meines Aufenthalts zwischen Holland und Frankreich streitige Land ist inzwischen durch Schiedsspruch des Kaisers von Russland den Holländern zugesprochen worden. Vgl. hierüber Verh. der berliner Ges. für Erdkunde 1891 Sitzg. vom 4. 7. 91 und die Kölnische Zeitung vom 4 Juni 1891.

Die Summen, welche die ~~Buschneger~~ hier in kurzer Zeit verdienten und heute wieder verdienen, klingen einfach unglaublich. Ich kann sie aber getrost mittheilen, weil mein Gewährsmann der Stelle nicht fern steht, an welcher der grösste Theil dieses Gewinnstes [sic] wieder ausgegeben wurde. // SEITE 57 // Der Vertreter der Holländischen Regierung in Albina zahlte zu meiner Zeit den ~~Buschnegern~~, die nach dem, am Zusammenfluss des Lawa und Tapanahoni gelegenen, Militärposten Lebensmittel und Ablösungsmannschaften brachten, 300 Gulden[69] für ein Canoe, und ein genauer Kenner der dortigen Verhältnisse berechnete den Lohn, welchen die ~~Buschneger~~ in wenigen Jahren durch den Güter- und Menschentransport nach den Lawa-Goldfeldern erworben hatten, auf über 400 000 Francs! Die ~~Buschneger~~ am Maroni sind also nicht nur wohlhabend, sondern, für dortige Verhältnisse, geradezu reich zu nennen. Die übrigen ~~Neger~~ sind viel zu faul und ausserdem auch gar nicht im Stande, mit den ~~Buschnegern~~, diesen unermüdlichen Ruderern und genauen Kennern der oberen Flüsse irgendwie in Wettbetrieb zu treten.

Auf die naheliegende Frage, was denn die ~~Buschneger~~ mit all diesem Geld anfangen, ist die Antwort unschwer gefunden: sie geben es bei den europäisch-amerikanischen Händlern wieder aus. Es mag Einzelne unter ihnen geben, die ihre blanken Fünffrankenthaler Dollars oder Gulden vergraben oder sonstwie aufbewahren, diese bilden aber die Ausnahmen.

Die grössere Mehrzahl verplempert, abgesehen natürlich von den Ausgaben für wirkliche Bedarfsartikel wie Salz oder Schiesspulver, den durch harte, schwere Arbeit erworbenen Verdienst in rein kindischer Weise dadurch, dass sie so lange ihr Geld reicht, Alles kaufen, was ihnen gefällt. Das meiste Geld dieser beinahe nackt[70] herumlaufenden »~~Wilden~~« wird, so unglaublich das klingen mag, beim Ankauf von »Toiletten«, nicht nur für ihre Freundinnen, Frauen und Töchter, sondern auch für ihre Todten verschwendet.[71] Bevor wir hierauf näher eingehen, muss eine, wie mir scheint, völkerkundlich wichtige Thatsache hervorgehoben werden: die ~~Buschneger~~ sind keine Säufer. Der ~~Buschneger~~ trinkt ganz gern eine Flasche Porter oder Bier, auch ein Glas Branntwein, zumal wenn er es nicht zu bezahlen braucht, er mag sich auch gelegentlich einmal betrinken, aber er ist im Allgemeinen ein nüchterner Mensch. Weder bereitet er sich selbst berauschende Getränke, noch kauft er solche beim Europäer; in enger Berührung mit den sich zu Tode trinkenden I̶n̶d̶i̶a̶n̶e̶r̶n̶ lebend, häufig der Verführung in den Küstenplätzen ausgesetzt, fällt er nie dem Laster der Trunksucht anheim. Es sind eben ganz merkwürdige Leute, diese N̶e̶g̶e̶r̶ im amerikanischen Urwald.

Sie erinnerten mich – mutatis mutandis[72] – an die inmitten einer saufenden Bevölkerung lebenden, durchaus nüchternen Juden in Sibirien.[73] Ich habe beobachtet, dass B̶u̶s̶c̶h̶n̶e̶g̶e̶r̶ den Laden eines europäischen Händlers besuchten und den ihnen nach Landessitte vorgesetzten Vermouth oder Branntwein vollkommen unbeachtet liessen. Erst nachdem die Geschäfte, nach oft stundenlangen Verhandlungen abgeschlossen waren, tranken auch sie ihr Gläschen – aber nicht mehr.

Beinahe noch überraschender, wie diese Enthaltsamkeit, war aber der Gleichmuth, mit welchem sie die theuersten, unpraktischsten europäischen Erzeugnisse, die ihnen gerade gefielen, kauften, zumal aber ihre geradezu erstaunliche Verschwendung, wenn es sich um bunte Tücher für ihre Schönen handelte.[74]

[...]

// SEITE 58 //

[...]

Auf diese Weise geben die B̶u̶s̶c̶h̶n̶e̶g̶e̶r̶ ihr Geld aus. Wenn sie nun auch in der Lage sind, Alles, was sie für ihren Haushalt, ihr Leben überhaupt, nöthig haben, bei den Händlern in Paramaribo, Cayenne oder St. Laurent zu kaufen, oder bei den I̶n̶d̶i̶a̶n̶e̶r̶n̶ einzutauschen, so hat sich bei den B̶u̶s̶c̶h̶n̶e̶g̶e̶r̶n̶ neben der Kunst des Anfertigens von Corjalen, die aber mehr als ein Berufsgeschäft zu betrachten ist, doch eine kleine Hausindustrie erhalten, die zwar vielfach nur zur Unterhaltung betrieben wird, deren Erzeugnisse aber darum sehr interessant sind, weil sie weder einen rein afrikanischen, noch gar irgend welchen amerikanischen, sondern eben einen ganz unverkennbar spezifischen Buschnegercharakter aufweisen. Dazu gehören vor Allem die durchbrochenen, mit Messingnägeln verzierten Holzschnitzereien: Niedrige Stühle, Bänkchen, Kämme, Wäscheklopfer u. s. w.; die Ruder[175] werden ebenfalls sorgfältig geschnitzt, aber nicht mit Messingnägeln verziert, wohl aber die Corjale. Wenn ich auch die beiden neben stehend abgebildeten riesigen Kämme (36 bzw. 21 cmtr. lang und 12 bzw. 9 cmtr. breit) im Verdacht habe, dass sie zum Zweck des Verkaufs angefertigt sind, so geben sie doch ein gutes Bild von der merkwürdigen Buschneger-Ornamentik. Ein Ethnograph, der nie solch eine Schnitzerei gesehen, könnte sie schwerlich klassifiziren: hat man den Charakter // SEITE 59 // aber einmal kennen gelernt, so wird man ihn nicht wieder vergessen, noch mit irgend einem anderen Typus verwechseln.

Hier dürfte auch das Holzriegelschloss der Buschneger Erwähnung finden, welches sie, wie so manches Andere, aus ihrer afrikanischen Heimath nach der Neuen Welt herübergebracht haben, wo es wohl nicht bekannt war[II] und das heute auch von den übrigen Negern in Guayana noch vielfach benutzt wird. Es ist das Schloss der alten Aegypter, dasselbe, das in Europa noch bis um Anfang des 10. Jahrhunderts allgemein üblich[III] war, das man auch heute noch in Deutschland vielfach finden kann, das aber kein Europäer, der den Mechanismus nicht kennt, zu öffnen im Stande ist.[IV]

Die Abbildung zeigt uns das Schloss von hinten, also von der Seite, mit welcher es an die betreffende Thüre befestigt wird.

Auf Figur 1 ist die Thür durch den vorgeschobenen Riegel R geschlossen, bei Fig. 2 ist der Riegel zurückgezogen. Der in Fig. 1, links heraus

---

I Ruder, wie die Kämmer, nach KAPPLER aus dem Holz der Aspidosperma excelsa.

II Oder doch?

III MEYERS Conversat. Lexicon 1889. p.539; vgl.auch Waitz.Anthropol. d. N.II p. 90 (nach CAILLIÈ, RICHARDSON, BOWDICH) für Afrika; BÖTTIGER »Kleine Schriften«, Leipzig 1850. Bd. 3. p. 129 »Schlösser und Schlüssel des Alterthums.«

IV Vgl. *Zeitschrift für Ethnologie* 1891. p. 726 d. Verh. mit Abbildung. (Harz und Nubien). Mein Diener erkannte das Buschneger-Schloss sofort, da in seiner Heimath, in der Nähe von Frankfurt a/Main, die Thüren der Scheunen und Ställe mit derselben Vorrichtung zugesperrt werden. Einen ganz ähnlichen Holzschlüssel besitze ich von den Wasaramo im östlichen Afrika.

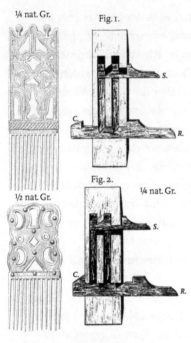

»B̶u̶s̶c̶h̶n̶e̶g̶e̶r̶kämme« und »B̶u̶s̶c̶h̶n̶e̶g̶e̶r̶schloss«

ragende Kopf C, muss als in einen Krampen oder in einen dazu genügend ausgehöhlten // SEITE 60 // Pfosten eingeschoben gedacht werden. Der lose Schlüssel S in Fig. 1 kann in dieser Lage herausgezogen werden, R ist dagegen unbeweglich, weil der Riegel durch die unteren spitzen Enden der lose im Schloss beweglichen Holzklötzchen a und b festgehalten wird; a und b sind oben mit zwei Einschnitten versehen, die das Einschieben und Herausziehen des Schlüssels erlauben.

Will man nun das Schloss öffnen, bzw. den Riegel zurückziehen, wie in Fig. 2, so führt man den Schlüssel wieder ein (wie in Fig. 1) und hebt denselben, und mit ihm die Klötzchen a und b senkrecht in die Höhe, so dass deren untere Zähne nicht mehr in den Riegel eingreifen, der jetzt, so lange man den Schlüssel hoch hält, leicht hin und her geschoben werden kann.

Meisterhaft verstehen die B̶u̶s̶c̶h̶n̶e̶g̶e̶r̶ das Anfertigen von Corjalen[1]. Entweder werden diese aus einem Baumstamm hergestellt, indem man denselben mit (europäischen) Beilen und Messern aushöhlt und aus dem ungefügen Urwaldriesen das ausserordentlich gefällige und zierliche, ebenso praktische wie schöne Fahrzeug geradezu herausschnitzt, oder der mächtige Stamm wird in zwei Hälften zersägt, die dann ausgehölt und, nachdem man sie mit Wasser gefüllt hat, über einem leichten Feuer in die gewünschte Form durch eingeklemmte Holzstücke aus einander gebogen werden. Angenehm ist das Reisen in diesen Einbäumen gerade nicht. Abgesehen davon, dass sie ungemein leicht umschlagen, dass man nur nach B̶u̶s̶c̶h̶n̶e̶g̶e̶r̶- oder I̶n̶d̶i̶a̶n̶e̶r̶sitte mit angezogenen oder ausgestreckten Beinen ohne Rückenlehne in denselben hocken, nie aber

---

1 Näheres darüber findet sich bei KAPPLER.

in ihnen, wie in einem europäischen Nachen sitzen kann[II], erhalten sie durch die glühende Sonnenhitze leicht Risse, die den Reisenden zwingen, entweder Tage und Nächte hindurch ein Sitzbad zu geniessen oder aber durch unaufhörliches Ausschöpfen des eindringenden Wassers sich die Zeit zu vertreiben.

Nur in Corjalen ist es möglich, die unzähligen Stromschnellen und Wasserfälle Guayana's zu überwinden und nur die ~~Buschneger~~ verstehen sie hier zu handhaben.

Auch diese Einbäume bilden einen Handelsartikel der Bosch im Verkehr mit den Ansiedlern der Küste.

Für den Hausgebrauch fertigen die ~~Buschneger~~ ferner die ungeschlachten Mörser und Stampfer an, in und mit denen die ausgepresste Mandiokwurzel zu Mehl zermalmt wird[III]. Man hört dieses dumpfe Stampfen, wenn man im leichten Corjal über die stillen Ströme Surinams dahingleitet, lange, bevor man die ~~Buschneger~~-Ansiedlung selbst erreicht.

Wir werden, wenn wir die ~~Indianer~~ besprechen, auf die Bereitung des Kassavebrods zurückkommen. Immerhin mag hier erwähnt werden, dass wir beim Betreten der ~~Buschneger~~-Dörfer oft den Eindruck erhielten, als sei frischer Schnee auf die Hütten gefallen. Alle Palmdächer waren dicht mit blendend weissen, frischgebackenen Kassavefladen, etwa von der vierfachen Grösse unserer Pfannkuchen bedeckt, die hier an der Sonne trockneten. Das Kassavebrod der ~~Buschneger~~ ist besser, wie das der ~~Indianer~~, weil Erstere das Mehl zweimal sieben, Letztere nur einmal.

Die Frauen, denen neben der Pflege der Kinder, der Besorgung des Haushalts, dem Backen der Kassavefladen, dem Waschen der Kleidungsstücke, die Besorgung der Maniok, // SEITE 61 // Mais, Yam, Bananen, Nappi- (einer Dioscorea), Bataten- u. s. w. Felder und Pflanzungen obliegt, beschäftigen sich in ihren »Musse«-Stunden mit der Anfertigung von Töpferwaaren. Das Rohmaterial bildet weisser Thon, »klei oder pimadoti«, derselbe wie schon erwähnt, auch zum Weissmalen der Haut oder des Baumwollschmucks verwendet wird. Er wird stark mit Holzkohle

---

II Man vergl. Den rechten Winkel, den Rücken und Beine des Mädchens auf Tafel VI. No. 4. Bilden; ein Europäer, der versuchen wollte, in solcher Stellung zu rudern, würde den Corjal sofort umwerfen. Der Fremde setzt sich darum auch immer auf den Boden des schwanken Fahrzeugs.

III Vgl. Tafel III.

vermengt und erhält dadurch beim Brennen eine glänzend schwarze Farbe.¹ Die Formen der Schalen, Wasserflaschen, Schüsseln, bieten nichts Charakteristisches, da hier entschieden ~~indianischer~~ oder europäischer Einfluss zur Geltung kommt. Eine Sammlung solchen Töpferguts überwies ich dem hiesigen Museum für Völkerkunde.[76] Origineller sind die aus den halbirten oder zerschnittenen Schalen getrockneter Flaschenkürbisse hergestellten Gefässe und löffelartigen Schälchen, weil man dieselben mit eingeritzten Zeichnungen zu verzieren liebt. Verschiedene Kinkerlitzchen, welche die unter dem Einfluss der Herrnhuter stehenden christlichen ~~Buschneger~~ anfertigen, haben naturgemäss keinen ethnologischen Werth.[77]

---

1 Die aus demselben Thon angefertigten Töpferwaaren der ~~Indianer~~ sind dagegen rothbraun.

ANHANG

TAFEL III

»Buschneger, Kassave stampfend, Surinam«

TAFEL VI

»Buschneger, Surinam«

Kapitel 6

1897, Santa Cruz

Inzwischen sind die Natives eingetroffen, hocken unter dem Verandahdach und warten auf Forrest. Der legt sich dann gnädigst in die Hängematte, ruft einen der Diener mit Trade herbei + das Geschäft beginnt. Er kauft Yams + Creos für sich + Curios für mich. Er bezahlt die Natives gut + gleichmäßig.
WILHELM JOEST, TAGEBUCH XXIV, SANTA CRUZ, 17. AUGUST 1897

Wilhelm Joest wollte schon sein ganzes Leben den Pazifik bereisen. Spätestens nach seinem Treffen mit Adolf Bastian, der Gründungsfigur der deutschen Ethnologie, war für ihn klar, dass seine Karriere als Ethnologe ihn früher oder später dorthin führen würde. Bereits 1881 hatte er Bastian von »einer Reise in die Südsee, die ich entschieden beabsichtige« geschrieben. Die »Südsee« war seit den Berichten von Seefahrern wie James Cook nicht nur für Joest ein Sehnsuchtsort: Die Vorstellung von paradiesischen Inseln mit sexuell freizügigen und von der Moderne unberührten Gesellschaften faszinierte Abenteurer, Händler, Missionar*innen und Ethnolog*innen zugleich. Und so hatte Joest bereits 1884 geplant, die Reise in den Pazifik im Anschluss an seine Umrundung Afrikas anzutreten, war aber in Aden (Jemen) an Malaria erkrankt und musste daher von seinem Vorhaben ablassen. Wie schwer ihm diese Entscheidung damals fiel, zeigt der verzweifelte Ausruf, den er wenige Tage vor seiner Umkehr notierte: »Lieber aushalten + sterben wie zurück + dem Schicksal weichen.« Danach fand Joest aufgrund seiner Heirat mit Clara vom Rath und seiner wissenschaftlichen und gesellschaftlichen Verpflichtungen in Berlin lange keine Zeit mehr für eine ausgedehnte Reise.

Das änderte sich im September 1896 schlagartig: Nach Jahren unglücklicher Ehe ließ sich Clara vom Rath von Joest scheiden. Die Trennung war zu dieser Zeit und in dieser sozialen Schicht eine absolute Seltenheit, was darauf hindeutet, wie prekär vom Raths Position in der Ehe gewesen sein muss. Auch wenn Joest in seinen Tagebüchern dazu schweigt, legen weitere Quellen nahe, dass häusliche Gewalt ein wichtiger Grund für die Scheidung gewesen war. Joest hingegen sah alle Schuld bei seiner ehemaligen Gattin und beschloss – endlich »frei« –, Berlin zu verlassen und auf seine lange geplante Südsee-Reise zu gehen. Es war der Versuch eines Ausbruchs, aber potenziell auch eine Flucht: Briefe des Afrikaforschers und Kollegen Joests, Georg Schweinfurth, zeigen, dass Joests gewalttätiges Verhalten gegenüber seiner Frau auch in den gesellschaftlichen Kreisen Berlins bekannt geworden war. Joest äußerte sich nicht dazu, sondern machte sich am 26. Dezember 1896 auf den Weg in Richtung Pazifik.

Nach seiner Ankunft bereiste er, mehr als Tourist denn als Wissenschaftler, zunächst Australien und Aotearoa Neuseeland und brach dann am 13. Mai 1897 zu seiner ersten Forschungsreise in den Bismarckarchipel auf. Dort besuchte er die deutsche Kolonialstadt Herbertshöhe (heute Kokopo), traf die berühmte samoanisch-amerikanische Plantagenbesitzerin »Queen« Emma Kolbe und legte eher oberflächliche Sammlungen an. Ein Interview Joests mit dem *Sydney Morning Herald* zeigt aber, dass er Größeres geplant hatte: Für seine Studien zu den Tätowiertechniken des Pazifiks wollte er bei seiner nächsten Expedition zum ersten Mal für einen längeren Zeitraum auf einer einzelnen Insel bleiben und danach sogar ein eigenes Schiff mieten, um Inseln anzusteuern, die gänzlich außerhalb der Reichweite kommerzieller Linienschiffe lagen.

Und tatsächlich traf Joest, wieder unterwegs an Bord des Dampfschiffs »Ysabel«, am 13. August 1897 eine folgenschwere Entscheidung: Er würde für drei Monate auf Nendö leben, der Hauptinsel der Santa-Cruz-Inseln. Dafür mietete er sich bei dem Händler Actaeon Forrest ein, um vor Ort die Bewohner*innen der Insel zu studieren. Für diese Zeit war Joests Ansatz durchaus ungewöhnlich: Er wollte nicht nur schnell möglichst viele und repräsentative Objekte sammeln und dann weiterreisen, sondern längere Zeit an einem Ort bleiben, um umfangreichere Informationen über die erworbenen Objekte zu erlangen. Joests langes und beinahe solitäres Verweilen auf Nendö gleicht bereits der Methode der »teilnehmenden Beobachtung«, die der polnisch-britische Ethnologe Bronisław Malinowski mehr als zwei Jahrzehnte später in seinem Hauptwerk *Argonauten des westlichen Pazifik* postulieren sollte.[1]

Joest selbst kam jedoch nicht mehr dazu, seine Erfahrungen zu veröffentlichen (und es ist fraglich, ob er die methodischen Besonderheiten seines Vorgehens wirklich bewusst auszudrücken in der Lage gewesen wäre). Seine Gesundheit war infolge seiner vielen Reisen, der Nachwirkungen seiner Malaria- und Cholerainfektionen und seines ausgeprägten Alkoholismus bereits zu Beginn seiner Pazifikreise schwer angeschlagen. Dazu kamen zwei Unfälle wenige Tage vor seiner Ankunft auf Nendö: Auf einer der Vanuatu-Inseln endete eine abendliche Ausfahrt mit dem lokalen Kolonialbeamten M. Cheviard in einer Korallenmauer, Joest vermutete, dass er sich dabei einen Arm gebrochen hatte. Kurz darauf kletterte er über eine Mauer und verletzte sich dabei an beiden Knien schwer. Allerdings war Joest – vielleicht aufgrund früherer Rückschläge – nicht bereit, deswegen nach Sydney zurückzukehren.

Im Tagebuch lässt sich gut nachvollziehen, wie Joests Gesundheitszustand sich mit der Zeit verschlechterte. Am 9. September 1897 verfasste er seinen letzten Tagebucheintrag. Danach folgte eine Zeit des gesundheitlichen Auf und Ab, die John Jennings, ein australischer Botaniker, der mit Joest nach Nendö gekommen war, später in einem Brief an Joests Familie festhielt: An manchen Tagen ging es Joest besser, dann wieder schlechter. Trotzdem brach er am 22. September gemeinsam mit Forrest zu einer Bootsexpedition auf, die er jedoch aus gesundheitlichen Gründen nach drei Tagen abbrechen musste. Nun war klar, dass eine Rückkehr nach Sydney unvermeidlich war. Doch weil sich die »Ysabel« verspätete, dauerte es noch bis zum 18. November, ehe ein Schiff Nendö anlief. Joest ging an Bord, verstarb aber bereits wenige Tage später auf hoher See: In der Nacht auf den 25. November 1897 protokollierte der Kapitän seinen Tod. Am nächsten Tag wurde Joest in der Bucht der Insel Ureparapara beigesetzt.

Das folgende Kapitel umfasst Joests finale Tagebuchnotizen: beginnend mit dem Moment, als er im August auf Nendö landet. Die Sprache ist zur besseren Lesbarkeit leicht überarbeitet worden und an manchen Stellen wurden kleinere Kürzungen vorgenommen. Sowohl Inhalt als auch Stil des Tagebuchs werden aber originalgetreu wiedergegeben und verschaffen so einen guten Einblick in Joests Selbstverständnis und seine Sicht auf die Welt in der Hochphase des europäischen Imperialismus.

T. 32/9.5.

Tagebuch
vom 9 Juni 1897
des

Salomon Inseln.
Bismarck Archipel
Sydney.

TAGEBUCH XXIV. 9. Juni bis 10. September 1897.

// SEITE 58 // **Freitag 13. August [1897]** Trüb + warm, *smuggy*. Wir gehen gerade nach Nord. Nachts von 1–3 passirten Vanikoro in den Santa Cruz Inseln, bekannt durch La Perouse Scheitern. Wurde zweifellos mit seinen Leuten todtgeschlagen.[2] Die Santa Cruz Inseln sind berühmt wegen ihrer *curios*.[3] Die *Ysabel*[4] kommt 4 Mal im Jahr seit 1898[5] dorthin, das *Southern Cross* 1–2 Mal,[6] sonst keine Verbindung. Fuhren von Südwest nach Nord um die Insel Santa Cruz herum.[7] Rechts der Vulkanzuckerhut Tinakula (hier Tamami genannt). Die Kerle kommen ihren merkwürdigen *outtrigger Canoes* nach dem Dampfer + bieten ihre Matten an.[8] Da ich aber etwas von Land + Leuten sehen wollte, so fuhr sofort an Land + zwar bei der Mündung des Granville Rivers an der Nord-Küste von Santa Cruz. Traf dort in einem großartigen *native house* den auch beinahe vollkommen dunklen Herrn Actaeon Forrest, jetzt Händler + früher 10 Jahre lang Missionar, der mir sofort kolossal durch Behauptung imponirte, daß er allerdings an Bord des Kriegsschiffs Actaeon geboren sei, aber doch die feste Ueberzeugung habe, daß das Schiff nach ihm getauft, nicht umgekehrt.[9] Solche verrückten Paradoxen brachte er zu Dutzenden, so daß ich ihn frug ob er mich 3 Monate als Gast aufnehmen will. Natürlich bezahle ich Alles. Zugesagt. Ungemein interessante Natives, Alle mit Bogen + Pfeilen + Papageno Vorhängeschlössern + massenhaften Ohrringen in den Nasen.[10] Die Jungen ganz nackt; höchstens ein Gürtel   // UNTEN HINZUGEFÜGT: Fuhren von S.W. nach N. um d. Insel Sta Cruz herum. R. der Vulkanzuckerhut Tinakula (hier Tamami genannt), SKIZZE. S. RECHTS. //
// SEITE 59 //   Alle Kerle kauen stark Betel, kennen aber sonst keinerlei berauschende Getränke. Kawa geht über die Hebriden bis Banks Island. An Bord der *Ysabel* zurück Alles zusammenpacken, während d. *Ysabel* in etwa 1 Stunde nach der nächsten Station von Forrest fuhr ~~Nopia~~.[11] Auch hier Unmenge wüster Kerle. Hier wurde seiner Zeit Goodenough[12] todtgeschlagen (Pattesen auf den Reef Islands)[13] Mendaña starb auf Santa Cruz.[14] Erst spät gegen 11 Uhr kamen nach dem Granville River zurück + wurden von Forrest in seinem Hause untergebracht. Auffallende Menge Einbeiner.[15] Keine Lanzen, keine bestimmte Art des Hakens – gerade

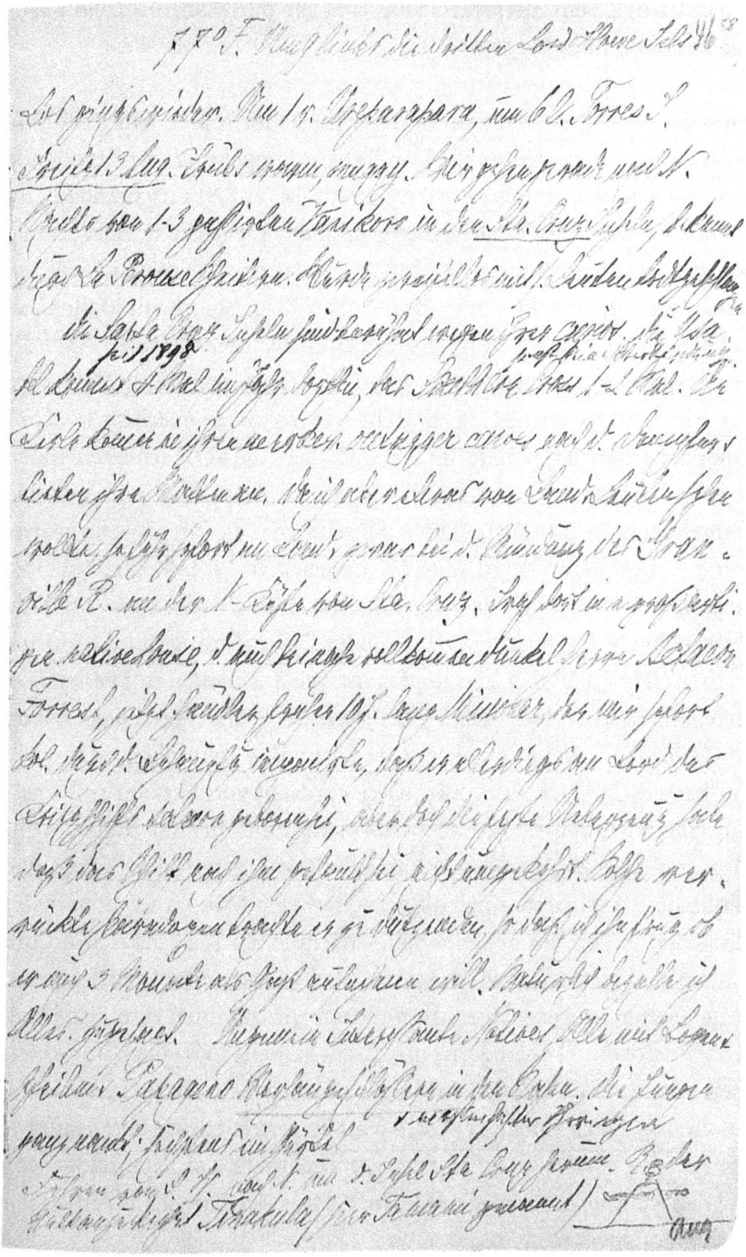

Unten rechts Joests Skizze des Vulkans Tinakula.

wie in Europa. Sehr merkwürdig das Ja-Sagen durch Stirnrunzeln + sehr heftiges levantiner Verneinen.

Samstag 14. August Habe mein Lager im Badezimmer, leider sehr viele Moskitos. Stand früh auf. Wunderbare Umgebung, die brandende See, das Riff, der Fluß zu unsern Füßen, das außen unscheinbare, im Innern mit dem Geschmack eines *gentleman* eingerichtete Haus, umgeben zunächst von Blumen + Zierpflanzen, dann von dem prachtvollsten dunkelgrünen Urwald. Boden des Hauses Kieselsteine mit Matten aus Kokosblättern (1–2 Billet) über die man fortwährend stolpert, weil die eingeflochtenen // SEITE 60 // Ränder aufkrempeln. Eine Unmenge bewaffneter boys, die heute ausbezahlt werden: *calico, matches + tobacco*.[16] Einer der schönsten Punkte der Erde hier. Ließ die Kerle schießen, trafen recht gut. Bogen linke Hand, aufrecht, Pfeil links davon mit Zeigefinger festgehalten, Sehne mit Zeige- + Mittelfinger oder wenn sehr schwer mit den 3 Fingern (Zeige, Mittel + 3.) gezogen. Prof. Morse.[17] Weiber sieht man sehr wenig, da zu gefährlich. Tätowirt auf Nase + in den Kniekehlen.[18] Haben kurzen Tapa- oder Calico-Sarong um die Hüften + ein großes Tuch über den Kopf, ganz wie Surinamer, mit denen [sie] sich sofort Gesicht verhüllen.[19] Brüste nackt + meist verschieden lang. Im Uebrigen Scheusäler, aber ganz harmlos + freundlich. Man sieht am besten Gar nicht hin. Für jeden Verdacht von Verkehr mit uns 3 Europäern würden sofort erschossen (+ wir müßten höllisch berappen). Dagegen giebt es ~~so zu sagen~~ offizielle Prostituirte,[20] die auch in den Clubhäusern schlafen. Auch die verheiratheten Männer schlafen oft im Clubhaus wegen des abendlichen + nächtlichen Klatschs.[21] Die Clubhäuser sind rechteckig wie die unseren, die Häuser der Verheiratheten rund. Hatten ausgezeichnete Yam Fritters mit Sardinen zum Frühstück. Ich // SEITE 61 // bewundere Forrest, der keinen Augenblick Ruhe hat + stets vergnügt ist. 2 Kisten Tabak gestohlen, vor deren Rückgabe keine Bezahlung. Solch Gut an der *beach* wird oft gestohlen, aus dem Haus nie etwas, wie ich beste Erfahrung machte. Nicht sehr viel blaue Tätowirung bei den Männern; vorwiegend Stirn, Nase + Backen. Schildpatt-Nasenvorhängeschlösser.

Buben + Alte mit Kalkhaaren, von *dandies* oft nur zur Hälfte.[22] Kleine Bengels rasirt (mit Haifischzähnen) + nur Büschel über der Stirn das roth gefärbt ist. Später, bei etwa 8–10 Jahren wird der Büschel abgeschnitten und das Haar gleichmäßig wie bei ~~Negern~~[23] kurz gehalten. Lange Papuahaare sah ich nur einmal bei einem Kerl, der in Trauer war. [...] // SEITE 62 // Wenn die Jungen ganz jung sind wird ihnen die Nasescheidewand durch eine der spitzen und dünnen Haarnadeln (aus Sagopalmblattringen) durchstochen + das Schildpat-Vorhängeschloß eingeknipst, später kaufen größere. Diese wie alle Ohrringe haben einen Split + sind elastisch. Rechts + links wird dann in beide Nasenflügel ein Loch gebohrt, das entweder mit Wachsstreichern oder kleinen (europäische) Perlkettchen verziert ist. Der Ohrschmuck ist kolossal, hauptsächlich Schildpatt + Muschelringe, dann ganz merkwürdige Dinger mit blauen Glasperlen wie *live-preservers* [Rettungsringe], sonst auch viel die kleinen Schlüssel zum Öffnen der tins usw. Ohren vielleicht bei ¼ der Kerle zerrissen. Damit und mit 7–8 Muschelringen am Oberarm fängt Schmuck + Kleidung an, dann kommt der geflochtene oder schwarze Rottangürtel, der stets sehr eng getragen wird, wie einem Hunde Knochen. Sah einen Kerl, dessen Füße bedenklich nach Lepra aussahen, es kann // SEITE 63 // aber auch Syphilis mit Elephantiasis sein. Der Hund Forrest's Tayo ist durch die *natives* ganz zu Schanden gewichst + darum von seinem Herrn verhauen. Die Kerle brachten wahrhaftig ein lebendes gerupftes Huhn zum Verkauf! Keine Kakadus + Papageien nur die kleinen *inseparables* die ewig schreien; Wildenten. Wunderbarer Sonnenuntergang. Diese herrliche Ruhe, wenn das Abendgeschrei der Vögel aufgehört hat. Unmenge riesige fliegende Hunde, kleine Schwalben + Fledermäuse, bunte freche *kingfisher* + Tauben, von denen eine wie Lachtaube kichert, die andere langgedehnt Uhh! + die *kingfisher* deutlich Tiah! Der Tisch reizend geschmückt mit Hibiskusblüthen. Forrest hat nach native Art eine 4eckige Feuerstelle in seinem Schlafzimmer. Alle natives tragen eine Muschel an Bastbindfaden dicht unterhalb der Knie, auch gewundene Ringe um die Fesseln + Armgelenke, die Ringe am Oberarm, den Rottan oder einen geflochtenen schwarzen Gürtel, darin den wundervollen Bananenschurz *niwega*, auf Brust oder Rücken die Tasche *beli niwega* mit Areca Nüssen,

Betel + der Kalkkalabasse.[24] // SEITE 64 // Der Kalk nicht wie in den Salomons mit Stäbchen sondern mit dem geleckten Zeigefinger herausgeholt, der dann abgelutscht wird. Kolossale Betelmäuler. Kuß natürlich unbekannt (Betel + Papageno) aber Nasenreiben auch von Händen + Füßen. Ich schlief in meinem Sessel in der sogenannten Verandah bis mich unser freundlicher Wirth um 11 weckte + vor Fieber warnte. Dessen W.C. leider schauderhaft.

Sonntag 15. August Schädel zu bekommen hier ganz unmöglich, da die Todten in weiße Tapa gewickelt + im Hause selbst begraben werden.[25] Kopfjagen + Menschenfressen hat nie auf Santa Cruz geherrscht. Die Pfeile sind nicht vergiftet, es scheint aber ~~nach 12 St.~~ Tetanus einzutreten, wenn ein Stückchen von der Spitze in der Wunde oder im Knochen bleibt. Wunderschön ist Morgens bei Sonnenaufgang bei klarem Wetter der Blick auf den etwa 17 Meilen nördlich gelegenen [Vulkan] Tinakula (Tamami) der augenblicklich leider sehr wenig arbeitet. Meine Knie schlecht, brauchte zum ersten Mal *Perry Davis' Pain killer*, wahrscheinlich nur Kampferspiritus, der vielfach in der Südsee gesoffen wird, mit überraschendem Erfolg, wenigstens beim linken Knie. Verfluchter Cheviard![26]

Von den Santa Cruzians trinken nur die Queensland etc. *labour* // SEITE 65 // Kerle; Forrest verkauft ihnen aber nichts.[27] Die noch unverdorbenen ~~Eingeborenen~~ haben Furcht vor A. H. Gin. Köstliche Ruhe! Leider ist uns der Essig ausgegangen, ich konnte gerade noch eine Hummermayonnaise machen. Man ahnt gar nicht, wie sehr man Essig vermißt. Auch die Sodawassermaschine ist leider undicht. Nach Fr (Rührei + kalte Zunge) gingen nach dem Strand (Kiesel) wanderten nach links, West. Durchwateten die Mündung des sogenannten Granville Rivers, passirten etwa ½ St Urwald + erreichten wieder den Strand, diesmal blendend weiße Korallen. Ein nackter Bengel, später ~~mein~~ unser Page Jambalu kam uns entgegen. Netter Kerl. Ich sage ihm: »mein Sohn, du bestehst ja nur aus 2 Beinen«, worauf er antwortet: »Mein Vater, du bestehst nur aus Bauch.« Dabei 10 Jahre alt. Erreichten bald darauf den Ort ~~Luwe ti-limba~~ Nepia. Sehr viel war dort nicht gerade los. Wir gingen nach dem

Clubhaus, wo Kanari Nüsse auf 2 Etagen getrocknet werden. Menge Kerle. Kopfstützen wie 3beinig Hundeskelette. Man brachte ein Stück prachtvollen Federgeldes (Gürtel mit rothen Federn des Honeysucker) von dem keine Ahnung hatte.[28] Wiederlich ist der starke Gestank der Cascado Kerle und der gelbgrünen Blätter (Meni), die sie in die Armringe stecken. Sehr beliebt sind Hibiskus im Haar. Sie halten ganz gut in der Negerwolle. // SEITE 66 // Die kleinen Jungen sind vergnügt wie junge Affen + werden sehr wohl zutraulich, ja zudringlich. Der Bengel Yambalo brachte uns [auf] einem bösen Kletterweg durch den Urwald zurück. Vorbei an verschiedenen patches. Yams brauchen 8 Monate, darum nennt der native 1 Jahr = 1 Yam. Die *patches* werden jedes Jahr gewechselt. Auch in diesem Dorf überall Korallenmauern auch um die Hütten + der Eingang so niedrig, daß mit meinen zerbrochenen Knien kaum hinein konnte, Alles aus Furcht vor Pfeifen. Im Innern beinahe vollkommen dunkel. Sah nur wenige Weiber, darunter 1 mit ausgesprochen polynesischem Typus von den Reef Islands, blau tätowirt. Abends spielten bis 12 Uhr Nap.[29]

Montag 16. August Nachts schauderhafte Moskitos. Das Κακοσ [Kakos] gar nicht schön hier, was meine Verdauung stört.[30] Kühles tub. Sobald Läuse bekommen, rasiren ganz glatt mit Haifischzähnen und Kalk. Die Haifische werden in Schlingen gefangen (sonst todtbeißen). Verbummelte + verträumte den ganzen Tag. Furchtbar schläfriges Klima, trotz gelegentlicher Brisen, starker Schweiß + entsprechender Durst. Forrest entließ eine Menge boys, die ausbezahlt wurden. Abend spielten // SEITE 67 // Nap mit Kieselsteinen, die am Strand gesammelt.

Dienstag 17. August Unser Leben ist folgendes und durchaus nicht als nachahmenswerth zu empfehlen. Wir stehen zwischen 6 + 7 auf, nehmen 1 Brandy + Soda, dann 1 Tasse van Houten Cacao, die sehr erhitzt. Dann lungert man in Pidjamas herum, ich schreibe, bis 11. Vorher gemeinschaftliche Gläserputzerei. Inzwischen sind die Natives eingetroffen, hocken unter dem Verandahdach und warten auf Forrest. Der legt sich dann gnädigst in die Hängematte, ruft einen der Diener mit Trade herbei + das Geschäft beginnt. Er kauft Yams + Creos für sich + Curios für mich. Er bezahlt die Natives gut + gleichmäßig. Ist ein Kerl nicht ganz zufrieden, so bekommt er noch eine Dose Streichhölzer. Dann wird meist von 1–2 geschlafen. Dann vielleicht wieder Handel oder Lesen oder Tagebuch schreiben oder Ordnen der Sammlung bis Sonnenuntergang. Tischdecken, Blumenpflücken, Lampen anzünden. Das Kochen besorgt Forrest mit einem Mehlbrei. Es ist leider auch danach. Hatte Nachts von Marie A. geträumt, *wet*, Schrieb ihr einen Brief bis von Dunkel zu Stockfinster.³¹

Mittwoch 18. August Kolossales Getöse der Vögel kurz vor Sonnenuntergang. Die Boschhaanen ärgern mich am meisten. Die krähen den ganzen Tag hindurch, während mit 1 Bein an ein Stück Koralle oder Holz gebunden // SEITE 68 // sind. ~~Verwildert~~ oder ~~eingeboren?~~ Mendaña? Zum Essen nur als currie + Suppe brauchbar. Die Natives essen beinahe nie Geflügel, wahrscheinlich Totemfurcht.

Donnerstag 19. August Weiber zum Ausroden von Unkraut kamen. Bückten sich in sehr ungraziöser Weise mit durchgebogenem Knie auf den Boden statt niederzuhocken. Scheinen mir in dieser Weise auch gevögelt zu werden.³² Schrieb Vormittag, dann mit Forrest Yam + Copra kaufen.³³

Freitag 20. August Tinakula arbeitete mächtig diesen Morgen, wir hörten das Getöse verspürten aber kein Erdbeben. Regen. Dann ist das dunkle Haus einfach unausstehlich. Man gewöhnt sich daran. Keine Fliegen. Ich hatte dem Right Reverend The Bishop of Melanesia, Wilson, an Bord der *Southern Cross* durch Forrest schreiben lassen + und ihn um Provisionen bitten lassen.³⁴ Er schrieb mir eine Antwort die für Forrest nicht grade schmeichelhaft aber auch wenig von christlicher Nächstenliebe zeugte. Ein Missionar im gelben Kapu-Mantel überbrachte den Brief + verduftete sofort wieder. Dabei ist er der Einzige außer uns auf Santa Cruz lebende Weiße (Forrest, Ich, der sehr faule Kopf Jennings, ein versoffener Carpenter, den wir mitgebracht + ein junger amerikanischer Clark von Forrest Rabut) Keinerlei Art der Begrüßung weder beim Treffen noch beim Abschied. Das Allerhöflichste ist daß ein Kerl sagt: »Jetzt gehe ich.« Haarproben unmöglich wegen Furcht vor Verhexung. Ihr eigenes Haar, // SEITE 69 // das sie jetzt auch gelegentlich mit Schere schneiden, vergraben sie oder werfen es ins Meer.[35]

~~Freitag 20. August~~ Tinakula arbeitet mächtig wie ferner Donner, ist aber nicht sichtbar. Den ganzen Tag Regen. Man ist dann einfach gebrochen + hat keine Energie auch nur eine Bleistiftnotiz zu machen. Die Natives gehen bei Regen nicht aus, weder Busch noch *Canoe*. Man hat fieberhaften Durst. Viele natives mit *curios*, die reinen Juden zufrieden sind sie nie, immer verlangen sie noch 1 Stück Tambagu oder 1 *bokis matchi*.[36] Ein Bengel läuft so lange nackt herum bis der Vater ein Schwein [hinzugefügt: Haifisch s. u.] ~~opfert~~ + 1 Fest giebt, meist erst bei Bart; Mädchen selten nackt, so daß die Mission Boys Dienst hatten. Ich imponire den natives außerordentlich:

1.) weil ich sie dem Wunsch Forrest's sehr von oben behandle.

2.) mein Bart

3.) meine Tätowirung

4.) Rauchen durch die Nase, was sie absolut nicht verstehen

5.) Sirene (bei der die Jungen sofort weglaufen, Brennglas + Stahlfederzentimetermaß

Handelten den ganzen Tag. Abends spielten Poker.

Samstag 21. August Verdammt feucht + heiß. Alles fault + schimmelt. Mein Magen gar nicht in Ordnung, da W. C. so ekelhaft, aber ich kann wegen meiner Knie noch nicht niederhocken. Früh vomitus, dann cacao, der // SEITE 70 // sehr heiß macht.[37] Baumfarren hier oft höher als ganz alte Cocos. Schrieb Briefe + schlief. Abends Nap. Angst der Kerle vor dem Dunkeln (böse Geister) bleiben bei uns bis 10–11 Uhr nur um zusammen nach dem Clubhaus, das etwa 25 Schritt entfernt, zu gehen. Wenn sie die Fenster mit Matten verhängen singen sie aus Angst. <u>Pfeifen</u> ist den Leuten, die es nicht von Europäern gelernt haben, vollkommen unbekannt.

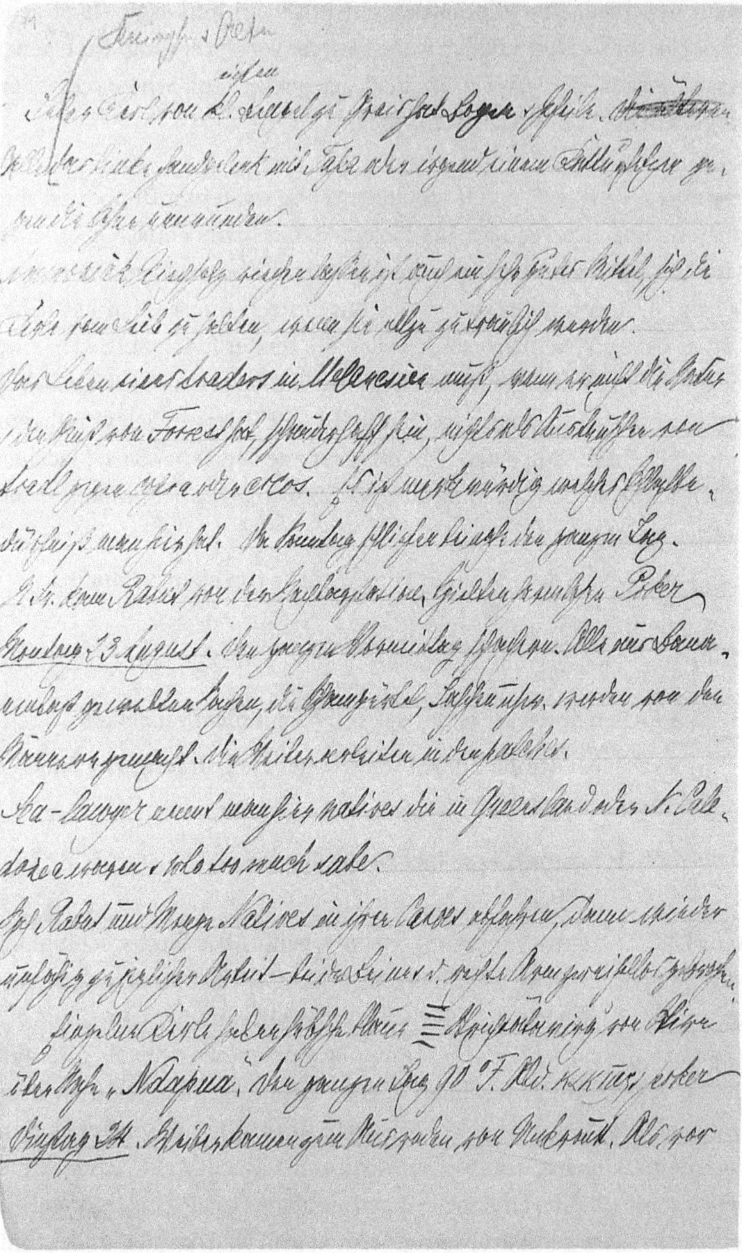

Joests Zeichnung des Tattoomusters.

Unser Haus steht im Ruf verhext zu sein, wir hören Nachts deutlich Weinen + Schluchzen, seitdem wir 2 Europäer aber eingetroffen + ich sofort 2–3 Mal schieße, hat der Spuk aufgehört.

Montag 22. August Die Kerle sind nicht im Stande eine Photographie zu erkennen. Wieder heiß Regen. Schenkte Forrest meine bunten seidenen pariser Hemden. That fast möglichst wenig. Unsere Diener heißen Yambalo, Mami, Membami, Metönia. Forrest heißt Membuino, ~~so etwas wie~~ der ~~große~~ Haifisch. Ich Me-lö-mgu (Unser Vater oder Vater Unser) als der Greise + Älteste.

Zählen 5 + 10 mit 1 oder 2 geschlossenen Fäusten, der Daumen eingekniffen, wird 1 Finger aufgehoben, so bedeutet das 4, 2 Finger bedeuten 3. Jeder Zweifel hierüber ausgeschlossen. Faust links + 4 Finger rechts bedeutet 6.

Jedes benutzte Wachszündholz wandelt sofort + in einen Nasenflügel.
// SEITE 71 // Jeder Kerl von kleinsten Bengel zu Greis hat Bogen + Pfeile. ~~Die älteren~~ Alle Knirpse + Alte das linke Handgelenk mit Tapa oder irgend einen Kattunfetzen gegen die Sehne umwunden. Ammoniak Riechsalz riechen lassen auch ein sehr gutes Mittel, sich die Kerle vom Leib zu halten, wenn sie allzu zutraulich werden. Das Leben eines *traders* in Melanesien muß, wenn er nicht die Natur + die Gunst von Forrest hat, schauderhaft sein, nichts als Austauschen von trade gegen copa oder creos. Es ist merkwürdig welches Schlafbedürfniß man hier hat. Da Sonntag schliefen beinahe den ganzen Tag. Nach Frühstück kam Rabut von der Nachbarstation. Spielten harmlosen Poker.

Montag 23. August Den ganzen Vormittag schlafen. Alle aus Bananenbast gewebte Sachen, die Schamgürtel, Taschen usw. werden von den Männern gemacht. Die Weiber arbeiten in den *patches*. *Sea-lawyer* nennt man hier natives die in Queensland oder North Caledonia wegen »who too much sabe.«

Sah Rabut und Menge Natives in ihren *Canoes* abfahren, dann wieder unfähig zu jeglicher Arbeit – beide Beine + d. rechte Arm zweifellos gebrochen. Einzelne Kerle haben hübsche blaue // SKIZZE, S. LINKS // Strichtätowirung von Stirn über Nase, [genannt] »Ndapua«. Den ganzen Tag 90° F.[38] Abends κακ πισ [kak pis] + poker.

Dienstag 24 August Weiber kamen zum Ausroden von Unkraut. Als vor // SEITE 72 // mir sassen, plötzliches Ausreißen derselben als einen (christlichen) Verwandten Daniel sah. Ihre Sippe hätte sonst schwere Strafe zu zahlen. Die Junggesellenhäuser sind lang rechteckig; die Häuser der Verheiratheten rund. Die Kerle freuen sich immer, wenn ich ihre Matten u. s. w. nicht falten kann, da sie mit beiden Händen einzuschlagen beginnen. Merkwürdiger Aberglaube, bzw. Glaube, daß bei Schwangere der Nabel schwillt, wenn sie einen Jungen trägt, daß er kleiner wird, wenn ein Mädchen. Abends Nap.

Mittwoch 25. August Trüb und Regen. Habe etwas Fieber, da dem Schlaf nicht widerstehen kann. Auch der Köter Tayo kotzt den ganzen Tag. Nur Forrest, der Ex-Missionar vergnügt wie immer. Den ganzen Tag 90° + Schlaf.

Donnerstag 26. August Verdammt seien meine Stahlfedern sonst würde das doppelte schreiben. Regen und Regen, d. h. Dunkelheit + schlechte Laune. Die ~~Eingeborenen~~ halten Alles moussirende für kochend + haben merkwürdige Ideen über unseren Geschmack + Magen. Schrieb den ganzen Tag.

Freitag 27. August Etwas besser, aber *vomitus* + kolossalen Durst. Schrieb dito.

Samstag 28. August Die verfluchten Buschhähne an Korallen- oder Holzklötzen krähen den ganzen Tag. Ich esse beinahe gar nichts, schlafe desto mehr. Wenn ich nur das krächzende Zwergpapageienpaar drüben erdrosseln könnte. Heute ists recht ungemüthlich hier. Forrest hat Zahnschmerzen // SEITE 73 // + großem *Schoenmaaksdag*.[39] Kein Platz für Ruhe oder Sitzen. Dabei rieselt es langsam vom Himmel + Alles wird feuchter + schimmeliger. Die Kerle sind zu gar nichts zu brauchen, was man allerdings auch nicht von ihnen verlangen kann. Ratten, Riesen-Spinnen + Krabben.

Prostitution sehr interessant. Kerle niemals ein Wort des Grußes oder Abschieds. Ordnete einigermaßen meine Sammlung + schrieb den ganzen Tag. Kerle oft zwar nicht groß, aber gut gewachsen, zuweilen fett Spleen, d. h. dicker Bauch, an dem in 1–2 Jahren sterben. Weiße Hautflecken an Händen + Füßen. Forrest Morphium. Gingen früh zu Bett, da Forrest krank + wie mehrere Reiher spie.

Sonntag 29. August Sehr schlecht schlafen, heiß + dumpf. Früh aufstehen, kühle Brise. Whisky + Soda mit Forrest. Der Hund heißt merkwürdiger Weise kuli (Maori »kuri«) Mit *trade* zu handeln ist so ne Sache, ich habe £ genug aber Forrest's *trade* geht zu Ende. 2 Weiber, die hierher zum Unkrautausreißen kamen, hatten prachtvolle Fetische, die sie wie babies in ein Tuch gewickelt auf dem Rücken trugen. Körper eine Worcestersauce Flasche, Haare 3 echte Locken, Unmenge Ohrringe, Körper mehrere Gürtel + blaue Perlketten   // SEITE 74 //   rechts + links 8–10 Muschelarmbänder. Alle diese Sachen gehören verschiedenen Personen, die sie nur für den guten Zweck leihen. Fällt die Erndte nacher gut aus, so erhält jeder Yams pro rata seines Beitrags. Aß eine mir neue Frucht Ndé (Da) wie große Wallnuß (aber ohne innere Nußschale). Die grüne Schale wird entfernt, die Frucht entkernt + in Seewasser gewaschen. Schmeckt recht gut wie Kastanie + unreife Aprikosen. Prachtvoll ist das ewige Branden der See.

Das Klima + der höllisch [?]wind, man fühlt oft vollkommen gebrochen. Der junge Bartun kam + wir spielten lange Poker.

Montag 30. August Sklaverei giebt es auf Santa Cruz nicht sofern man nicht Weiberkauf darunter versteht. Der Preis besteht immer in Federgeld. Hühner an Holz + Korallenklötzen.

Sind kaum eßbar, da geschmacklos, höchstens curry. Prostitution: 3–4 oder 10–12 Freunde thun sich zusammen + kaufen ein Kind + sorgen für es bis es erwachsen ist. (Eine erwachsene würde viel mehr kosten) Preis Federgeld. Für einen Einzelnen ist der Preis meist zu hoch. Sobald reif wird sie erst von den Käufern gevögelt + dann gegen Federgeld oder ein Schwein oder for so viel Cocosnüsse ausgeliehen. Das Mädchen selbst bekommt gar nichts, es wird nur gut gefüttert + gekleidet + überhaupt sehr gut behandelt. Der // SEITE 75 // Verdienst wird als Dividende entsprechend dem Beitrag zum Aktienkapital vertheilt. Diese Sitte ist nur dadurch erklärlich, daß Ehebruch + Vögeln von jungen Mädchen sichern Tod bedeutet. Je weniger Verwandte ein zur Hure bestimmtes Mädchen hat, desto billiger ist es. Sie Alle wollen bei dem Verkauf etwas abhaben. Der Besitzer darf sie nicht tödten aber verkaufen. Würde er sie tödten, so würde das ganze Dorf den Betreffenden erschießen, während beim Tödten einer Frau nur die Verwandten Ansprüche erheben. Die gesellschaftliche Stellung der Huren ist vollkommen gleich der der anständigen Weiber, in einem gewissen Grad noch besser, da sie die Clubhäuser betreten dürfen, was für eine Nichthure sichere Tod bedeutet. Dieselbe heißen *Oula odää* = woman man = Männermädchen. Hat ein Dorf + Umgegend die Betreffende genugsam gevögelt + verdient sie nichts mehr, so marschirt sie mit ihren Herrn nach einem andern Städtchen wird dort versteigert. Das ist immer ein Ereigniß, unsere *boys* baten um Urlaub, ich habe der Sache mehrfach beigewohnt. Von dem Geld, für das sie verkauft wird, bekommt die Betreffende wiederum gar nichts, je mehr desto stolzer. Bekommt sie ein Kind, so gehört das Allen, die sie gevögelt, zusammen // SEITE 76 // wenn sie nicht gerade mit Bestimmtheit einen Einzelnen als Vater bezeichnen kann. Die Santa Cruzians sehen Kinder gern; es ist ein Akt reiner Höflichkeit gegenseitig Kinder zu adoptiren. Die Meisten wissen nicht, wer ihr wirklicher Vater ist. Die weiblichen Hurenkinder werden wieder zu demselben Zweck verkauft. Ist es ein Junge, so wird es gelegentlich auch sofort getödtet wie bei Zwillingen immer ein Illing je nach Wahl *he or she*. Adoption findet vielfach vor der Geburt statt.

Im Allgemeinen sind die Kerle über alle Begriffe faul, so lange sie Tabak haben, fällt es ihnen gar nicht ein zu arbeiten. Irgendwelche geistigen Getränke sind ihnen vollkommen unbekannt, dagegen leidenschaftliche Betelkauer.

Die Farbe ist eine Art rothbraun, lange nicht so dunkel wie die Solomons.

Ich fühle mich nicht ganz wohl diesen Morgen. Durst + heißer Kopf. Schrieb zwischen cacao + Frühstück. Dieses <u>ewige Krähen</u> der *native fowls* ist einfach unausstehlich. Hier muß es noch eine Menge unbekannter Vögel geben, außerdem U-hu-hu, schreit einer immer Kira. Jetzt gehe ich baden. Der Tag verging in Ruhe, viel schlafen + den Köter Thayo ärgern. Nach Tisch spielten Poker.

// SEITE 77 // **Dienstag 31. August** Uhr ist keine vorhanden, wenigstens keine gehende + mein Tagebuch bildet den einzigen Kalender. Die verdammten halbwilden Hähne fangen schon gegen 2 Uhr zu brüllen an. Stand früh auf + legte mich eine Zeitlang in die kühle Hängematte. Diese ~~tropischen~~ Morgen sind wunderschön. Gegen 9 kamen Kerle von denen Einen photographirte. Eine Art Grinsen, wenn sie Einen wiedererkennen ist die einzige Art eines Grußes. Haben kein Wort für »Danke«, kommen auch nie in die Lage »Danke« zu sagen, da hier nichts geschenkt wird. ~~sie schenken sich gegenseitig oft Fische oder Tabak, werfen diese aber einfach vor die Füße.~~ Läusessen sehr selten, da 1) kalken 2.) wenn Läuse bekommen, ganz glatt rasiren.

Forrest darf ihnen gegen 50 £ (nach Fidji) weder Schnaps noch rifles verkaufen. Außerdem nicht in seinem Interesse, denn wenn sie Schnaps söffen, würden sie 1.) zu gefährlich 2.) noch fauler als heute + gar keine Copra bringen.

Sie bekommen nach der Geburt einen Namen, der bei der Heirath geändert wird.

1. *teja* 2. *ali* 3. *atu* 4. *apuë* 5. *nawlunu* 6. *ëjame* 7. *älime*
8. *ëtumë* 9. *ëpuema* 10. *napnu* 20 *napnuli* 100 *tëtike*

Forrest hat schon mehrmals angefangen, eine Grammatik der Santa Cruz Sprache zu schreiben, hat es aber immer wieder aufgegeben, da // SEITE 78 // anscheinend die Grammatik nur aus Ausnahmen besteht. Die auf Norfolk Island kompilirte Melanesische Grammatik ist werthlos, ebenso werthlos wie selbstverständlich die vielen Bibelübersetzungen.

Die Fluth kommt oft (je nach dem Mond) heran wie eine Ueberschwemmung.

Oft dauert es 2 Jahre, bevor ein Jüngling seine Auserwählte heirathen kann, da er nicht genügend Federgeld hat. Alle Onkels sind Väter, alle Tanten Mütter, alle Vettern + Kusinen Brüder + Schwestern und Alle wollen etwas abhaben. Kein Jüngling wagt es, den Namen eines Mädchens oder auch einer Frau auszusprechen, auch nicht wenn unter sich im Clubhaus. Würde dort ein Mädchenname aussprechen, so muß der Betreffende der Familie schwere Buße zahlen. Als ich nach dem Namen einer verheirateten Person frug, die etwas für mich abgegeben hatte, drehten sich alle *boys* auf der Verandah herum ohne zu antworten. Es war eben von mir *highly improper* nach dem Namen einer Frau zu fragen. Eine Schwiegermutter darf niemals den Namen eines Schwiegersohns aussprechen. Sie dürfen einander nicht sehen. Wenn sich im Wald treffen + die Schwiegermutter nicht schleunigst verduftet, würde ihr Mann schwer bestraft. // SEITE 79 // Schwäger + Schwägerinnen dürfen mit einander reden, aber nie ihr Namen nennen, auch dürfen sie sich nicht ansehen. Die Frau muß den Rücken kehren oder ihr Gesicht verhüllen.

Sie reden von einander als »die Gewisse«, »der Betreffende« + dgl. Blutschande wird von Allen zusammen mit Erschießen + Verbrennen des Hauses bestraft. Blutschande ist aber hier ein sehr weitgehender Begriff. Alle Verwandten bis ins 3te + 4te Glied sind Blutsverwandte, alle Kusinen sind Schwestern. Die Blutsverwandtschaft wird aus den Furchen der Handfläche bestimmt – also Palmisten. Wenn mich ein Kerl als Bruder annimmt, d.h. mir seinen Schutz + Freundschaft anbietet, werden seine sämtlichen Schwestern, Kusinen, Nichten + Enkelinnen meine Schwestern. Das geringste Techtelmechtel mit Einer derselben würde sichern Tod bedeuten. Man läßt auf Santa Cruz daher am Besten seine Blicke + Finger vom sogenannten schöneren Geschlecht, was es hier ganz entschieden nicht ist.

Verdammter Cheviard. Mein rechter Arm war sicher gebrochen, die Stimmung ungemüthlich hier da fortwährend der Regen. Abend spielten Nap + Poker, wobei fortdauernd verlor. // SEITE 80 //

Mittwoch 1 September Forrest zahlt 1 Stick = 1 Pfeife = 1 Dose Streichhölzer für 10 Kokosnüsse oder entsprechende *copra*, von den Schwarzen geräuchert (im Sommer an der Sonne getrocknet) 7500 Nüsse geben 1 ton *copra*.

Kerle heben Alles mit dickem Zeh auf.

Heute brachten reizende kleine Taube. Das ist die, die den Uhh! Radau ausführt. Man sieht es den Thierchen gar nicht an. Rothe Brust, oben grün + auf dem Kopf eine Zinnoberkappe. Es ist lächerlich, daß die Missionare, die Sprachstudien treiben, nichts thun, als Kapitel aus dem Alten oder Neuen Testament zu übersetzen. Die Bibel ist doch keine Grammatik! Es fällt keinem Einzigen ein, sich mit einem native hinzusetzen + dessen Erzählungen einzuschreiben.

Manche dieser frommen Uebersetzungen werden ein schöner Blödsinn sein.

<u>Kein Kuß</u>, kein Wort dafür.

Immer von Neuem fällt Einem auf, daß alle Kerle mit 1 Bogen + Bündel Pfeile spazieren gehen. Weiber säugen bis wieder schwanger sind, oft 2–3 Jahre. Schweine säugen nur auf den Salomons, Europäer kaufen diese Spanferkel mit Vorliebe. Ist das nicht Menschenfresserei? // SEITE 81 // Beim Aufstehen nicht lecker. <u>Jennings</u> anscheinend krank, vielleicht auch nur faul.

Viele Kerle mit cocos + leider auch viel Regen. Turmeric Wurzel (eine Art *arrow root*) sehr beliebt zum Färben der reizend geflochtenen Taschen + Gürtel sowie der Haut bei den Kindern + Huren.

Ein Kerl hockte genau wie Buddha, <u>fast ganz beliebig</u>, aber sehr gelenkig. Wenn man mit dem Zeigefinger irgendwo hinweist, so verstehen sie das ebensowenig, wie ein Kind oder Hund. Die Sprache erinnert an Französisch. Sie wird sehr rasch gesprochen beim Schluß der Sätze wird die Stimme erhöht. Forrest mischte mir einen köstlichen Sherry Egg Flip. Nach Frühstück furchtbar heißer Wind. Durst unlöschbar, Essen *nihil* [nichts] + Zittern. Nachmittags kam einer der in Queensland gewesen war + bot ein ganz dünnes Moskitonetz, das ihn 6 bol gekostet für 3/ bzw. hier 6 = 60 Stangen Tabak zum Verkaufen. Kam uns sehr gelegen + der Kerl machte auch ein gutes Geschäft, da Tabak in Queensland mehr als doppelt so teuer ist als hier. Einmal brachte ein Kerl ein Opernglas.

Es wurde trotz Wind immer heißer bis 91°40 im Schatten, man // SEITE 82 // kann sich kaum vom Sessel erheben.

Donnerstag 2. September In der Nacht gegen 2 brach ein furchtbares Unwetter aus. Der Sturm brauste mit kolossalem Orkangetöse heran. Glücklicherweise waren wir gegen ihn hin durch Urwald geschützt, fast würden mir doch etwas bange um unser Haus geworden sein. Dann prasselte 2–3 Stunden lang eine Sündfluth herab sonders Gleichen, dazwischen mehrere Donnerschläge + plötzlich begann Tinakula mit einer Kanonade von 18 Minuten in das Konzert einzustimmen. Trank 1 Gl. Regenwasser + war dafür am Morgen *bilious* [widerlich].

Es ist doch merkwürdig, daß diese Kerle nicht auf den Gedanken kommen uns todtzuschießen. Kein Mensch würde es später herausfinden, wenn die Kerle beim Kriegsschiff, das vielleicht in 1 Jahr kommen könnte, sich in den Busch zurückzögen. Wir besitzen ja märchenhafte Schätze für diese Wilden. Und dabei besteht die ins Freie führende Thür meines Schlafzimmers aus einem Kattunvorhang. Meine Sammlungen liegen hier ganz frei + ohne Aufsicht herum. Es ist nur Folge des Respekts, den Forrest den Leuten einflößt. Im Uebrigen sind die Kerle durchaus nicht ehrlich + suchen Forrest täglich beim Cocosverkauf zu betrügen. Sie fangen all- // SEITE 83 // mählich an statt wie früher Nüsse, die hier geröstet werden müßten, Copra in Säcken, die ihnen Forrest liefert, zu bringen. Diese Säcke können nicht mehr als die Copra von 500 Nüssen fassen + wiegen dann ca. 175 Pfund. Nun können die Kerle sagen: Dieser Sack enthält 600 Nüsse, dieser 400 u. s. w. Die Wahrheit läßt sich leicht durch das Gewicht feststellen. Wenn dann der Betrug festgestellt ist, zeigen die Kerle auch nicht eine Spur von Scham oder Verlegenheit; sie entschuldigen sich auch gar nicht. –

Nur die großen *Canoes* haben Segel, die kleinen sind nicht stark genug. Wohl werden dann Kokos + Bananenblätter als Segel benutzt, die man jeden Augenblick wegwerfen kann. Merkwürdig, daß trotz größter Hitze in ihren Schlafhäusern Tag + Nacht ein Feuer brennt. Dient aber als Schutz gegen die Moskitos + da es die Luft + das Haus trocknet, als Desinfektionsmittel.

Heute Morgen nach der Sturmnacht ging nach dem Clubhaus, neben den Copraschuppen + Trockenhaus + da war es, dank einem hellen Feuer ganz gemüthlich. Draußen froren wir im vollsten Sinn des Worts bei 77°,[41] allerdings vor Sonnenaufgang + sehr feucht. Der Page Yambalo streicht zuweilen zärtlich meinen   // SEITE 84 //   Bart wie ein schüchterner Backfisch.[42]

Heirath. Wenn eine Mutter ihren Sohn zu verheirathen wünscht, so hat sie meist schon ein Mädchen, das tüchtig arbeiten kann, ausgesucht. Sie legt dann Abends 2 ~~Kokos~~nüsse + etwas Federgeld vor die Hausthür der Erwählten bzw. deren Eltern. Sind diese am nächsten Morgen verschwunden, so ist der Antrag angenommen, im andern Fall abgelehnt. Im ersteren Fall beginnen dann die langwierigen Unterhandlungen zwischen beiden Familien wegen des endgültigen Kaufpreises. Dem Kerl ist es meist ganz egal, wie die Zukünftige aussieht, ob sie jung oder alt ist.

Elopements sind sehr selten, kommen aber vor. Ist das Paar im *Canoe* verduftet, so muß die Sippe des Kerls sofort jeden von den Angehörigen des Mädchens geforderten Preis zahlen, sonst setzts Pfeile. Dann aber ist die Sache erledigt + das Paar kann zurückkehren. Fighting nur about women + Federmoney. [...]

// SEITE 85 // SKIZZE, S. S. 210 //   In Lume-li-timba
Unser Haus am Granville River. Nord Santa Cruz

1. Mein Schreibtisch
2. Harmonium
3. Mein Bett
4. Feuerstelle

Trotz der Thüren und Fenster ganz dunkel, weil das schwere Dach ringsum beinahe bis zum Boden reicht. Das Haus kostete ca 20 £ (in Trade) und ist schließlich von natives erbaut in 3 Monaten. Der Boden kühl mit Matten aus in einander geflochtenen Kokosblättern. Die Pfosten + Dachbalken Urwaldbäume. Das Dach Sagopalmblätter, ebenso die Wände. Der Rest Bambus + Rattan. Kein Nagel im ganzen Haus. Vorzüglich elastisch bei Erdbeben.   // SEITE 86 //   Die Seitenwände 2 M. der Giebel

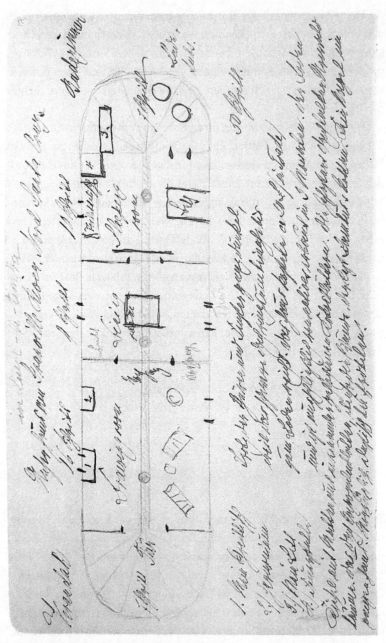

Grundrisszeichnung von Forrests Haus.

5 M. hoch. Im Innern mit Santa Cruz Matten, Waffen u. s. w. sehr hübsch verziert, Menge Photographien von bekannten + unbekannten Schönen + Unmenge Journale + Zeitgen. So lebt der *trader* auf Santa Cruz. Das Essen ist leider schauderhaft. Forrest kocht Alles selbst mit demselben Mehlpapp, der Geruch der recht schlechten Conserven ist mir schauderhaft, F. frißt aber wie 2 Wölfe, daß mir, der ich keine Spur von Hunger hatte, unwohl wurde + aufstand.

Freitag 3. September In der Nacht wiederum ein kolossales Gewitter. Morgens wieder Regen. Ich fühle mich aber besser. Die Moskitos beißen mich beinahe gar nicht mehr, sodaß ohne Netz schlafe, was bedeutend kühler. Forrest hat keine Arbeiter, da die Kerle Alle in ihren Dörfern sind, um die für die nächstjährige Yamsärndte bestimmte Stelle im Urwald, die jedes Jahr gewechselt wird, auszureden. Der Rest der Feldarbeit wird den Weibern überlassen, während die Männer die wunderhübschen Pfeile + Bogen schnitzen + die zarten Bananenfaser Gewebe + Geflechte ausführen.

Von Seelenwanderungsgedanken keine Spur. Totem liegt im Namen; Forrest dürfte keinen Haifisch essen. Gestern frug er einen *boy* nach seinem Namen; der antwortete nicht; ein // SEITE 87 // Anderer nannte ihn. Er durfte ihn selbst nicht aussprechen, weil in seinem Namen auch das Wort Haifisch vorkam. (mbera)

Wenn ein Junge den ersten Schamgürtel bekommt, muß der Vater ein großes Fest geben, mit Haifisch, Schweinen u. s. w. Haifisch ist der größte Leckerbissen. Steinsalz kennen sie nicht, sie waschen aber die Yam in Seewasser + tauchen die gefüllten Blätter dito.

Pottery vollkommen unbekannt, Alles wird nach Südseeart in Bananenblättern zwischen heißen Steinen gebraten + gedämpft. *Merlusch* wie in den Salomons giebt es auf Santa Cruz nicht nur wenige,[43] man nennt hier *Bushmen* auch die Leute von der Südküste, mit dem sie auf ganz gutem freundschaftlichen gegenseitigen Todtschlag Fuß stehn, wie überhaupt unter einander.

Um Träume kümmern sie sich nicht viel. Wenn sie Alpdrücken haben, kommen sie zu Forrest klagen, daß ihnen Nachts ein böser Geist auf dem Bauch sitze. Castoröl vertreibt denselben sofort.[44]

Tabu kann Jeder machen, z. B. seine Cocosbäume + darf dann jeden erschießen, der das Tabu bricht; meist aber versammeln sich d. ältesten Männer auf dem Tanzplatz des Dorfs + proklamiren irgendein *patch* oder dgl. tabu.

Um Sterne kümmern sie nicht viel, kennen sie aber, da sie nach ihnen rudern + segeln. // SEITE 88 // Segelkarten kennen sie nicht.

Menge Kerle mit Bubonen, von Fliegen bedeckt, auf die sie gar nicht achten.[45] Brachten schöne Fische, natürlich zum Verkauf, denn der Melanesier verschenkt nichts, von den Reef Islands.[46] Sie haben hier wie Alle, die copra bringen, freien *board* + *lodging*; es fällt ihnen aber gar nicht ein, selbst zu kochen; sie betrachten sich einfach als Gäste.

Die Weißen hielten sie Anfangs für Geister; sie hielten sie darum fest, damit sie nicht verschwänden.

Beim Tanzen wirken Männer + Weiber zusammen; die Weiber müssen sich aber drücken. Club (Tanzstuben-Tänze) sind sehr selten. Ein solcher hatte kurz vor meiner Ankunft stattgefunden, daher erhielt ich die schönen Stücke, die aber beinahe alle Verletzungen zeigen.[47]

Famos ist die Angst vor dem Terrier Taijo, vor dem sie immer laut schreiend auseinanderstäuben, trotzdem sie ganz gut wissen, daß der Köter nur mit ihnen spielt + ihnen Nichts zu Leide thut.

Vor Sonnenunterg machte kleinen Inspektionsbummel mit Forrest. Weiber brachten (geschälte d. h. von den Faserschale befreite) Nüsse. Es ist kolossal was diese Weiber tragen können; Forrest sagt, bis zu 100 Nüssen. Ich sah bis zu 50 in einem Netz, dessen Band von der Stirn bis zum // SEITE 89 // Hintern reicht + auf dem Kopf noch 20–30. Kein Wunder, daß die Weiber kräftig mit strammen Waden + Beinen sind. Waren ganz junge Personen, chokoladenrothbraun.

Die Leute gehen mit ihren Pfeilen, von denen sie immer mindestens 10 bei sich tragen, gerade so vorsichtig um, wie wir mit geladenen Gewehren.

Kaufte einen schönen sehr seltenen Fetisch Menata, *who looks after the wellfare of the women*. Er ist aber kein Gott, sondern dies Portrait eines Ahnen. Der Name Menata ist ganz gebräuchlich. Die Bemalung = Tätowirung, die bekannt, aber wenig üblich ist. Der Haarzopf sind gewöhnliche

Palm + dgl. Blätter, die sich z. B. beim Fischen zum Schutz gegen d. Sonne in d. Haare stecken. [...]

// SEITE 90 // **Samstag 4. September** Nachts wieder starker Regen, Morgs nur 74°,[48] daß sofort Flanelljacke anzog. Schliefen Alle bis 8 Uhr.

Forrest's Notizen: Wenn eine Frau zum ersten Mal schwanger ist, vertheilt der zukünftige Vater Canary (Candle) Nüsse an beide Familien. Wenn keine Nüsse vorhanden, muß er Haifische auftreiben. Wenn Frau schwanger, darf der Mann keine Kokosnüsse, Candle dito, Yams, Mango, gewisse Fische (Also eigentlich gar nichts) essen, weil dies der Mutter + dem Kind körperlich schaden würde. Bei der Erstgeburt werden gewisse Zeremonien befolgt, eine Geburt ist oft Grund wirklicher Zuneigung bei den Eltern zu einander, die vorher gar nicht vorhanden. Wenn der Frau gewisse Sachen verboten sind (durch Familientotem) darf sie der Mann auch nicht essen, da sie 1 Fleisch + Blut sind.

Taufe: Die Verwandten des Gatten kaufen Haifische, die an die Männer des Dorfs vertheilt werden, der Vater reicht das Kind einem der Aeltesten, der Wasser über dessen Füße gießt und dem Kind einen Namen giebt. Zwillinge werden als unbequem *dispell (too much trouble to look after)* betrachtet + aus dem Wege geschafft, todtgeschlagen, erdrosselt, lebendig begraben,   // SEITE 91 //   oder in die Kothgrube geworfen.

Kinder folgen dem Stamm des Vaters, also patriarchat. In Nefilole (Reef Islands) dagegen Matriarchat. Das sind aber Polynesier.

Adoptirte Kinder folgen dem Stamme der Leute, die sie adoptirten. Die Frau des Mannes, der das Kind adoptirte, redet das Kind mit »Mba« an. Ein Ring wird in Nase oder Ohr der Jungen bei verschiedenen Gelegenheiten geknipst, wobei jedes Mal ein Festmahl Statt findet. Es ist eine Art Auszeichnung für das Kind. Tätowirung ist zuweilen ein Zeichen von Trauer bei Tod zwischen Gatten.

Menstruation. Solche dürfen nicht mit anderen Frauen zusammensitzen; man glaubt, daß die Perioden durch den Mond veranlaßt werden. Die Strafe für Essen verbotener Sachen würde Ausfallen der Zähne (der Betelzähne!). Auseinanderfallen des Körper's Tod bedeuten. Kerle lieben sehr kleine ca 10 cmtr. lange Tritonmuscheln an den Handgelenken. Immer auffallend das Emporschnellen des Kopfs + Stirnrunzeln nach oben beim Bejahen, dagegen keine Bewegung beim Verneinen. Ein Kerl war krank, er bekam 1 *drink pain killer* mit chinin; bevor er trinken konnte, mußte er sein Vorhängeschloß aufheben. Das alte Mährchen vom Zählen an Händen + Füßen, von dem ich nie // SEITE 92 // etwas gesehen, aber viel gelesen, bestätigt sich auch hier nicht. Vom Zählen an den Zehen ist in Santa Cruz nichts bekannt. Im Uebrigen zählen sie ausgezeichnet 1-2-3 u. s. w. oder 5-10-15, oder 10-20 auch mit Leichtigkeit zählen sie bis 100 000. Sie sind überhaupt sehr gerissene Feilscher + Händler, verkaufen Cocos, bekommen dafür Tabak, verkaufen den Tabak gegen Federgeld usw. und Alle versuchen Kapitalisten zu werden, was der Polynesier wohl gar nicht kennt.

Der Tag verging wie gewöhnlich, wenn wir gesund sind, unterhandeln + Schreiben. Nach kurzer Siesta ging mit Forrest nach dem Strand + dann westlich erst ½ Stunde durch den Urwald nach einer anderen schönen Korallenbai, wo mit Tayo, dem Hunde spielten. Das Klettern that mir gut, da ich die Ueberzeugung gewann, daß meine Beine wieder *all right*.

Nach der Rückkehr gingen wieder in unsere Bay + nahmen 1 Seebad. Leider zu warm, daher zu Hause wieder kalte Süßwasserabwaschung. Bald darauf kamen 5 *Canoes* mit *copra*. Famose Santa Cruz Kerle, mit denen sich die Hebriden in keiner Weise messen können, nur ekelhafte Betelschnauzen wie Kuhfotzen.

Wir schossen 1 Hahn, der durch sein Krähen unser Erbfeind geworden war, d. h. ich schoß vorbei + 1 Schwarzer nagelte ihn gegen einen Baum. Die Kerle tragen den oberen Theil ihrer gefährlichen (vergifteten?) Pfeile stets // SEITE 93 // in Palmblätter eingewickelt. (vgl oben geladene Flinten)

Da erschien ein 5ter *Canoe* mit 2 gänzlich verschiedenen Insassen. Sie kamen von den Reef Islands + brachten prachtvolle Fische 2–3 Pfund schwer + deren Schuppen in den herrlichen Schattirungen von roth, blau, violett, hellgrün u. s. w. schillernd. Name Nuniami. Gebraten waren sie etwas trocken. Die beiden waren rein. Polynesier, Farbe, *café au lait*, der Eine mit lockigen, der Andere mit ganz glattem braunschwarzem Haar.

Frug einen ebenfalls strammen Santa Cruz Kerl vor den Anderen nach der Bedeutung der Tätowierung auf seinem linken Oberarm. Er drehte sich um + gab keine Antwort. Er schämte sich ersichtlich über mich; ich war wieder einmal taktlos gewesen. 3 Kerle aus einem benachbarten Dorf mit Bogen + Pfeilen marschirten dem Strand entlang, ohne uns eines Blicks zu würdigen. Hinter ihnen keuchte ein armes, auf Kopf + Hintern schmählich überladenes (mit Yams, Cocos, den Wassercocos) dünnbeiniges, hinkendes, unter der Last scheinbar bei jedem Schritt zusammenbrechendes Weib. Ein Kerl mit starkem schwarzen Vollbart, anscheinend der Gatte, blieb mit dem Rücken nach uns stehen, bis sie vorbei war + dabei mußte die Ärmste noch ihr Ge-   // SEITE 94 //   sicht verhüllen.

Spiele: 1 Art Knicker, indem sie versuchen runde Kiesel in kleine Gruben zu knipsen. Beliebt ist halbirte hohle Kokosschalen mit etwas Sand zu füllen, hierin 1 Canary Nuß zu stecken, diese anzuzünden und diese Schiffchen dann ins Meer auszusetzen + zu versuchen, daß sie heil über die Brandung wegkommen.

Ebenso beliebt wie früher in Hawai ist das Passiren schwerer Brandung auf Schwimmbrettern, die etwa 1 Meter breit + 2 Meter lang, vorn etwas aufwärts gebogen sind. Sie sitzen darin mit lang ausgestreckten Beinen, was der Europäer bekanntlich nicht kann. Da der Strand aber hier meist aus scharfen Korallenfelsen besteht, so können sie sich nicht wie in Hawaii an den Strand schleudern lassen, sondern sie warten, bis der trade vom Land ab

weht + lassen sich dann von der Brandung in die offene See werfen. Merkwürdig ist das Peitschenspiel, das nur einmal im Jahr Statt findet. Bogen + Pfeile müssen dann zu Hause gelassen werden. Auf dem Tanzplatz erscheinen die Jünglinge + jungen Männer Alle mit Peitschen bewaffnet. Stiel ca. ½ Meter Peitsche aus Bast geflochten etwa 2 Meter. Dann beginnt ein allgemeines gegenseitiges   // SEITE 95 //   durchpeitschen bis Rücken, Hintern + Bein mit blutigen Striemen dicht bedeckt sind. Der Gedanke dieser »Spiele« ist mir unbekannt, ich meine aber, von einem ähnlichen Brauch bei einem anderen ~~Volk~~ gelesen zu haben. *Jan's harp* unbekannt; *cat's cradle* erst seit einigen Jahren, wahrscheinlich durch *labour* Kerle eingeführt.[49] [...]

Samstag 5. September Wollten einen Ausflug im *Canoe* machen, doch von Tagesanbruch an strömender Regen, der beinahe ununterbrochen bis 10 Uhr Nachts anhielt. Keine Möglichkeiten vor die Thür zu gehen, dabei müde + gebrochen + außerdem frierend. Wirklich *a miserable quiet sunday*.

Santa Cruz ist an seiner breitesten Stelle, von unserer Mündung des Granville Rivers gerade nach Süden bis C. Mendaña etwa 15 englische Seemeilen (18,52) breit und in seinem größten Durchmesser von C. Boschaven im Südwesten bis C. Byron im Nordosten ca 25 Meilen lang. Das Innere ist nur von 3-4 Buschmendörfern ~~un~~bewohnt, bergig + dicht bewaldet, keine Mücken. Doch behaupten // SEITE 96 // Forrest + ~~Eingeborene~~ zuweilen einen Lichtschein gesehen zu haben. Zahlreiche Flüsse wie unser Granville, die je nach dem Wasserstand in *Canoes* 2-3 Meilen aufwärts schiffbar sind.

Die Missionsstation, 1 Missionar der kein Wort der Sprache kann + 1 Arzt Williams, der fortwährend krank ist, liegt an der Nord-Küste bei Nilua, einige Meilen östlich von hier. –

Meine Haarschneidemaschine Juwel ist kein Juwel, denn jedes mal, wenn ich sie gebrauchen will, ist sie unbrauchbar + pullt.

In ihrer Tasche auf Brust oder Rücken tragen Alle: 1-2 Stöcke, Salat, 1 schmierige ungerauchte Pfeife, 1 *box matches*, 3-4 Areca Nüsse, Betelblätter, die Kalkkalebasse + 1 kleine Perlmuttermuschel zum Auskratzen der hohlgetrunkenen unreifen Cocosnuss. Merkwürdiger Weise legen die Kerle auch hier ebenso wie die Papuas in Port Moresbey gar keinen Werth auf Süßigkeiten nicht einmal Honig. Abends spielten wie gewöhnlich harmlosen poker.

Montag 6. September Merkwürdiger Weise regnet es nicht. Menge Kerle mit Copra. Ich hatte ziemlich viel zu schreiben. Die jährlich in Folge von Influenza, Keuchhusten + Masern abnehmenden Bevölkerung scheiden sich in 12 »nau« = Kasten, totems, ~~Stämme~~, die durchaus nicht etwa zusammen, sondern ganz ge- // SEITE 97 // trennt zerstreut leben, die aber nur unter einander heirathen, weil wiederum Blutschande. Sie unterscheiden + erkennen einander an den Handfurchen, den Zähnen + am

Gesicht. In der Kleidung-Haartracht ist kein Unterschied von anderen »nau« (sprich nau).

1.) nau niöda	
2.) » mbua (Haifisch)	
3.) » mbu	
4.) » mbilla	Fisch
5.) » natu (porpoise)	
6.) » betila (Walfisch)	
7.) » talao (papaya)	
8.) » niaka	Pflanzen, Früchte
9.) » kanalapiti	
10.) » kuli	Hund
11.) » mbo	Taube
12.) » kio	Huhn.

Wenn der totem z. B. »Taube« ist oder »Huhn« oder »Fisch«, so darf nicht essen, sonst Krankheit und Tod. Wenn vegetabilisch darf weder essen noch umhauen

Wenn »Hund« darf der Betreffende keinem Hund etwas von seinem eigenen Essen geben. // SEITE 98 // Unsere Freundin die Wäscherin, die uns stets sehr willkommen ist, trat an. Sie brachte mir wieder Bananen. Allgemein verbreitet in Melanesien ist der Glaube, daß man vom Essen + Trinken grüner Cocosnüsse alle Anzeichen des Trippers bekomme. Einige Kerle haben den Salomonskinnknebelbart. Sie twisten dünne Baststreifen zu Bindfaden, Schann u. s. w. indem auf dem rechten Oberschenkel mit der Maus der rechten Hand + ausgestrecktem Daumen von sich abrollen. Sie schneiden auch meist von sich ab.

Santa Cruzer essen nie Eier trotz der unzähligen zahmen + wilden Hühner, die schon vor Mendaña auf der Insel waren. Daher sie keine Eier halten keine Haushühner. 1 *regular meal* nur Abends vor Sonnenunterg (Yam) Morgens essen sie gelegentlich was sie Abend vorher übrig gelassen, das ist aber meist nicht viel. Sonst essen sie gelegentlich Cocos, Ndé, Krabben + dgl. + vor Allem kauen Betel. Schlafen Morgens gern lang, weil Abends bis tief in die Nacht hinein schwätzen; wenn aber Krieg oder

Jagd oder Geld verdienen in Frage kommt, stehen sie zu jeder Stunde der Nacht auf.

Da Jennings wieder invalide, spielte mit Forrest bis 18 Ecarté.[50]

// SEITE 99 // **Dienstag 7. September** Schlief sehr gut + fühlte mich ungewöhnlich wohl; die Feuchtigkeit knockt Einen down. Albinos häufig. Weiber tragen nie Nasenschmuck, höchstens als nackte Kinder. Bei den Jungens werden die Löcher mit den dünnen spitzen Haarnadeln gebohrt. Wenn eine Frau im Kindbett stirbt, muß der Gatte den Kaufpreis noch einmal bezahlen, weil er Schuld an dem Tod ist. Würde ein Mann seine Frau tödten, so müßte er, abgesehen von *a hell of a row,* Alles berappen, was die andere Sippe verlangen würde. Brennt er durch, so müssen eben seine Verwandten zahlen.

Weiber brachten ausgezeichnete wilde grüne + gelbe Zitronen, deren Saft wir auspreßten + mit Zucker zu *lime juice* einkochten. Haben einen leisen (zarten) Rosengeschmack. Brachten auch 2 Brodfrüchte von Pampelmusgröße. Werden auf offnen Feuer geröstet. Enttäuschten mich sehr, denn trotzdem die verdürrenden Fasern deutlich bleiben, schmeckt das ganze wie ungesalzener Kleister oder Mehlpapp. Abends spielten Ecarté.

Mittwoch 8. September Jennings krank, wir ganz wohl. Wieder traten die Weiber zur Gartenarbeit an. Auch die jungen Mädchen tragen, wenn sie zu uns kommen Schürzen aus tapa. // SEITE 100 // Alle sind im Gesicht d. h. am Kinn, Stirn, unter den Augen + an den Schläfen mit Streifen // SKIZZE. S. RECHTS // blau tätowirt, manche auch auf den Brüsten. Eine Alte hat auch auf dem rechten Oberarm eine Tätowierung die ich auch bei einem Mann bemerkte, sie sieht beinahe aus wie 3 Cocospalmen + auf den Brüsten 2 schöne Jerusalemer Orden vom Heiligen Grab. Auch unter diesen Weibern wieder eine Reef-Polynesierin, auch Betelmaul, aber viel heller + verhältnißmäßig hübscher als die hiesigen Scheusäler – Augen ohne Ruhe im Hause bei der Siesta, nur unterbrochen durch das Rasseln + Huschen von Eidechsen, braune Ratten + großen harmlosen Spinnen. Leider wieder beinahe den ganzen Tag Regen. Spielte mit Forrest bis 12 Ecarté tranken zuviel Gin, rauchte zuviel.

Oben Zeichnung des Tattoomusters, unten Grundriss des Yams-Felds.

Donnerstag 9. September Die Regenzeit soll nur 4 Wochen dauern, dann müßte sie in wenigen Tagen vorbei sein. Heute waren wir Alle nicht lecker; Wetter feucht + fieberig.

// SKIZZE, S. S. 219 // Die Yam *patches* sind von lebenden Hecken umgeben, die Abtheilungen der einzelnen Familien durch kleine Gräben. Die Hecken heißen *natande*, die Gräben *nilande*. In der Bibelübersetzung haben die Missionare Ersteres Wort für Capitel letzteres für Vers gewählt!   // SEITE 101 //   Bei Forrest starb im vorigen Jahr ein junger deutscher Leichtenberg, dessen Vater am Norddeutschen Lloyd betheiligt + in Florenz leben soll. Vorm Frühstück bekamen alle 3 Fieber. Kotzen + ague. Komisch ist, daß der Köter Tayo immer gleichzeitig mit uns krank wird.

Der *vomitus* ist nie ein Genuß, auch nicht wenn *matutiaux*,[51] wenn der aber bis 4 pm. anhält, dann ist der Genuß ein sehr fraglicher. Sobald in Schweiß kam wurde etw. besser bei kühler Brise. Ärgerte mich über Viechkerl von Schwarzen, der mir grinsend zusah wenn würgte + sich dazu behaglich vor mich auf den Boden setzte. Heute war unten im Casino wieder reges Leben 28–30 Kerle, denn Reef-Islands hatte eine Hure zur Auktion gebracht. Sie wurde von der *jeunesse dorée* unseres Dorfs erstanden. Aß etwas Suppe aber heute kein ecarté.

Freitag 10. September ca. 1 Dutzend Kerle vom südlichen Rande der Big Bay (Graciosa Bay auf der Karte) kamen mit Cocos. Prachtvolle Gestalten, sehr dunkel. Mehrere mit Kinnbärten. Erklärten sich merkwürdiger Weise bereit, natürlich gegen eine Vergütung im Garten zu arbeiten. Bei sich zu Hause würden sie das selbstverständlich nicht thun. Te-motu (the islands) ist Trevanion Island der Karte. Ungefähr im Zentrum von Santa Cruz kreuzen sich der 165.55 östliche Längengrad   // SEITE 102 //   + der 10.45 südliche Breite. Wieder Besichtigung der Reef Islands, die ihre Sau losgeworden. Ihre Haare ca. 2 Zoll lang + sorgfältig beinahe kokett ausgekämmt. Einer hatte die Seinen von der Stirn zum Nacken halb flachsgelb halb fuchsigbraun gefärbt, was recht gut aussah. Viele zerrissene Ohrlappen. Kinder haben oft nur eine kleine Raupe vom Nacken zur Stirn, oben in einem fuchsigen Büschel endend.

Anmerkungen

EINLEITUNG

1 Wilhelm Joest, *Tätowiren, Narbenzeichnen und Körperbemalen. Ein Beitrag zur vergleichenden Ethnologie*, Berlin 1887, S. 46.
2 Die Originalseitenzahlen sind direkt im Fließtext eingefügt, etwa als // SEITE 1 //; die Seitenangaben beziehen sich jeweils auf die Folgeseite.
3 Michel-Rolph Trouillot, *Silencing the Past: Power and the Production of History*, Boston 2015 [1995].

KAPITEL 1 | 1879, PATIALA

1 Eventuell bezieht Iwala Singh sich hier auf eine Ilahi-Rupie des Mogulreichs.
2 Malerkotla war wie Patiala bis 1948 ein unabhängiger Prinzlicher Staat in Indien.
3 Ein Mohur war eine Goldmünze, die von verschiedenen Staaten in Indien geprägt wurde. Ein Mohur entsprach 15 Silberrupien.
4 Der Text wurde ursprünglich im Jahr 1880 in der Zeitschrift *Die Gegenwart* veröffentlicht, die hier vorliegende Version entspricht der überarbeiteten Textfassung aus den *Welt-Fahrten* von 1895: Wilhelm Joest, »Ein Besuch bei dem Maharadscha von Patiala«, in: *Die Gegenwart* 3-4 (1880), S. 41-60, und Wilhelm Joest, *Welt-Fahrten. Beiträge zur Länder- und Völkerkunde*, Bd. 2, Berlin 1895, S. 3-38.
5 Vgl. Benedict Anderson, *Imagined Communities. Reflections on the Origin and Spread of Nationalism*, London, New York 2006 [1983], S. 151.
6 Vgl. Edward W. Said, *Orientalismus*, Berlin 2009 [1978].
7 »Patagonier« bezeichnet hier einen indigenen Einwohner Patagoniens, der Südspitze Amerikas.
8 Die heutigen Stadtnamen sind Vadodara, Jaipur, Allahabad, Kanpur, Lakhnau, Agra, Delhi, Varanasi und Kolkata.
9 Als »Großmogul« wurde in Europa der Herrscher des Mogulreichs bezeichnet, das seit dem 16. Jahrhundert große Teile Indiens beherrschte. In der Hofsprache Persisch wurde der Herrscher »Padischah« genannt. Dieser Titel entspricht eigentlich dem westlichen »Kaiser«.
10 Als »Brahmanen« bezeichnet man Angehörige der obersten Klasse im indischen Kastensystem. Traditionell übten sie den Priesterberuf aus.
11 »Bajadere« ist ein exotisierender orientalistisch-europäischer Begriff für indische Tänzerinnen.
12 »Nawab« war im Indien des 19. Jahrhunderts der Titel eines muslimischen, »Maharadscha« der eines hinduistischen Herrschers.
13 Joest bezieht sich hier auf das Unternehmen von Thomas Cook (1808-1892), dem britischen Begründer des Pauschaltourismus.
14 »Coupé« bezeichnet hier ein Eisenbahnabteil.
15 Joests Tagebücher und seine veröffentlichten Texte zeugen alle von seiner exzessiven Angst davor, betrogen zu werden. Diese Angst wurzelt in seiner rassistischen Wahrnehmung aller Menschen of Color als betrügerisch.
16 Joest verurteilt hier eine offensichtlich rassistische Sprache, um sich von den

von ihm verachteten Touristen abzugrenzen. An anderer Stelle und vor allem in seinem Tagebuch benutzt er aber selbst offen rassistische Begriffe. Der hier verwendete Begriff wird in seinem historischen Kontext voll wiedergegeben, sollte aber in Gegenwartstexten nur zensiert oder gar nicht verwendet werden. Um dies auch visuell zu verdeutlichen, werden die entsprechenden Begriffe durchgestrichen. Wir orientieren uns dabei an Susan Arndt, *Rassistisches Erbe. Wie wir mit der kolonialen Vergangenheit unserer Sprache umgehen*, Berlin 2022.

17 Albert Edward, Prince of Wales (1841–1910), nach seiner Krönung Edward VII., war unter der Regentschaft Königin Victorias der britische Thronfolger. Seine Indienreise 1875/76 erregte seinerzeit große Aufmerksamkeit und ebnete den Weg für die Krönung seiner Mutter zur Kaiserin von Indien.

18 Valentine Cameron Prinsep (1838–1904) war ein britischer Maler und Schriftsteller. Das hier von Joest zitierte Buch ist *Imperial India: an Artist's Journal* von 1879.

19 Nach der Niederschlagung der Indischen Rebellion 1857 wurde der letzte Mogulherrscher und Kaiser von Indien, Bahadur Shah II. (1775–1862) abgesetzt und verbannt. Die britische Herrschaft über Indien ging von der East India Company auf den britischen Staat über. Nachdem die East India Company 1874 endgültig aufgelöst worden war, wurde Königin Victoria der Titel »Kaiserin von Indien« angeboten, den sie annahm und der ihr auf dem Delhi Durbar von 1877 offiziell verliehen wurde.

20 »Ew.«, von dem veralteten »Ewer«, steht bei Anreden für »Euer, eure«.

21 Die Rotton Row war im 19. Jahrhundert eine bei der Londoner Oberschicht beliebte Reit- und Spazierstrecke im Hyde Park. Strand Road oder »The Strand« war ein ähnlich genutzte Straße entlang des Ganges.

22 Im Jahr 1878, kurz vor der Veröffentlichung dieses Texts, hatte Hsinbyumashin (1821–1900), eine der Königinnen von Burma, bis zu 100 mögliche Thronfolger ermorden lassen, um die Machtübernahme durch Prinz Thibaw Min (1859–1916) und ihrer Töchter, Prinzessin Supayagyi (1854–1912) und Prinzessin Supayalat (1859–1925), zu sichern. Joest schrieb seinen zweiten Artikel »Beim König von Birma« über seinen Besuch am Hofe Thibaws.

23 Robert Bulwer-Lytton, 1. Earl of Lytton (1831–1891) war von 1876 bis 1880 Generalgouverneur und Vizekönig von Indien und unterhielt unter anderem eine Residenz in Kolkata.

24 Mir Muhammad Nasir Khan Talpur war von 1841 bis 1843 der letzte Herrscher von Sindh. Nach der Niederlage gegen die Briten musste er sein restliches Leben im Exil in Kolkata verbringen.

25 Wajid Ali Shah (1822–1887) war der letzte König von Oudh, der 1856 durch die East India Company wegen angeblicher Misswirtschaft abgesetzt wurde. Er unterstützte 1857 die Indische Rebellion und wurde nach deren Niederschlagung ins Exil nach Kolkata verbannt. Er wird heute in Indien vor allem als Mäzen indischer Musik und Tanz erinnert.

26 Joest bezieht sich hier wahrscheinlich auf Carl Louis Schwendler (1838–1882), Mitgründer und erster Direktor des Zoos in Kolkata. Ob dieser tatsächlich von Tigern angegriffen wurde, ist nicht überliefert.

27 Sourindra Mohun Tagore (1840–1914) war ein bengalischer Musikwissenschaftler aus der einflussreichen Tagore-Familie. Er gründete unter anderem die

Bengal Music School und die Bengal Academy of Music.
28 Harbans Singh (1846–1900) war ein Sikh-Fürst in Lahore.
29 Als Solitär wird ein einzelner eingefasster Diamant an einem Schmuckstück bezeichnet, oft an einem Ring.
30 Sir Samuel James Browne (1824–1901) war ein britischer Generalleutnant während des Zweiten Anglo-Afghanischen Kriegs und zur Zeit von Joests Besuch der Kommandant im besetzten Dschalalabad.
31 Heute Peschawar und Ali Masjid in Pakistan und Dschalalabad in Afghanistan.
32 Joest bezieht sich hier auf den Zweiten Anglo-Afghanischen Krieg von 1878 bis 1880. Um seine Vormachtstellung gegenüber dem russischen Zarenreich zu behaupten, besetzte Großbritannien Afghanistan und installierte erfolgreich einen loyalen Herrscher in Kabul.
33 Die Afridi sind ein paschtunischer Stamm, der während des Anglo-Afghanischen Kriegs an der Seite des afghanischen Emirats kämpfte.
34 Joest nahm tatsächlich an einer Ausgrabung teil, jedoch nur als Gast des indischen Archäologen Joseph David Beglar (1845–1907), der im Auftrag des britischen Generalmajors Sir Alexander Cunningham (1814–1893) Ausgrabungen im afghanischen Chaiber-Pass durchführte. In der Sammlung des Ethnologischen Museums Berlin befindet sich ein Gipsabguss des von Joest gefundenen Kopfes.
35 Pierre Louis Napoleon Cavagnari (1841–1879) war ein italienisch-britischer Major. Er wurde kurz nach seinem Treffen mit Joest in Kabul von Aufständischen ermordet.
36 Das entspricht heute ca. 12,3 Millionen Euro.

37 Mohinder Singh (1852–1876) war von 1862 bis zu seinem Tod der Herrscher Patialas. Er setzte die Strategie seines Vaters einer engen Bindung an Großbritannien zur Sicherung der Unabhängigkeit Patialas fort.
38 Die Rajputana Agency und der Punjab waren Verwaltungseinheiten im Britischen Empire. Sie entsprechen ungefähr den heutigen indischen Staaten Rajasthan und Punjab sowie der pakistanischen Provinz Punjab.
39 Der Sikhismus ist eine aus dem 15. Jahrhundert stammende monotheistische Religion, deren Anhänger vor allem im Nordwesten Indiens leben. Der Sikhismus war die Staatsreligion Patialas.
40 »Peg« bezeichnet in Indien eine Einheit Alkohol, meist 3 cl. Der Begriff wird tatsächlich oft in Verbindung mit dem Namen Patiala als »Patiala Peg«, eine besonders große Einheit Alkohol, verwendet.
41 Prinz Mirza Jahangir (1776–1821) war Thronfolger der Moguldynastie in Indien. Er wurde jedoch nach einem Angriff auf den britischen Residenten verbannt und durch Bahadur Shah ersetzt. Infolge dessen wurde er alkoholabhängig und verstarb 1821 mit nur 45 Jahren.
42 Das entspricht heute ca. 47 Millionen Euro.
43 Der vollständige Name und die Herkunft von »Dr. Skeen« sind unbekannt.
44 Tatsächlich handelte es sich um ein wichtiges Privileg Patialas, dass nach dem Tod des Maharadschas nicht die Briten, sondern ein unabhängiger Ministerrat die Regierungsgeschäfte übernahm.
45 Heute Rajpura, eine Stadt ca. 30 km nordöstlich von Patiala, im Bundesstaat Punjab gelegen. Anders als Patiala war sie zur Zeit von Joests Aufenthalt bereits an die Zugverbindung zwischen Lahore und Delhi angeschlossen.

46 Es ist unklar, auf wen genau Joest sich hier bezieht.

47 Dieser Satz zeigt, wie Joests Beobachtungen oft funktionieren: Er nimmt den Geruch eines Gewürzes wahr und geht entsprechend seiner Vorannahmen direkt davon aus, dass es zur Maskierung von Alkohol dient, wodurch er sich wiederum in seiner Vorannahme bestätigt fühlt.

48 Fakire sind muslimische Sufi-Asketen, die oft absichtlich in materieller Armut leben, um spirituelle Erleuchtung zu erlangen. Joest scheint hier aber grundsätzliche alle in Armut lebenden Menschen in Patiala abwertend als »Fakire« zu bezeichnen.

49 Dieser Abschnitt zeigt, dass sich Rassismus nicht nur über das Aussehen definiert, sondern auch andere Sinneswahrnehmungen mit einbezieht, die in das rassistische Weltbild eingefügt werden und es stabilisieren. Vgl. Andrew Kettler, *The Smell of Slavery. Olfactory Racism and the Atlantic World*, Cambridge 2020.

50 Als Montierungsstücke wurden im 19. Jahrhundert die Ausrüstung und Uniform von Soldaten bezeichnet.

51 Das entspricht heute ca. 1,4 Millionen Euro. Es ist unklar, ob der Brunnen tatsächlich auf der Weltausstellung 1873 in Wien zu sehen war, da er im Katalog nicht geführt wird. Auf jeden Fall aber kaufte Mohinder Singh einen ähnlichen Kristall-Brunnen der Britischen Firma F. & C. Osler, der heute noch in Patiala zu sehen ist.

52 Durbar bezeichnet sowohl die Thronhalle am Hof indischer Herrscher als auch die Versammlung des fürstlichen Hofstaats. Bekannt wurde der Begriff in Europa durch den Delhi Durbar von 1877, bei dem die Briten Königin Victoria als Kaiserin von Indien proklamierten.

53 Das entspricht heute ca. 50 Millionen Euro.

54 Als Rivière bezeichnet man die Fassung mehrerer Diamanten entlang einer Linie.

55 Eugénie de Montijo (1826–1920) war die Ehefrau Napoleons III. und letzte Kaiserin Frankreichs. Nach der französischen Niederlage im Deutsch-Französischen Krieg lebte sie ab 1870 im Exil.

56 Das entspricht heute ca. 10,5 Millionen Euro.

57 Ein Chassepot ist ein französisches Zündnadelgewehr.

58 Eine Mitrailleuse ist ein Vorläufer des Maschinengewehrs. Mehrere Läufe sitzen auf einer Lafette, müssen aber noch individuell geladen werden.

59 Nimrod ist in der Bibel der erste König der Menschheit und wird als »gewaltiger Jäger vor dem Herrn« beschrieben. Entsprechend der studentischen Sprache des 19. Jahrhunderts verwendet Joest das Wort hier scherzhaft für Jäger.

60 Temür ibn Taraghai Baslas (1336–1405), in Europa auch bekannt unter dem Namen Tamerlan, war ein turkomongolischer Herrscher Samarkands. Er eroberte unter anderem Delhi, deshalb bringt ihn Joest hier mit den Waffen des Maharadschas in Verbindung.

61 Damaskus- oder Damaszenerstahl ist ein im Nahen Osten und in Indien hergestellter Stahl mit einer charakteristischen wellenförmigen Maserung. Er gilt als besonders hochwertig und widerstandsfähig.

62 Es ist unklar, worauf genau Joest sich hier bezieht, gemeint ist offenbar eine Art Spielzeugschwert für Kinder.

63 »Velociped« ist ein veraltetes Wort für Fahrrad, eigentlich die Überkategorie für alle körperkraftbetriebenen Fortbewegungsmittel mit Rädern.

64 »Necessaire« bezeichnet eigentlich einen kleinen Beutel oder Kasten zur Aufbewahrung von Körperpflegeartikeln, zum Beispiel während Reisen. Mit dem Begriff »Monster-Necessaire« möchte Joest hier wahrscheinlich herausstreichen, dass die Sammlung des Fürsten keineswegs klein, sondern im Gegenteil riesig war.
65 Das entspricht heute ca. 1 Million Euro.
66 »Tiffin«, von dem umgangssprachlichen englischen »tiffing«, einen Drink zu sich nehmen, bezeichnet in Teilen Indiens entweder das Mittagessen oder einen leichten Snack zwischen den Mahlzeiten.
67 Kalesche bezeichnet ein leichte Reisekutsche.
68 Rajinder Singh (1872–1900) war der Herrscher Patialas und weltweit bekannt für seinen extravaganten Lebensstil. Er starb 1900 infolge eines Reitunfalls.
69 Die preußische Hymne »Heil dir im Siegerkranz« teilt eine Melodie mit der britischen Hymne »God save the Queen« (sowie mit verschiedenen anderen monarchischen Hymnen).
70 Khalifa Sayyid Muhammad Hasan Khan Bahadur war Premierminister und Mitglied des Regierungsrats von Patiala.
71 Deva Singh (1834–1890) war eine patialischer Beamter und Mitglied des Regierungsrats, allerdings im Unterschied zu Joests Beschreibung als Finanzminister.
72 Joest hatte als Mitglied der Studentenverbindung Guestphalia in Heidelberg an Duellen teilgenommen und trug Schmissnarben im Gesicht.
73 Heute Ambala, eine Stadt 50 km östlich von Patiala.

KAPITEL 2 | 1880, SULAWESI

1 Wilhelm Joest, *Tagebuch X*, S. 129.
2 16. Januar 1880, ebd., S. 122.
3 Wilhelm Joest, *Das Holontalo. Glossar und Grammatische Skizze*, Berlin 1883.
4 Joest, »Die Minahassa«, S. 122.
5 Ebd., S. 202.
6 Ebd., S. 211.
7 Ebd., S. 194.
8 Ebd., S. 197.
9 Ebd., S. 188.
10 »Minahasa«, bei Joest »Minahassa«, hat zwei Bedeutungen: Es bezeichnet zum einen die gesamte Nordhalbinsel Sulawesis, zum anderen ist es auch der Name einer kleineren Verwaltungseinheit im Nordosten jener Halbinsel.
11 Dies ist ein Nachdruck aus Band 2 seiner dreiteiligen *Welt-Fahrten*-Reihe: Wilhelm Joest, »Die Minahassa (Nord-Celébes)«, in: ders., *Welt-Fahrten. Beiträge zur Länder- und Völkerkunde*, Bd. 2, Berlin 1895, S. 179–223. Erstveröffentlichung: »Die Minahassa«, in: *Revue Coloniale Internationale* 2 (1886), S. 102–125.
12 Wilhelm Joest bezieht sich auf seine Reise 1879–1881 durch Südostasien, China, Japan und Russland. Im Rahmen dieser Reise war er mehrfach auf der Halbinsel Minahasa im Norden des indonesischen Archipels Sulawesi: 14.1.–2.2. und 13.–19.3.1880.
13 Er bezieht sich auf die Vulkane und Geysire der Region.
14 Zwei Ethnien in verschiedenen Regionen Sulawesis. Gorontalo ist eine Stadt an der Südküste von Minahasa.
15 Als Joest auf Sulawesi ist, ist es eine holländische Kolonie.
16 »Mutterland«, »erziehen«: Joest nutzt hier eine gängige rassistische Metapher europäischer Kolonialmächte: Menschen ohne europäische Abstammung seien

demnach wie »Kinder« – ein Narrativ, das vieles zugleich abdeckt: eine Hierarchie, eine Abhängigkeitsbeziehung, den Glauben an Entwicklungsstufen.
17 Die alte Bezeichnung für Sulawesi.
18 Manado liegt an der Nordwestspitze von Minahasa. Heute ist sie Hauptstadt der Provinz Sulawesi Utara.
19 Im Original ist das Wort »Quadrat« in »Quadratkilometer« in Form eines Zeichens dargestellt: einem kleinen Quadrat.
20 Heute: Taiwan.
21 Joest meint das Erdbeben vom 20. Juli 1880.
22 Bezeichnung für den schwefelhaltigen Wasserdampf, der von Geysiren ausströmt.
23 Um 1600 begann der Einfluss Hollands auf Sulawesi, wohl ausgehend von der Handelsstadt Makassar. Gegen 1657/1660 kontrollierten die Holländer Nord-Sulawesi.
24 Wilhelm Joest schrieb seine Doktorarbeit über eine der Sprachen, das Holontalo, gesprochen von den Menschen, die in der Region Gorontalo rund um die Südostküste der Halbinsel wohnen. Wilhelm Joest, *Das Holontalo. Glossar und Grammatische Skizze. Ein Beitrag zur Kenntnis der Sprachen von Celebes*, Berlin 1883.
25 Vereenigde Oostindische Compagnie, VOC.
26 Menschen einzuteilen in »zivilisiert« und »unzivilisiert« entspricht der europäischen Perspektive dieser Zeit auf die Welt: Europa verkörperte die »Zivilisation« der »Kulturvölker«; jenseits Europas lebten »unzivilisierte« »Naturvölker«. Dahinter steckt der Glaube an eine evolutionäre Entwicklung, wonach Menschen verschiedenen »Rassen« auf verschiedenen Entwicklungsstufen angehören.

27 Hier wiederholt sich die europäische Überzeugung, selbst »Kulturvolk« zu sein, wohingegen nichteuropäische Gemeinschaften auf der Stufe eines »Naturvolks« stünden; wobei Bastian etwa »Indien« und »Ostasien« höher bewertete – und die entsprechenden Sammlungen im Berliner Museum für Völkerkunde explizit im Obergeschoss einquartierte.
28 Eine Stadt an der Nordostküste von Minahasa.
29 Vermutlich bezieht sich Wilhelm Joest hier auf Eindrücke seiner Reise durch Südamerika 1876/77.
30 Hier wiederholt sich die These der vermeintlich notwendigen »Erziehung«, kombiniert mit dem Stereotyp, Menschen ohne europäische Herkunft seien »faul«. Die Idee, dass es andere Formen von Selbstunterhalt gibt, etwa saisonale Subsistenzwirtschaft, entspricht nicht Joests Blick auf die Welt.
31 Umgangssprachliche Bezeichnung für Zylinder; entstanden im Zuge des Wiener Oktoberaufstandes 1848, als Studenten statt des republikanischen »Heckerhuts« (nach dem Revolutionär Friedrich Hecker) den als bürgerlich geltenden Zylinder aufsetzten.
32 Bundesstaat in Brasilien.
33 Heute: Taiwan.
34 Vgl. S. 70/217.
35 Der blutige Angriffskrieg der Niederlande gegen das unabhängige Sultanat Aceh an der Nordspitze Sumatras begann 1873. Die Niederländer konnten den Krieg erst 1913 und unter hohen Verlusten für sich entscheiden.
36 Diese Formulierung entspricht dem Vokabular jener Zeit.
37 »hoofd« zu deutsch: »Kopf«.
38 »fl« steht als Währung für »Florentiner Gulden«.

39 Auch bekannt als »Pecul«: ein Gewichtsmaß.
40 Das entspricht heute ca. 23,27 Millionen Euro.
41 Mit »f« ist die Währungseinheit Florentiner Gulden gemeint.
42 Als »Fosso« werden auf der Nordhalbinsel Sulawesis Feste bezeichnet, mit denen Lebenspunkte gefeiert werden und die als Ritual gelten. Vgl. Jan S. Aritonang, Karel Steenbrink, »How Christianity Obtained a Central Position in Minahasa Culture and Society«, in: dies. (Hg.), *A History of Christianity in Indonesia*, Leiden, Boston 2008, S. 419–454.
43 Palmzucker.
44 Eine Art von Bürgerwehr in Holland.
45 Die beiden Deutschen Riedel und Schwarz kamen zwischen 1830 und 1832 im Auftrag der Niederländischen Missionsgesellschaft Nederlands Zendelinggenootschap nach Minahasa als erste permanente Missionare. Ihre Ankunft gilt als der Beginn der Christianisierung der Region. Der Missionar Nicolaus Philipp Wilken kam einige Jahre später nach, wohl bis Mitte der 1840er. Vgl. A. C. Lopez, *Conversion and Colonialism: Islam and Christianity in North Sulawesi, c. 1700–1900*, Leiden 2018, S. 52 ff.; Jan S. Aritonang, Karel A. Steenbrink, *A History of Christianity in Indonesia*, Leiden 2008, S. 42.
46 »Wild«, »Köpfejagen«, »waschen«, »kämmen«, »schreiben«: Wilhelm Joest zeigt auch hier wieder den gängigen rassistischen, darwinistischen Blick auf Menschen ohne europäische Vorfahren: überzeugt von unterschiedlichen Entwicklungsstufen und damit von europäischstämmigen »Kulturvölkern« und »Naturvölkern« jenseits Europas.
47 Erneut ein Beispiel dafür, wie sich die rassistische Perspektive auf die Welt jenseits der vermeintlichen »Kulturvölker« Europas in der Metapher rund um Eltern, Kinder und Erziehung niederschlägt, in der obendrein »Despotismus« positiv konnotiert ist.
48 Joest bezieht sich hier auf Neu-Guinea (»Kaiser-Wilhelm-Land«) sowie den sogenannten Bismarck-Archipel, die seit Mai 1885 »mit einem Schutzbrief versehen« sind, also zu den deutschen Kolonien, sogenannten Deutschen Schutzgebieten gehören.
49 Das Buch, in dem dieses Kapitel veröffentlicht ist, erschien 1895. Joest bezieht sich hier offenbar auf die 1830er Jahre und den Beginn der Missionsstation und damit die Christianisierung Nord-Sulawesis.

KAPITEL 3 | 1881. JAPAN

1 Lindor Serruier (1846–1901) war ein niederländischer Anthropologe. Ab 1881 war er Direktor am Rijksmuseum voor Volkenkunde in Leiden.
2 Johannes Dietrich Eduard Schmeltz (1839–1909) war Ethnologe und Zoologe und arbeitete ab 1882 als Kustos am Rijksmuseum voor Volkenkunde in Leiden; ab 1897 als Direktor. Joest stand über viele Jahre in regem Kontakt mit dem gebürtigen Hamburger, weil Schmeltz obendrein die Fachzeitschrift *Internationales Archiv für Ethnographie* herausgab, in der Joest regelmäßig veröffentlichte.
3 Wilhelm Joest an Eduard Schmeltz, 11. Juli 1893.
4 Japanisch »rin« steht für »Klingeln«: Frauen verwenden *rin-no-tama* in der Regel paarweise als Vaginalkugeln für das eigene Lustempfinden.
5 Wilhelm Joest an Eduard Schmeltz, 8. November 1888.
6 Wilhelm Joest an Eduard Schmeltz, 9. Februar 1893.

7 Vgl. Hermann Heinrich Ploss, Max Bartels, *Das Weib in der Natur- und Völkerkunde: Anthropologische Studien*, Leipzig 1897 [1885]; Havelock Ellis, »Auto-Erotism. A Psychological Study«, in: *The Alienist & Neurologist* 19 (1898), S. 260–299; Havelock Ellis, *The Evolution of Modesty; The Phenomena of Sexual Periodicity; Auto-Erotism*, Studies in the Psychology of Sex 1, Philadelphia 1910 [1900], S. 168; Friedrich Solomon Krauss, *Japanisches Geschlechtsleben*, Leipzig 1931.
8 Wilhelm Joest, *Das Holontalo. Glossar und Grammatische Skizze*, Berlin 1883.
9 Wilhelm Joest, *Aus Japan nach Deutschland durch Sibirien*, Köln 1882.
10 Wilhelm Joest, *Um Afrika*, Köln 1885.
11 Wilhelm Joest, *Tätowiren, Narbenzeichnen und Körperbemalen. Ein Beitrag zur vergleichenden Ethnologie*, Berlin 1887.
12 Vgl. Neil L. Whitehead, »Post-Human Anthropology«, in: *Identities: Global Studies in Culture and Power* 16 (2009), S. 1–32; Neil L. Whitehead, Peter Sigal, Zeb Tortorici (Hg.), *Ethnopornography. Sexuality, Colonialism, and Archival Knowledge*, Durham 2020.
13 Hier bezieht sich Joest auf seine zweieinhalb Jahre dauernde Reise durch Asien, die ihn auf dem Rückweg durch Russland führte.
14 Blagowieschtschensk (russisch: Благовещенск, chinesisch: 海兰泡) ist eine Grenzstadt am Fluss Amur, im Südosten des heutigen Russlands gelegen.
15 Hier zitiert Joest aus dem Buch, das er über diese Reise von 1879 bis 1881 veröffentlicht hat: *Aus Japan nach Deutschland durch Sibirien* war so erfolgreich, dass mehrere Auflagen gedruckt wurden.
16 Henry Landsell (1841–1919) war als Priester der Church of England auch als Missionar unterwegs, vor allem in Zentralasien und Sibirien. Sein zweibändiges Werk *Through Siberia* erschien 1882.

17 Dt.: »Wenn ihnen langweilig ist, haben sie gerne ein paar Bälle in der Hand, die sie mit den Fingern hin und her rollen, und so damit spielen; vermutlich aus dem gleichen Grund, wieso Türken Perlen in der Hand haben. Eine dieser Kugeln war aus chinesischer Jade.« (Übersetzung Hg.)
18 Die deutsche Version dieser Sammlungskultur ist das »Kuriositätenkabinett«, häufig Vorläufer von ethnologischen Museen, die im 19. Jahrhundert entstanden.
19 Dt.: »Klingelnde Kugel«.
20 Abb. S. 80.
21 Dt.: »Golden«.
22 Schmeltz bezieht sich auf den Bestandskatalog des »Kabinet van Zeldzaamheden«, aus dem er hier zitiert: Die Objekte direkt vor und hinter den Kugeln in der Liste sind ebenfalls »chinesischen Ursprungs«.
23 Dt.: »Hohle Kugel aus gelbem Kupfer, in der ein rasselnder Gegenstand steckt.«
24 Wilhelm Hein (1861–1904) war ein österreichischer Sprachforscher, Volkskundler und Ethnologe mit Schwerpunkt Orientalistik. Zum Zeitpunkt der Korrespondenz war er entweder Volontär oder wissenschaftlicher Hilfsarbeiter (ab 1889) am naturhistorischen Hofmuseum in Wien.
25 Der Habsburger Ferdinand II. von Tirol (1529–1595) war Erzherzog von Österreich und ab 1563 Landesfürst Tirols.
26 Heute ist die Hafenstadt Tschifu unter dem chinesischen Namen Yantai bekannt. Sie liegt in der Provinz Shandong an der Westküste des Gelben Meeres.
27 Der Mediziner Wenzel Svoboda war ab 1886 als Schiffsarzt auf einer Expedition in Ostasien unterwegs. Die »Sammlung Svoboda« ging in den Bestand des Museums für Völker-

ANMERKUNGEN

kunde (heute »Weltmuseum Wien«) in Wien über.

28 Maximilian August Scipio von Brandt (1835–1920) war ein deutscher Diplomat. Von 1875 bis 1893 war er kaiserlich-deutscher Gesandter in China.

29 Arthur Baessler (1857–1907) war ein deutscher Ethnologe. Ihn und Joest verband eine jahrzehntelange Freundschaft. Baessler veröffentlichte in seinem Buch *Neue Südsee-Bilder* (1900) mit »Wilhelm Joest's letzte Weltfahrt« ein ganzes Kapitel über ihn: ein sanft redigierter Auszug aus Joests letztem Tagebuch vor seinem Tod in der Südsee 1897.

30 Die Gattung »echinococcus« ist bekannt als Bandwurm.

31 Wilhelm Joest war im Zuge seiner Asienreise (1879–1881) auch mehrere Monate in Japan unterwegs: Von Mitte November 1880 bis Anfang Juni 1881 reist er zuerst entlang der Handelsroute Tokaido und hält sich dann vor allem in Yokohama und Tokio auf. Von Mitte April an macht er für einen Monat einen Abstecher nach Hokkaido zu den Ainu.

32 Joest verwendet in seinen Tagebüchern und Publikationen verschiedene rassistische Begriffe aus der »rassenkundlichen« Anthropologie, teils deskriptiv, teils explizit als Herabwürdigung. Die hier verwendeten Begriffe werden in ihrem historischen Kontext wiedergegeben, sollten aber in Gegenwartstexten nur zensiert oder gar nicht verwendet werden. Um dies auch visuell zu verdeutlichen, werden die entsprechenden Begriffe durchgestrichen. Wir orientieren uns dabei an Susan Arndt, *Rassistisches Erbe. Wie wir mit der kolonialen Vergangenheit unserer Sprache umgehen*, Berlin 2022.

33 Eine »Vestalin« ist eine (von insgesamt sechs) Priesterin der Vesta, der römischen Göttin des Feuers. Dass Joest hier auf sie verweist, hängt wohl damit zusammen, dass Frauen schon im Kindesalter auf diesen Posten kamen und unverheiratet blieben.

34 Die Aufgaben und Rollen von Geishas waren schon immer vielfältig. Sie sind bis heute häufig mit dem falschen Stereotyp der Prostitution verbunden.

35 Dt.: »um die Lust des Mannes zu steigern«.

36 Dt.: »Ein Mittel der sinnlichen Japaner ist (auch) in China eingeführt worden. Es besteht aus zwei gleich großen Hohlkugeln aus dünnem Messingblech; diese Kugeln sind manchmal golden. Eine ist absolut leer (?), in der anderen ist eine Kugel, die ein paar Linien [franz. Maßeinheit, Anm. d. Hg.] kleiner ist als die Kugel selbst, die wir durch Schütteln perfekt wahrnehmen. Letztere wird ›das Männchen‹ genannt; wenn Sie es auf einen Tisch stellen, wackelt es und erzeugt ein besonderes Geräusch, das durch das Rollen der im Hohlraum verborgenen Kugel entsteht. Wenn man die beiden Kugeln nebeneinander in der Hand hält, erlebt man eine Art Zittern, das sich bei der kleinsten Bewegung wiederholt. Dieses kleine Zittern, der leichte, aber langanhaltende Ruck ist die Freude japanischer und chinesischer Damen. So verwenden sie diese Instrumente: Sie führen zuerst die hohle Kugel in die Vagina ein, dann die andere Kugel, sodass sie die erste berührt. So bringt die geringste Bewegung der Oberschenkel, des Beckens oder sogar die geringste Anschwellung der äußeren Fortpflanzungsorgane die beiden Bälle ins Spiel und sorgt für einen Kitzel, der beliebig verlängert werden kann. Diese Kugeln gibt es in verschiedenen Größen; aber nicht größer als ein großes Taubenei.« (Übersetzung Hg.)

37 Wilhelm Grube (1855–1908) war ein deutscher Sprachwissenschaftler, Ethnologe und Sinologe.
38 Nephrit ist ein Mineral, das mit Jade verwandt ist.
39 Alexander von Humboldt (1769–1859) war ein deutscher Naturwissenschaftler und Forschungsreisender.
40 Der Begriff »wampum« ist eine Abkürzung des Algonquin-Worts »wampumpeag«: So bezeichneten die First Nations Schnüre mit aufgefädelten weißen Muscheln. Sie dienten als Tauschware und Geld.
41 »Quipu« ist die Quechua/Inka-Bezeichnung für eine Schnur mit Knoten: Es diente als Zähl-Mittel.
42 Franz Theodor Waitz (1821–1864) war ein deutscher Anthropologe.
43 Bekannt als »Bodhibaum« oder »Buddha-Feige«.
44 Tespih, auch Tesbih (türkisch), Tasbih (persisch).
45 Auslassungen im Original.
46 Im Jahr 1888 war Wilhelm Joest in der Türkei, auch in der Stadt Brussa (Bursa) südlich des Marmarameers.
47 Joest bezieht sich mit dem Begriff auf die damals gängige, von Adolf Bastian vertretene These, es gebe »Kulturvölker« und »Naturvölker«. Bastian schreibt: »Für ethnologische Forschungen« gehe es darum, den »homo« »in der charakteristischen Färbung [zu betrachten], die ihm seine geographische Provinz verleiht (während wieder das aus der Herrschaft dieser befreite Culturvolk nicht länger der Ethnologie, sondern der Geschichte, und also der historischen Behandlung, angehört)«. Und weiter: »Auch bei dem Volke, das (noch auf den untersten Stufen im vollen Banne der Natur liegt, ist bereits eine gewisse Kunstfertigkeit vorhanden, ohne welche der hülflos in's Leben gesetzte Mensch überhaupt nicht zu exisitieren vermag.« Adolf Bastian, »Allgemeine Begriffe der Ethnologie«, in: Georg von Neumayer, *Anleitung zum wissenschaftlichen Beobachten auf Reisen*, Berlin 1875, S. 526.
48 Otto Finsch (1839–1917) war ein deutscher Forschungsreisender, Zoologe und Ethnograf.
49 Jakob Eduard Polak (1818–1891) war ein österreichischer Arzt, Forschungsreisender und Leibarzt des Schahs von Persien.
50 Ein Etikette-Ritual: Gäste schreiten bei einem Fest vor Königin, Kaiser und dergleichen vorbei, sie defilieren.
51 Antoine Gibus, französischer Modist. Er gilt als Erfinder des Chapeau Claque, des faltbaren Zylinders – auch »Gibus« genannt.
52 »La panacée« (franz.), das Allheilmittel.
53 Ein vormenschlicher Primat, gehört zur Gattung der Menschenaffen.
54 Er meint damit modisch gekleidete Männer.
55 Der Moment, auf den Joest hier verweist, ereignete sich, als die Gallier Rom eroberten: Die Stadtältesten, die Konsuln, Priester wollten die Stadt nicht verlassen, sie blieben auf ihren Sesseln und Thronen, Amtsstäbe in der Hand. Darunter auch der Senator Manlius Papirius. Als ein Gallier nach seinem Bart greift und diesen streichelt, holt Papirius aus und schlägt ihn mit seinem Stab. Daraufhin zieht der Gallier sein Schwert und ersticht den Senator. Vgl. Titus Livius: *Ab Urbe Condita*, 5.41.
56 Ein rassistischer Begriff, der etymologisch auf das arabische »kafir«, »Ungläubiger« zurückgeht. In Joests Zeit bezieht sich das Wort auf Bantu sprechende Menschen im südlichen Afrika.

57 Wenn deutsche Ethnologen des 19. Jahrhunderts das Wort »Kanake« benutzen, meinen sie Menschen aus Neu-Kaledonien.

KAPITEL 4 | 1883/84, AFRIKA

1 Wilhelm Joest, »Reise in Afrika im Jahre 1883/34«, in: *Zeitschrift für Ethnologie*, Separatabdruck (1885), S. 1–16. Der Text erschien später überarbeitet in den *Welt-Fahrten* unter dem Titel »Reisen in Süd- und Ost-Afrika«, der hier vorliegende Text ist aber das Original von 1885.
2 Wilhelm Joest, *Um Afrika*, Köln 1885.
3 Vgl. Andreas Eckert, »Die Berliner Afrika-Konferenz (1884/85)«, in: Jürgen Zimmerer (Hg.), *Kein Platz an der Sonne. Erinnerungsorte der deutschen Kolonialgeschichte*, Frankfurt a. M. 2013, S. 137–149.
4 Der erste Franko-Hova-Krieg (1883–1886) war ein Angriffskrieg Frankreichs gegen das unabhängige Königreich Madagaskar und endete 1886 mit der Niederlage Madagaskars und der Annektierung der Stadt Antsiranana durch Frankreich.
5 Der Zehnjährige Krieg (1868–1878) war der erste von drei Unabhängigkeitskriegen, die die kubanische Elite gegen die Kolonialmacht Spanien führte und die schließlich 1902 in der Unabhängigkeit Kubas von Spanien resultierten.
6 Joest bezieht sich hier auf den Zweiten Anglo-Afghanischen Krieg von 1878 bis 1880. Um seine Vormachtstellung gegenüber dem russischen Zarenreich zu behaupten, besetzte Großbritannien Afghanistan und installierte erfolgreich einen loyalen Herrscher in Kabul. Es handelte sich dabei aber klar um einen Angriffskrieg und nicht, wie Joest schreibt, um »Schutz«.

7 Portugal versuchte in der zweiten Hälfte des 19. Jahrhunderts seine bis dahin nur schwache Kontrolle über die Kolonie Osttimor zu festigen, was zu einer Reihe von Rebellionen führte. Joest bezieht sich wahrscheinlich auf den Krieg Portugals gegen die Königreiche Cowa und Balibo (1868–1881).
8 Im Jahr 1873 begannen die Niederlande einen blutigen Angriffskrieg gegen das unabhängige Sultanat Aceh an der Nordspitze Sumatras. Die Niederländer konnten den Krieg erst 1912 und unter hohen Verlusten für sich entscheiden.
9 In Südafrika waren die britischen Kolonialtruppen immer wieder mit Widerstand konfrontiert, den sie gewaltsam niederschlugen. Der größte dieser Konflikte war der Anglo-Zulu-Krieg 1879.
10 Zum Zeitpunkt der Veröffentlichung versuchte Frankreich gerade Nordvietnam, oder Tonkin, zu erobern und stieß dort auch nach dem offiziellen Sieg 1886 auf anhaltenden Widerstand.
11 Die von Joest gezogene Linie läuft heute ungefähr von Lüderitz in Südnamibia über Johannesburg nach Eswatini.
12 Joest meint hier die Vereinigten Staaten.
13 Damals war die Insel Saparua Teil der Kolonie Niederländisch-Indien, heute ist sie Teil von Indonesien.
14 »Orang« bedeutet auf Indonesisch und Malaiisch »Mensch«, Joests rassistische Aussage bezieht sich also wahrscheinlich nicht auf Orang-Utans. Die Begegnung mit Mutzenbecher notierte Joest auch in seinem Tagebuch, machte aber keine Angaben, warum er ausgerechnet auf Saparua einem Schwarzen Menschen mit deutschem Namen begegnet ist.
15 Angra Pequena ist der portugiesische Name für die Lüderitzbucht, die erste deutsche Ansiedlung in Namibia, aus der 1884 die Kolonie Deutsch-Südwestafrika

hervorging. Das »Spuken« des Namens durch die deutschen Zeitungen ist der einzige Verweis Joests auf die deutschen Kolonien in Afrika, die kurz vor der Veröffentlichung des Vortrags gegründet worden waren. Joests Ablehnung zeigt sich in dieser Nichtnennung genauso wie in der Verwendung des portugiesischen anstelle des deutschen Namens.

16 Joest bezieht sich hier auf das Landesinnere Afrikas, in das verschiedene »Afrikareisende« oft mit großen bewaffneten Expeditionen vorzudringen versuchten. Entgegen dem rassistischen Topos vom »dunklen Kontinent« war Zentralafrika sehr wohl bereits politisch organisiert und nichtweißen Akteuren längst bekannt. Die afrikanischen Herrscher versuchten aber, das Eindringen weißer Akteure zu verhindern. Daher glichen die »Forschungsexpeditionen« oft eher kleinen Invasionsarmeen.

17 Henry Morton Stanley (1841–1904) war ein walisisch-amerikanischer Forschungsreisender und Imperialist. Er unternahm mehrere Expeditionen in Zentralafrika, unter anderem zur Findung des Missionars David Livingstone (1813–1873). Stanley unterstützte den belgischen König Leopold II. (1835–1909) bei der Errichtung des Kongo-Freistaats, dessen grausamer Ausbeutungspolitik zwischen 5 und 13 Millionen Menschen zum Opfer fielen, und war bereits im 19. Jahrhundert für sein brutales Vorgehen gegen Afrikaner*innen bekannt.

18 Pierre Savorgnan de Brazza (1852–1905) war ein italienisch-französischer Forschungsreisender und Namensgeber von Brazzaville, Hauptstadt der Republik Kongo. Sein Erbe ist heute im Kongo umstritten: Während der Name der Hauptstadt auch nach der Kolonialzeit beibehalten wurde und Brazza dort heute mit einem großen Mausoleum geehrt wird, sehen viele ihn vor allem als Imperialisten.

19 David Livingstone (1813–1873) war ein schottischer Missionar und Arzt in Zentralafrika. Er war ein Gegner des arabischen Sklavenhandels in Ostafrika und setzte sich deshalb für die europäische Kolonisierung ganz Afrikas ein.

20 Gustav Theodor Fritsch (1838–1927) war ein deutscher Anatom und Anthropologe. Er reiste von 1863 bis 1866 durch Südafrika und publizierte verschiedene anthropologische Studien über die »Eingeborenen Süd-Afrikas«.

21 Joest verwendet in seinen Tagebüchern und Publikationen verschiedene rassistische Begriffe aus der »rassenkundlichen« Anthropologie, teils deskriptiv, teils explizit als Herabwürdigung. Die hier verwendeten Begriffe werden in ihrem historischen Kontext wiedergegeben, sollten aber in Gegenwartstexten nur zensiert oder gar nicht verwendet werden. Um dies auch visuell zu verdeutlichen, werden die entsprechenden Begriffe durchgestrichen. Wir orientieren uns dabei an Susan Arndt, *Rassistisches Erbe. Wie wir mit der kolonialen Vergangenheit unserer Sprache umgehen*, Berlin 2022.

22 Kirris (khoisan für Stab, Stock), oft auch auf Afrikaans als »knobkieries« oder isiZulu als »induku« bezeichnet, sind geschnitzte Holzstäbe mit ausgeprägtem Kopf. Sie wurden in Süd- und Ostafrika als Schlag- und Wurfwaffen, vor allem aber als Ritual- und Prestigeobjekte genutzt.

23 Attila (ca. 406–453) war ein hunnischer Feldherr und Gegner Roms. Seine Figur war Inhalt verschiedener Sagen und Legenden. Unter anderem soll er vor der Schlacht auf den Katalaunischen Feldern ein Knochenorakel über den Ausgang der Schacht befragt haben, das ihm die Niederlage prophezeite.

24 Der Ursprung des Wortes ist nach wie vor nicht geklärt. Es findet heute weltweite Verwendung für die von den Südafrikanern Eric Mowbray Merrifield und Aubrey Kruger entwickelten Beton-Wellenbrecher, die den an den ursprünglichen Dollossen verwendeten Knochen ähneln.

25 Joest unterscheidet hier, wie Ende des 19. Jahrhunderts üblich, zwischen »Ethnologie«, der Erforschung menschlicher Kultur, und »Anthropologie«, der »rassenkundlichen« Erforschung menschlicher Körper. Beide Wissenschaftszweige waren Teil der rassistischen Ideologie des Imperialismus.

26 Als »Siboko« werden bei verschiedenen südafrikanischen Gruppen genutzte Tierzeichen genannt, die den Namen und die soziale Rolle einer Person anzeigten.

27 Dass die hier beschriebene Konfusion über die »Rassenzugehörigkeit« tatsächlich in der Nichtexistenz biologischer »Rassen« begründet liegt, scheint Joest nicht einmal zu erwägen.

28 Der Oranje-Freistaat war von 1854 bis 1902 eine unabhängige Republik der niederländischstämmigen Buren. Im Zweiten Burenkrieg (1899–1902) besiegte Großbritannien den Freistaat und gliederte ihn in die Kolonie Südafrika ein.

29 »Betschuanen« bzw. Batswana bezeichnet eine Reihe von Setswana sprechenden Gemeinschaften im heutigen Botswana, Südafrika, Simbabwe und Namibia. Im Staat Botswana, der auf das britische Protektorat Bechuanaland zurückgeht, bilden die Batswana die Gesellschaftsmehrheit.

30 Die Setswana sprechenden Barolong bilden eine eigene politische Gemeinschaft, die sich auf die Abstammung von König Morolong, der im 12. Jahrhundert gelebt haben soll, beruft. Sie leben in und um die Stadt Thaba Nchu, die sie im 19. Jahrhundert infolge der Vertreibung aus ihrem ursprünglichen Territorium neu gegründet hatten.

31 Joest verweist hier u. a. auf seinen Text »Bei den Barolong«, der auch in der Sammlung *Welt-Fahrten* wiederveröffentlicht wurde. Vgl. Wilhelm Joest, »Bei den Barolong«, in: *Das Ausland* 24 (1884), S. 461–465.

32 Tshipinare (?–1884) war zwischen 1880 und 1884 der König der Barolong. Er hatte sich entgegen der Thronfolge die Macht gesichert und den eigentlichen Thronanwärter Samuel Lehulere Moroka (?–1932) in die Verbannung geschickt. 1884 gelang es Moroka mit einer kleinen Gruppe Verbündeter, Tshipinares Haus zu umstellen und den König nach mehrstündiger Belagerung zu erschießen.

33 Moroka II. (1795–1880) war König der Barolong und verantwortlich für deren Flucht in das Einflussgebiet der Basotho sowie für die Gründung von Thaba Nchu.

34 »Basuto« bzw. Basotho bezeichnet eine Reihe von Sesotho sprechenden Gruppen in Lesotho, Südafrika, Botswana und Eswatini. Die modernen Basotho gehen auf das politische Wirken von König Moshoeshoe I. (1786–1870) zurück, der die verschiedenen Sotho- und Tswana-Gruppen vereinte.

35 Das entspricht heute ca. einer halben Milliarde Euro.

36 Das entspricht heute ca. 2,3 Millionen Euro.

37 Masopha (ca. 1820–1898) war ein Chief der Basotho und einer der wichtigsten Anführer des Widerstands gegen die Briten, vor allem während der erfolgreichen Basutoland-Rebellion (1880/81). Infolge seines militärischen Erfolgs konnte Basutoland zur Kronkolonie auf-

steigen und seine Unabhängigkeit von Südafrika wahren.
38 Heute Thaba Bosiu in Lesotho.
39 Fumigation oder Begasung ist ein Prozess der Schädlingsbekämpfung, bei dem der zu reinigende Raum vollständig mit Gas gefüllt wird, oft mithilfe eines Zelts. Fumigation ist eigentlich nicht zur Anwendung an Menschen gedacht. In der hier von Joest beschriebenen Praxis drückt sich die rassistische Entmenschlichung der Schwarzen Südafrikaner*innen aus. Rassismus und (angebliche) Hygienemaßnahmen bedingten sich in den Kolonien oft gegenseitig.
40 »Mosuto«, oder Mosotho, ist die Einzahl von Basotho.
41 Der Versuch der Entwaffnung der Basotho war der Auslöser der Basutoland-Rebellion, die daher auch als Basuto Gun War bekannt ist. Infolge der Niederlage Großbritanniens konnten die Basotho ihre Waffen behalten.
42 Das entspricht heute ca. 1000 Euro.
43 Bernhard Otto Kellner (1836–1918) war ein deutscher Arzt in Bloemfontein, Mitgründer des National Hospitals und später für neun Jahre Bürgermeister der Stadt. Joests Text zeigt, dass Kellner in den Handel mit Schädeln unklarer Herkunft verwickelt war.
44 Joest bezieht sich hier auf Rudolf Virchow (1821–1902), Mitbegründer der deutschen Anthropologie und Vorsitzender der Berliner Gesellschaft für Anthropologie, Ethnologie und Urgeschichte. Virchow legte in Berlin eine riesige Schädelsammlung an, inklusive vieler Schädel aus Gewaltkontexten.
45 Britisch-Kaffraria war eine britische Kolonie in der Ciskei-Region, dem Heimatland der Xhosa. Das Gebiet wurde 1847 zur Kronkolonie erklärt und 1866 in die Kapkolonie eingegliedert.

46 Die beiden Namen der Spender tauchen auch in Joests Tagebuch auf, es bleibt aber unklar, auf wen Joest sich bezieht und woher seine Objekte stammen.
47 Das Königreich Mpondo war ein unabhängiger Staat in Südafrika und Heimat der amaMpondo. Nachdem deutsche Siedler 1885 vergeblich versucht hatten, dort eine Kolonie zu gründen, wurde das Königreich 1894 von Großbritannien für die Kapkolonie annektiert.
48 Shaka kaSenzangakhona (1787–1828) war von 1816 bis zu seinem Tod König der Zulu und expandierte in einer Reihe von blutigen Kriegen das Zulureich. Er ist berühmt für seine militärischen Innovationen, unter anderem für die Umwandlung von Wurf- in Stoßspeere.
49 Assegai sind Wurf- oder Stoßspeere, die vor allem im südlichen Afrika genutzt werden.
50 Das N'utsche war im 19. Jahrhundert ein Kleidungsstück für Männer aus Südostafrika. Es besteht aus einer Kapsel, die über den Penis gezogen wird, und einem langen Schmuckband, welches in den Gürtel gesteckt werden kann.
51 San ist eine Sammelbezeichnung für verschiedene Bevölkerungsgruppen im Süden und Südwesten Afrikas. Sie waren in der Kolonialzeit besonders von Rassismus betroffen und wurden mit dem von Joest verwendeten rassistischen Begriff bezeichnet.
52 Joest bezieht sich hier wahrscheinlich auf Conally Orpen, einen weißen Farmer, der verschiedene Zeichnungen von den Wandmalereien in der Nähe von Smithfield anfertigte. Die Zeichnungen werden heute im Nationalmuseum Südafrikas aufbewahrt.
53 Wilhelm Bleek (1827–1875) war ein deutscher Linguist und erforschte verschiedene südafrikanische Sprachen.

Eines seiner wichtigsten Werke war eine Sammlung von Märchen der San.

54 Niederländisches Schimpfwort: »Betrug«, »Beschiss«.

55 Die von Joest erzählte Anekdote spiegelt den Rassismus gegenüber den San wider. Das Bild der apathischen Schicksalsergebenheit, das Joest zeichnet, ist aber unzutreffend; der Widerstand der San war substanziell.

56 Dingane ka Senzangakhona (ca. 1795–1840) war nach dem Mord an seinem Halbbruder Shaka König der Zulu. Er führte einen erfolgreichen Angriffskrieg gegen die weißen Buren, wurde aber schlussendlich von seinem Halbbruder Mpande ka Senzangakhona (1798–1872) mit Unterstützung der Buren vertrieben und starb auf der Flucht.

57 Cetshwayo kaMpande (ca. 1826–1884) war der Sohn Mpandes und der letzte souveräne König von Zululand. Nach anfänglichen militärischen Erfolgen gegen die Briten wurde er schlussendlich 1879 geschlagen und konnte nur unter Verzicht auf jegliche politische Macht nach Zululand zurückkehren.

58 Joest erwähnt diese Geschichte in verschiedenen Publikationen, nicht aber in seinem sonst sehr vollständigen Tagebuch. Nicht zuletzt in Anbetracht der Bedeutung Shakas klingt die Behauptung Joests, er habe dessen Grab geplündert, sehr unwahrscheinlich. Die Anekdote scheint eher darauf ausgerichtet zu sein, die Bedeutung des von Joest entwendeten Schädels zu erhöhen.

59 John Dunn (1834–1895) war ein südafrikanischer Siedler, der lange Zeit bei den Zulu lebte und in die Position eines Chief aufstieg. Er war ein enger Berater Cetshwayos, wechselte aber im Zulukrieg auf die Seite der Briten und konnte so in der Nachkriegsordnung von Zululand großen Einfluss gewinnen.

60 Das entspricht heute ca. 300 Euro.

61 Das entspricht heute ca. 2100 Euro.

62 Der Ring, der klar aus einem kolonialen Gewaltkontext stammt, ist heute nicht mehr in der Datenbank des Berliner Museums für Ethnologie zu finden.

63 »Dacha«, heute oft Dagga, ist ein südafrikanischer Begriff für Cannabis.

64 Joest meint hier Toilette im Sinne des 19. Jahrhunderts, also den (weiblichen) Schmuck und Intimkleidung. Die Beschreibung zeigt, wie unter dem kolonialen Blick Women of Color immer wieder sexualisiert wurden.

65 Das entspricht heute ca. 360 Euro.

66 Die von Joest erwähnten Ringe, sog. Manillas, sind Bronzeringe, die vor allem von den Portugiesen als Zahlungsmittel im Sklavenhandel verwendet wurden und danach in verschiedenen Teilen Afrikas auch als Währung für andere Transaktionen im Umlauf waren, insbesondere in Westafrika. Das Gerücht über den Gebrauch von menschlichem Fett kursiert in verschiedenen Quellen, sein Wahrheitsgehalt ist aber zweifelhaft.

67 Die Episode zeigt, dass Joest bereit war, Objekte unter Anwendung von Betrug oder Gewalt in seinen Besitz zu bringen und dies mit einem Verweis auf seine Rolle als Wissenschaftler zu legitimieren. Die Tatsache, dass Joest diese Anekdote veröffentlicht, zeigt auch, dass ein solches Verhalten in Europa toleriert oder sogar wertgeschätzt wurde. Das Halsband befindet sich heute mit der Objektnummer III D 1061 in der Sammlung des Ethnologischen Museums in Berlin.

68 Das Bild eines gierigen Königs, der sich von den Briten versorgen lässt, verkehrt hier die Tatsache, dass das britische Empire Zululand durch einen ungerechtfertigten Angriffskrieg annektiert hatte.

69 Dabulamanzi kaMpande (1839–1886) war ein Heerführer der Zulu und Halbbruder Cetshwayos. Entgegen Joests Beschreibung nahm Dabulamanzi zwar an der Schlacht von Isandhlwana teil, hatte aber nicht das Kommando inne.

70 Die Schlacht von Isandhlwana am 22. Januar 1879 war die erste Schlacht des Zulukriegs. Ntshingwayo Khoza (1809–1883) konnte den Briten eine vernichtende Niederlage zufügen, bei der 1300 Soldaten der britischen Truppen aufgerieben wurden.

71 8 bzw. 2 Fuß entsprechen 2,4 bzw. 0,6 Metern.

72 Heute Mahlabatini in Südafrika.

73 Zibhebhu kaMaphitha Zulu (1841–1904) war ein inDuna oder Chief der Zulu und versuchte nach Cetshwayos Niederlage im Anglo-Zulukrieg sein eigenes Königreich zu errichten. Es gelang ihm, Cetshwayo zu töten, schlussendlich aber wurde er von dessen Sohn Dinuzulu kaCetshwayo (1868–1913) besiegt.

74 Joest übertreibt hier vermutlich stark oder beruft sich auf Gerüchte. Tatsächlich wurden in der Geschichte der Zulu verschiedentlich Frauen öffentlich hingerichtet, jedoch vor allem in der Zeit nach dem Tod von Shakas Mutter Nandi Bhebhe (ca. 1760–1827).

75 Auch hier erfindet Joest die Provenienz eines Objekts, um es wertvoller erscheinen zu lassen. Tatsächlich erhielt er die Schnupftabakdose von einem Herr Gardner in Verulam, der ihm versicherte, sie sei die Tabakdose König Mpandes gewesen. Das Objekt befindet sich heute mit der Objektnummer 88596 im Museum Fünf Kontinente in München.

76 Heute Maputo-Bucht in Mosambik.

77 Joest verwechselt oft den Widerstand der Kolonisierten gegen seine Anweisungen mit Unfähigkeit. Das scheint auch hier der Fall gewesen zu sein.

78 Hier zeigt sich Joests Bild eines vermeintlich »guten Kolonialismus«, der von klaren Hierarchien zwischen weißen Kolonisatoren und Schwarzen Kolonisierten geprägt ist.

79 Sakalava bezeichnet verschiedene Bevölkerungsgruppen im Westen und Nordwesten Madagaskars, die vor der Einverleibung in das Königreich Madagaskar in einem eigenen Königreich lebten.

80 Henry E. O'Neill (1848–1925) war ein britischer Militär und Forschungsreisender in Mosambik.

81 Joest meint hier die Küstenstadt Mosambik im gleichnamigen Land.

82 Makua bezeichnet verschiedene Bevölkerungsgruppen im Norden von Mosambik und im Süden Tansanias.

83 Eigentlich Ibo, ebenfalls in Mosambik.

84 Heute Kilwa Kisiwani in Tansania.

85 John Kirk (1832–1922) war ein schottischer Arzt, Forschungsreisender und Diplomat. Er begleitete David Livingston (1813–1873) zum Nyassa-See in Ostafrika und setzte sich später auf Sansibar für das Verbot des Sklavenhandels ein.

86 Nyamwezi ist eine Fremdbezeichnung für eine Reihe von Bevölkerungsgruppen in Zentralafrika. Mirambo (ca. 1840–1884) begründete als Heerführer in der zweiten Hälfte des 19. Jahrhunderts ein großes Reich auf dem Gebiet der Nyamwezi.

87 Georges Révoil (1852–1894) war ein französischer Afrikaforscher und Sammler. Er bereiste vor allem das heutige Somalia und publizierte dazu mehrere Reiseberichte.

88 Henry Johnston (1858–1927) war ein britischer Afrikaforscher und Kolonialbeamter. Er spielte eine zentrale Rolle in der

Aufteilung und Eroberung Zentralafrikas durch die europäischen Kolonialmächte.
89 Die Massai sind eine Bevölkerungsgruppe im heutigen südlichen Kenia und nördlichen Tansania.
90 Joest spielt hier auf die schwarz-weiß-rote Flagge des deutschen Kaiserreichs an.
91 Die Kamba sind eine Bevölkerungsgruppe im heutigen Kenia, vor allem in ihrem ursprünglichen Territorium Ukambani.
92 Heute Shela auf der Insel Lamu, Kenia.
93 Alexandre de Serpa Pinto (1846–1900) war ein portugiesischer Afrikaforscher und Kolonialbeamter. Er diente als Militär in der Kolonie Mosambik und unternahm verschiedene bewaffnete Expeditionen ins Inland.
94 Die Griqua waren eine Konföderation verschiedener Gruppen, die aus der Vermischung von niederländischen Kolonisten und südafrikanischen Frauen hervorgegangen waren. Sie kontrollierten die Grenze jenseits der britischen Kapkolonie. Nach dem Fund von Diamanten in West-Griqualand kam es zum Konflikt zwischen Großbritannien und den burischen Republiken Oranje-Freistaat und Transvaal. In dieser Situation entschied sich der einflussreichste Griqua-Clan der Waterboers für eine Allianz mit Großbritannien, jedoch eher aus politischem Kalkül und zum Schutz des eigenen Einflusses als für ein paar Flaschen Alkohol.
95 Galvanisiertes Eisenblech ist mit einer Zinkschicht überzogen, die es vor Rost schützt. Solche Bleche sind vergleichsweise günstige Baumaterialien und werden noch heute oft in Slums verwendet.
96 Joest bezieht sich hier auf den rapiden Wertverlust der in Kimberley ansässigen Diamantenunternehmen ab 1873. Er beschreibt den »Krach« und seine Konsequenzen später im Text ausführlicher.
97 Das entspricht heute ca. 20 Euro.
98 Das entspricht heute ca. 12 Millionen Euro.
99 Die Levante bezeichnet den östlichen Mittelmeerraum, damals unter der Kontrolle des Osmanischen Reichs und Ursprung vieler Migrationsbewegungen in Kolonien weltweit, auch nach Südafrika. Joest hatte eine rassistisch-abwertende Perspektive auf die für ihn homogene »levantinische Kultur«.
100 Joest bezieht sich hier wahrscheinlich auf die in der illustrierten Zeitschrift *Die Gartenlaube* veröffentlichten Listen mit Vermissten, insbesondere von deutschen Auswander*innen, die im Ausland verschollen waren.
101 Joest empfindet hier die englische Aussprache der Buchstaben nach.
102 Das entspricht heute ca. 830 Millionen Euro.
103 Insgesamt wurden um Kimberley fünf Minen gegraben, von denen Dutoitspan (eigentlich Du Toit's Pan) und Bultfontain noch bis 2005 betrieben wurden.
104 Der Diamant ist auch unter dem Namen »Dudley Diamond« bekannt und wurde zuletzt im Natural History Museum in London ausgestellt, wo heute noch immer eine Nachbildung zu sehen ist.
105 Georgina Elizabeth Ward, Countess of Dudley (1846–1929) war eine britische Adelige und enge Freundin Queen Alexandras und bekannt für ihre ausnehmende Schönheit.
106 Das entspricht heute ca. 1,4 Millionen Euro.
107 Das entspricht heute ca. 11 Millionen Euro.
108 Das entspricht 2,3 bzw. 4,6 Metern.

109 Mit »Pari« wird die Übereinstimmung des Nennwerts eines Wertpapiers mit dessen Börsenkurs bezeichnet. »1000 über Pari« bedeutet also einen Preis von 1000 Mark über dem Nennwert bei der Emission oder Ausgabe der Aktie.
110 Das entspricht heute ca. 90 Millionen Euro.
111 Das entspricht heute ca. 69 Millionen Euro.
112 Joest nutzt hier eine typisch koloniale Rhetorik: Nicht die Kolonisatoren, die sich Land und Bodenschätze aneignen, sind die Diebe, sondern die Schwarzen Arbeiter, die einzelne dieser Steine für sich behalten. Mit dieser rassistischen Figur des »schwarzen Diebs« rechtfertigt Joest dann wiederum die entwürdigende Behandlung der Arbeiter bei der Durchsuchung.
113 Die 1880 gegründete Compagnie française de diamants du cap de Bonne-Espérance war ein französisches Diamantenunternehmen. 1887 fusionierte es mit der von dem Imperialisten Cecil Rhodes gegründeten De Beers Group, die heute noch einer der größten Diamantenproduzenten weltweit ist.
114 Das entspricht heute ca. 1,2 Millionen Euro.
115 Das entspricht heute ca. 3,5 Milliarden Euro.
116 Das entspricht heute ca. 2300 bzw. 3500 Euro.
117 Das entspricht heute ca. 11 000 Euro.
118 Joest verwendet hier »L.« als Abkürzung für das britische Pfund. Die Werte entsprechen heute ca. 235 bzw. 12 000 Euro.
119 Das entspricht heute ca. 60 Euro.
120 Hell Gate ist eine Engstelle im East River in New York City, die lange als besondere Gefahr für Schiffe galt. Im Jahr 1876 wurde das Riff, dass die Passage blockierte, unter Zuhilfenahme von ca. 14 000 kg Sprengstoff erfolgreich gesprengt.

KAPITEL 5 | 1890, GUYANA

1 Joest verwendet in seinen Tagebüchern und Publikationen verschiedene rassistische Begriffe aus der »rassenkundlichen« Anthropologie, teils deskriptiv, teils explizit als Herabwürdigung. Die hier verwendeten Begriffe werden in ihrem historischen Kontext wiedergegeben, sollten aber in Gegenwartstexten nur zensiert oder gar nicht verwendet werden. Um dies auch visuell zu verdeutlichen, sind die entsprechenden Begriffe hier durchgestrichen. Wir orientieren uns dabei an Susan Arndt, *Rassistisches Erbe. Wie wir mit der kolonialen Vergangenheit unserer Sprache umgehen*, Berlin 2022.
2 Nach Gewicht; vgl. N. N., *The Executive Documents of the Senate of the United States of America for the First Session for the Fifty-Second Congress 1891–1892*, Washington 1892, S. 323.
3 Wilhelm Joest an Gustav von Goßler, 22. Oktober 1890.
4 Wilhelm Joest, »Ethnographisches und Verwandtes aus Guayana«, Supplement, *Internationales Archiv für Ethnographie V*, Leiden 1893.
5 Vgl. u. a. Wilhelm Joest, »Guyana im Jahre 1891«, in: *Verhandlungen der Gesellschaft für Erdkunde* 18 (1891), S. 386–403; Wilhelm Joest, »Am Maroni. Bei den Sträflingen in Französisch-Guayana«, in: ders., *Welt-Fahrten. Beiträge zur Länder- und Völkerkunde*, Bd. 1., Berlin 1895, S. 46–167.
6 Joest, »Ethnographisches und Verwandtes«, S. 7.
7 Ebd., S. 10.

8 Arthur Baessler, »Wilhelm Joest's letzte Weltfahrt«, in: ders., *Neue Südseebilder*, Berlin 1900, S. 284–285.

9 Joest betont seine Augenzeugenschaft als wesentliches Merkmal seines Forschungsberichts: Mit Blick auf die Entwicklung der Ethnologie ist das eine wesentliche Verschiebung, die in jenen Jahren beginnt. Statt sich Material – Objekte wie Informationen – etwa nach Berlin liefern zu lassen oder vor Ort über Akteure der Kolonialverwaltung zu erhalten, ist Joest selbst unterwegs. Er sammelt Informationen, Kontext und Objekte eigenhändig ein, noch dazu alleine – nicht als Teil einer groß angelegten Expedition, in der die Aufgaben und Forschungsbereiche meist verteilt waren. Hier beginnt sich wissenschaftliche Forschung zu wandeln: von der »armchair«-Ethnologie oder -Anthropologie hin zu »fieldwork« zeitgenössischer Form, also Feldstudien, die erst mit der Gruppe um Bronisław Malinowski in den 1920ern konkret formuliert und praktiziert werden.

10 Heute im Deutschen üblich: »Tamile, -in«; verweist auf den südindischen Staat Tamil Nadu. Im 19. Jahrhundert wurden viele Menschen aus Tamil Nadu im Zuge von Sklaverei und Ausbeutung auf Teeplantagen im heutigen Sri Lanka verschleppt.

11 Dt.: »Französisch-Guyana ist eine immense Ruine, wo alles Verlassenheit atmet. Guyana ist tot.« (Übersetzung Hg.)

12 Joest verweist auf August Kappler, einen baden-württembergischen Unternehmer, der sich dort niedergelassen hat, die Ansiedlung »Albina« gründete, sich in Plantagen-Anbau versuchte und 1887 zurück in Stuttgart starb. Er zitiert im Folgenden aus Kapplers Buch: August Kappler, *Surinam, sein Land, seine Natur, seine Bevölkerung, seine Kulturverhältnisse mit Bezug auf Kolonialisation*, Stuttgart 1887.

13 Hier und im Folgenden führt Joest ein ganzes Spektrum an körperlichen Symptomen der Unterentwicklung an – und übersetzt das europäische kolonialrassistische Bild der Rückständigkeit auf die Physis der Menschen selbst. Die Argumentation ist eng verbunden mit der metonymischen Verschiebung bis hin zur rhetorischen Gleichsetzung von Menschen mit Krankheitserregern, wie sie etwa die Nationalsozialist*innen nutzten, um gerahmt von Begriffen wie »Seuchenschutz« oder »Rassenhygiene« den Holocaust zu verüben.

14 Bezeichnet eine Entwicklungsstörung, v. a. im Kindesalter.

15 Skrofulose ist eine Krankheit, die sich als Geschwüre auf der Hautoberfläche zeigt.

16 Rachitis ist eine Entwicklungsstörung aufgrund von Mangelerscheinungen.

17 Die Art und Weise, wie Joest hier und im Folgenden über aus Europa ausgewanderte Menschen und deren nachfolgende Generationen spricht, mit Verweis auf »arisch-europäisch rein weiss«, entspricht der Idee eines »gesunden Volkskörpers« – und damit dem darwinistischen Konzept der Evolution des Menschen gemäß dem »survival of the fittest«. Die Metapher rund um Krankheit und Gesundheit einer »Rasse« wird im Nationalsozialismus endgültig breit Fuß fassen, integraler Bestandteil der Propagandasprache sein und als Grundlage und Legitimation des Holocaust dienen.

18 Wilhelm Joest, »Guyana im Jahre 1891«, in: *Verhandlungen der Gesellschaft für Erdkunde* 18 (1891), S. 386–403.

19 Joest verwendet hier ein schon im 19. Jahrhundert fest verankertes antisemitisches Vorurteil gegenüber jüdischen Menschen.

20 (Selbst-)Bezeichnung der jüdischen Bevölkerung in Mittel- und Osteuropa.
21 Joests Perspektive auf Alkoholkonsum kann dazu dienen, die Scheinheiligkeit europäischer kolonialrassistischer Argumentationen sichtbar zu machen: Zum Alltag von Wilhelm Joest und seinem Umfeld gehörte es ganz selbstverständlich dazu, häufig und viel Alkohol zu sich zu nehmen. Für ihn jedoch diente Alkoholkonsum erst bei anderen Menschen, vornehmlich Nicht-Weißen, außerhalb Europas, als Kriterium, um pauschal ihren Charakter als Gruppe abwertend zu beurteilen.
22 Hauptstadt von Suriname.
23 »Abschaum«, »Krankheiten der schlimmsten Art«: Hier führt Joest das rassistische Narrativ der »gesunden Rasse« fort, die vor »Krankheiten« geschützt werden müsse. Die metonymische Verschiebung von einer körperlichen Erkrankung hin zu einer ganzen Gruppe als »krank« und damit Gefahr für die »reine, gesunde Rasse« ist unübersehbar.
24 Sägewerk, Holzplatz im Wald. Und Arbeitsort für französische Strafgefangene.
25 Andere Schreibweisen in Joests Tagebuch: »Spajine«, »Sparouine«. Der Sparouine ist ein Fluss, der vom Maroni nach Osten abgeht und durch Französisch-Guyana fließt.
26 »Herrnhut« verweist auf die Bruderschaft aus dem sächsischen Herrnhut, die seit dem frühen 18. Jahrhundert als Missionare reisten und Missionsstationen in Regionen außerhalb Europas aufbauten, unter anderem in Suriname. Die Objekt-Konvolute, die sie im Zuge ihrer Arbeit einsammelten, bilden den Grundstock des ethnologischen Museums »Herrnhut« in Herrnhut, heute Teil der Staatlichen Kunstsammlungen Dresden, SKD.
27 Mutterland, Kinder, die »zu denkenden Menschen« erzogen werden müssen: Joest spricht hier innerhalb des Narrativs, das die mentale Überlegenheit europäischer Menschen gegenüber allen anderen behauptet. Dem entspricht auch die Gegenüberstellung von »Kulturvolk« und »Zivilisation« hier, »Naturvolk« und »Primitive« dort.
28 Wilhelm Joest verweist hier auf die sogenannte Haitianische Revolution, bei der versklavte Menschen 1791 erfolgreich gegen die französische Kolonialmacht rebellierten, woraufhin Haiti 1804 als eigenständige Republik seine Unabhängigkeit erklärte. Vgl. u. a. Frauke Gewecke, »Haiti in der Geschichte: Epilog auf eine glorreiche Revolution«, in: *Iberoamericana* 15.1 (1991), S. 7–20; Leon-François Hoffmann, Frauke Gewecke, Ulrich Fleischmann (Hg.), *Haïti 1804. Lumières et ténèbes. Impact et résonances d'une révolution*, Madrid, Frankfurt a.M. 2008.
29 Gängig als Verweis auf eine Vorahnung. »Die Zeichen stehen an der Wand« verweist auf die gleichlautende Stelle im Alten Testament, Dan. 5,25–28: »25 So aber lautet die Schrift, die dort geschrieben steht: Mene mene tekel u-parsin. / 26 Und sie bedeutet dies: Mene, das ist, Gott hat dein Königtum gezählt und beendet. / 27 Tekel, das ist, man hat dich auf der Waage gewogen und zu leicht befunden. / 28 Peres, das ist, dein Reich ist zerteilt und den Medern und Persern gegeben.«
30 Mit diesem Kommentar verweist Joest auf die Gleichzeitigkeit der Ereignisse: Die Freiheitsbewegungen der Aufklärung auf dem europäischen Kontinent, mit ausgelöst von der Französischen Revolution, fanden ihren Ausdruck auch

im Fortschrittsglauben der europäischen Vorstellung von Moderne – und damit im Urteil, jene Menschen außerhalb Europas lebten in einer anderen »Zeitzone«, vorhistorisch, noch nicht auf dem Level des »Fortschritts«, wie Europa es sich vorstellte. Wie unter anderem Anton de Kom in seinem 1934 erschienenen Buch Wir ~~Sklaven~~ von Suriname ausführte, reklamierten die Maroons, die sich aus der Sklaverei befreit hatten, ebenjene Freiheitsrechte, Menschenrechte auch für sich. De Kom, ein antikolonialer Anführer, Enkel versklavter Menschen in Suriname, schreibt: »In der Zeit, als für die Weißen das Morgenlicht der Freiheit dämmerte, brach sich in Sranan die letzte große Welle des Freiheitskampfs gegen die Sklaverei. [...] Wir können uns vorstellen, dass es gewiss nicht in ihrer [der europäischen Kolonialmächte, Anm. d. Hg.] Absicht lag, dass die aufständischen Marrons dem Beispiel der Bastille-Stürmer folgen sollten«. Anton de Kom, Wir ~~Sklaven~~ von Suriname, aus dem Niederländischen von Birgit Erdmann, Berlin 2021 (niederländ. Original 1934), S. 95.

31 »Marrons« oder »Maroons« ist die Bezeichnung und auch Selbstbezeichnung der Menschen, die der Sklaverei entkommen sind, die sich gewehrt haben gegen die Kolonialherren, die sie oder ihre Vorfahren unter Zwang für den Abbau von Zuckerrohr, Kakao, Gold einsetzten. Menschen, die ~~Sklaven~~händler einst von der afrikanischen Küste verschleppten und verkauften.

32 Joest benutzt »unser« hier nicht als besitzanzeigendes Pronomen – sondern verweist jovial auf den gemeinsamen Rezeptionsraum zwischen ihm und seinem Publikum, dem er über Guyana berichtet.

33 Interessant ist, dass Joest sich hier rhetorisch gegen die Gleichsetzung von Schwarzen und Tieren stellt – wohingegen er sonst ohne Zögern Begriffe wie »~~wild~~« und »~~primitiv~~« nutzt, um Menschen zu beschreiben, denen er auf seinen Reisen begegnet. Hier geht er noch einen Schritt weiter, als kritisiere er die Kolonialmächte dafür, anderen die Lebensgrundlage zu stehlen. Über den Typus des »Afrikareisenden« hat Wilhelm Joest sich schon nach seiner eigenen Afrika-Umrundung 1883/84 geäußert: »Man kann ja kaum noch eine Zeitung aufnehmen, ohne von irgend einem ›berühmten Afrikareisenden‹, von dem man sein Leben nichts gehört hat, zu lesen; ich selbst fand mich eines Morgens zu meiner grössten Überraschung in einem hiesigen Blatte so bezeichnet.« Vgl. Wilhelm Joest, »Reise in Afrika im Jahre 1883/4«, in: *Zeitschrift für Ethnologie* 17 (1885), S. 475 und in diesem Band S. 99 f.

34 Vermutlich meint Joest den sogenannten »Boni Maroon War« zwischen 1765 und 1798, als versklavte Menschen in Suriname und Guyana sich gewaltsam befreiten und entkamen. Vgl. u. a. Silvia W. de Groot, »The Boni Maroon war 1765-1793, Surinam and French Guyana«, in: *Boletín de Estudios Latinoamericanos y del Caribe* 18 (Juni 1975), S. 30–48.

35 Hier sichtbar der sogenannte »Black Peril«-Topos: Die Erzählung kolonialer Gewaltherrscher, People of Color stellten eine Bedrohung für die Frauen der weißen Besatzer dar.

36 Joest verweist hier auf die sogenannte Indian Rebellion, den Aufstand 1857 gegen die britische Kolonialherrschaft.

37 Die Kategorie »brutaler Herrscher in Südasien« taucht auch in anderen Texten von Wilhelm Joest auf. Etwa im ausführlichen Kapitel über König Thibaw Min im heutigen Myanmar, den er während seiner Reise 1879 traf. Im

Bildkommentar heißt es: »Man sieht dem König gewiss nicht an, dass er einer der grausamsten, blutdürstigsten asiatischen Tyrannen unseres Jahrhunderts war, der einst in einer Nacht 23 seiner Brüder und Schwestern ermorden liess.« Vgl. Wilhelm Joest, »Bemerkungen zu den Tafeln«, in: ders., *Welt-Fahrten*, Bd. 3, Berlin 1895, S. 217; Wilhelm Joest, »Beim König von Birma«, in: ders, *Welt-Fahrten*, Bd. 2, Berlin 1895, S. 39–115.

38 Joest präsentiert sich in der Regel als Gegner der Sklaverei. Hier argumentiert er gemäß der doppelzüngigen Erzählung, die europäischen Herrscher hätten Menschen in ihren afrikanischen Kolonien gerettet – und ein versklavtes Leben sei unter den dortigen Bedingungen besser als ein freies.

39 Joest verweist in diesem Absatz auf den arabischen Handel mit versklavten Menschen, v. a. in Ostafrika, um im Vergleich dazu europäische Sklaverei als Rettung darzustellen. Joest stellt hier nicht die Sklaverei grundsätzlich infrage, als den Kern des Unrechts. Auch hier wird sichtbar, wie schwammig seine Haltung ist: Auf der einen Seite proklamiert er seit Jahren deutlich, dass er die Versklavung von Menschen ablehnt; auf der anderen Seite beschreibt er hier den Alltag versklavter Menschen, als sei es geradezu eine Idylle.

40 In Briefen verweist Joest auf »E. A. Cabell« als »Deutscher Notar in Paramaribo«, der u. a. dem Berliner Museum für Völkerkunde einige Ethnographika geschenkt hat, vermittelt über Joest.

41 »Beschreibung des französischen Teils von Saint-Domingue« – bis zur sogenannten Haitianischen Revolution der dort lebenden versklavten Menschen.

42 Dt.: »Ich habe vergessen zu sagen, was den kreolischen N̶e̶g̶e̶r̶ am stärksten vom Afrikaner unterscheidet: Nach dem Vorbild der englischen Kolonisten haben die Einwohner der französischen Kolonie ihre Namen auf der Brust gestempelt, die Afrikaner nur die Anfangsbuchstaben; während die anderen es nur in äußerst seltenen Fällen tun, wenn man jene demütigen will, gerade weil diese Praxis sie ausschließt. Die Ausdehnung der Kolonie, die Nähe einer fremden Kolonie, alles wird dazu geführt haben, eine Vorsichtsmaßnahme zu ergreifen, die nicht schmerzhaft ist.« (Übersetzung Hg.)

43 Dt.: »Er erwartet nichts Besseres.« (Übersetzung Hg.)

44 Er benennt es nicht ausdrücklich, dennoch ist hier Joests eigenes Buch zum Thema präsent: *Tätowiren, Narbenzeichnen und Körperbemalen. Ein Beitrag zur vergleichenden Ethnologie*, Berlin 1887. Seine These ist, dass jede Form von Körperverzierung v. a. subjektivem Geschmack folgt. Dort schreibt er mit Bezug aufs Tätowieren, was aber seiner These nach auch für andere Arten von Körperverzierungen gilt: »Beinahe überall wird man, sobald man sich die Mühe giebt, näher zuzusehen, finden, dass jedes Individuum sich tätowiren lassen kann, so viel und so wenig es will, und an welchem Körpertheil – sei es nun Nasenspitze oder Fusssohle – es Lust hat.« Ebd., S. 26.

45 Die Erfindung von »S̶t̶ä̶m̶m̶e̶n̶«, um homogene Menschengruppen zu definieren, ist Teil der Kolonialgeschichte und war anfangs vor allem auf afrikanische Gesellschaften ausgerichtet. Diese europäische Erfindung ist längst überholt; zur Historie von »Tribalismus« vgl. u. a. Archie Mafeje, »The ideology of ›tribalism‹«, in: *The Journal of Modern African Studies* 9.2 (August 1971), S. 253–261; Sidney Littlefield Kasfir,

»One Tribe, One Style? Paradigms in the Historiography of African Art«, in: *History in Africa* 11 (1984), S. 163–193; Martina Anissa Strommer, »Imagined communities, invented tribe? Early missionary language documentation and the creation of the Herero«, in: Klaus Zimmermann, Birte Kellermeier-Rehbein (Hg.), *Colonialism and Missionary Linguistics*, Berlin 2015, S. 107–128.
46 Auch »Sranantongo«, eine Kreolsprache.
47 Der ganze Vers in Hohelied 1.5: »Braun bin ich, doch schön, / ihr Töchter Jerusalems, wie die Zelte von Kedar, / wie Salomos Decken.«
48 Dt.: »zur größeren Ehre Gottes« (Übersetzung Hg.)
49 Ein Patronengürtel, diagonal über dem Oberkörper getragen.
50 Im Folgenden ist erneut Joests bereits erwähntes Fachbuch zum Thema unausgesprochen präsent – die Brandmale, die die Europäer den versklavten Menschen zufügen, kommentiert Joest deswegen als quasi harmlos, als gäbe es keinen Unterschied zu selbstgewählten Ziernarben.
51 Wilhelm Joests Schreiben, publiziert wie unpubliziert wie etwa in seinen Tagebüchern, ist geprägt von einem exotisierenden, sexualisierten Blick auf Women of Color. Der Kulturanthropologe Neil L. Whitehead nutzte diese Form von sexualisierter Perspektive, um die Arbeit der Ethnologie als Ganzes zu kritisieren: als »ethnopornography«. Vgl. Whitehead, »Post-Human Anthropology«, in: *Identities: Global Studies in Culture and Power* 16 (2009), S. 1–32; Neil L. Whitehead, Peter Sigal, Zeb Tortorici (Hg.), *Ethnopornography. Sexuality, Colonialism, and Archival Knowledge*, Durham 2020. Mehr dazu vgl. Kapitel 3 in diesem Band.

52 Hohelied 4.5: »Deine Brüste sind wie zwei Kitzlein, / wie die Zwillinge einer Gazelle, / die in den Lilien weiden.« Hohelied 7.4 (hier hat Joest sich in der Quellenangabe vertan): »Deine Brüste sind wie zwei Kitzlein, / wie die Zwillinge einer Gazelle.«
53 Engl.: »clay«.
54 Auch: »Pimba-doti«, »Pemba dotee«.
55 Redewendung: »Über Geschmack lässt sich nicht streiten.«
56 Wilhelm Joest folgt hier dem gängigen rassistischen Narrativ, Menschen nicht als Menschen, sondern als Tiere wahrzunehmen und so zu bezeichnen.
57 Althochdeutsch: »nahho«, verwandt mit Lateinisch »navis«, Boot. Begriff für Kahn, kleines, flaches Boot, »Einbaum«.
58 Holländischer Ausdruck für Busch und damit metonymisch für »~~Buschneger~~«.
59 Gustav Theodor Fritsch, Berliner Mediziner, Anatom, Prähistoriker und einer der Pioniere der wissenschaftlichen Fotografie. Vgl. Gustav Fritsch, *Drei Jahre in Süd-Afrika: Reiseskizzen nach Notizen des Tagebuchs zusammengestellt*, Breslau 1868.
60 Hier führt Joest die rassistische Gleichsetzung von Menschen und Krankheitserregern oder Schmutz auf der olfaktorischen Ebene fort: ein gängiger rassistischer Topos im europäischen Imperialismus. Vgl. u. a. Andrew Kettler, *The Smell of Slavery. Olfactory Racism and the Atlantic World*, Cambridge 2020.
61 Wie schon sichtbar im Falle der »Amphibien« sowie der Krankheitsterminologie nutzt Joest hier ein weiteres Themengebiet, um Menschengruppen pauschal mit abwertenden Assoziationen zu verbinden. Julia Kristeva würde hier von »Abjekt« sprechen. Vgl. Julia Kristeva, *Pouvoirs de l'horreur. Essai sur l'abjection*, Paris 1980.

62 »Frambösie« oder »Yaws« ist eine chronische Hautinfektion, ausgelöst von Bakterien.

63 Dt.: Hängematte.

64 An anderer Stelle schreibt Joest über Maroons: »Wenige Ruderschläge können den Reisenden im Inneren Surinams oft aus dem vorspanischen Amerika in das modernste Afrika versetzen. [...] [Der ~~Buschneger~~] fühlt, singt, lacht und weint afrikanisch und ohne sein Wollen dokumentirt sich dieser Alles durchwehende Hauch in seinen Werkzeugen, Waffen, deren Ornamenten usw.« Brief von Joest an den preußischen Kultusminister Gustav von Goßler, Berlin, 22. Oktober 1890.

65 Hier greift Joest wieder die Perspektive auf, die er bereits zum Auftakt dieses Textes erläutert hat: Wer Subsistenzwirtschaft betreibe, statt dem von ihm unhinterfragten Fortschrittsglauben der europäischen Moderne zu folgen, sei »faul«.

66 Wieder ist sichtbar, was Joest zu Beginn des Textes eingeführt hat: Mit der pauschalen Kriminalisierung von Gruppen sind auch hier Rassismus und Antisemitismus bei ihm eng verbunden – wie üblich in konservativen Kreisen Deutschlands jener Zeit. So tritt Joest 1891 auf Lebenszeit dem »Allgemeinen Deutschen Verband« bei, 1894 umbenannt in »Alldeutscher Verband«, Zusammenschluss einer Bewegung mit völkischem, imperialem und antisemitischem Kern. Auf der Quittung für Joests Mitgliedsbeitrag von 20 Mark steht: »›Gedenke, daß Du ein Deutscher bist.‹ / Friedrich Wilhelm, der große Kurfürst.« Zu Antisemitismus im deutschen Kaiserreich vgl. u. a. Deutscher Bundestag, »Judenfeindschaft und Antisemitismus bei Kaiser Wilhelm II.«, in: *Wissenschaftliche Dienste des Deutschen Bundestags*, WD 1, 172/07 (2007).

67 Die Idee einer »terra incognita« ist eng verbunden mit der Idee des »Entdeckens« – und damit mit der Annahme, was europäische Menschen noch nicht gesehen, notiert, kartografiert, vermessen haben, sei »unbekannt«.

68 Umgangssprachlich, mitunter auch leicht ironisch: »feine Herren«, »große Nummern«.

69 Das entspricht heute ca. 4500 Euro.

70 Hier zeigt sich die europäische, christlich geprägte Perspektive auf Bekleidung und Körperbedeckung – und damit auf europäische Normen von Anstand, Moral, Etikette.

71 Joests europäische Perspektive auf Prioritäten, auf Wert, auf Umgang mit den Toten und Vorfahren ist hier überdeutlich.

72 Dt.: »nach Änderung des zu Ändernden«.

73 Wilhelm Joest verweist hier auf seine Reise durch Sibirien im Jahr 1881, die er in seinem ersten veröffentlichten Buch festgehalten hat, der Reisebeschreibung: *Von Japan nach Deutschland durch Sibirien*, Köln 1883.

74 Wilhelm Joest blendet hier sein eigenes, reges Konsumverhalten augenscheinlich komplett aus. Allein in vielen seiner Tagebücher finden sich auf den letzten Seiten Übersichtslisten mit seinen Einkäufen: abgesehen von Ethnographika, alles von Hemden über Handspiegel bis zu Taschentüchern und anderem Kleinkram. Von den Alltagsbesuchen in Auktionshäusern und Kunsthandlungen in Berlin ganz zu schweigen.

75 Die Gattung Aspidosperma ist auch bekannt als *Quebracho*.

76 In einem Brief an den preußischen Kultusminister Gustav von Goßler von 22. Oktober 1890 listet Joest ebenjene wie folgt auf: »Meine Sammlung, die gegenwärtig noch im Erdgeschoss des

Museums für Völkerkunde aufgestellt ist, besteht aus ungefähr: / 80 Thongefäßen/Krügen, Schalen, Flaschen der Indianer nebst allen bei der Herstellung derselben gebräuchlichen Werkzeuge und Rohstoffen, darunter Polirsteine von außerordentlichem Werth für die Eingeborenen; / 15 ebensolche der Buschneger [...]«.

77 Der Begriff »Kinkerlitzchen« deutet es schon an: Joests Gestus ist, als deutscher Ethnologe entscheiden und definieren zu können, welche Artefakte »von Werth« sind und welche nicht.

KAPITEL 6 | 1897, SANTA CRUZ

1 Bronisław Malinowski, *Argonauts of the Western Pacific: An Account of Native Enterprise and Adventure in the Archipelagoes of Melanesian New Guinea*, London 1922.

2 Jean-François de Galaup de La Pérouse (1741–1788) war ein französischer Seefahrer und Geograf. Im Frühjahr 1788 havarierten seine Schiffe Astrolabe und Boussole nahe der Insel Vanikoro. Die Wracks wurden erst 1827 von dem britischen Händler Peter Dillon wiederentdeckt. Das genaue Schicksal der Mannschaft ist unbekannt, es wird aber davon ausgegangen, dass ein Teil der Überlebenden der Havarie in Konflikten mit der lokalen Bevölkerung getötet wurde.

3 Joest bezieht sich hier (vielleicht etwas ironisch) auf ethnografische Objekte, die in der Umgangssprache des 19. Jahrhunderts oft als Kuriositäten oder eben kurz und englisch als »curios« bezeichnet wurden.

4 Die Ysabel war ein Handels-Dampfschiff, dass zwischen 1886 und 1907 unter verschiedenen Flaggen im Pazifik eingesetzt wurde, ab 1896 von der australischen Gesellschaft Burns Philp. Joest war am 14. Juli 1897 in Sydney an Bord gegangen.

5 Hier meint Joest wohl »seit 1896«, das Jahr des Verkaufs an Burns Philp.

6 Die Southern Cross war das Missionsschiff der anglikanischen Kirche im Pazifik.

7 Die Hauptinsel der Santa-Cruz-Inseln wird entweder einfach Santa Cruz oder Nendö genannt.

8 Diese Katamaran-Segelschiffe mit dem Namen Tepukei waren im späten 19. Jahrhundert das Hauptverkehrsmittel der Santa-Cruz-Inseln.

9 Actaeon Edward C. Forrest spielte eine zentrale Rolle bei der europäischen Erschließung der Santa-Cruz-Inseln im späten 19. Jahrhundert. Er kam 1887 als Missionar auf die Hauptinsel, eignete sich viele der lokalen Fähigkeiten wie das Kanufahren oder das Fangen von Haifischen an und erbaute die erste Schule auf Nendö. Kurz vor Joests Ankunft wurde er 1896/97 aus dem Kirchendienst entlassen, möglicherweise wegen sexueller Übergriffe auf lokale männliche Jugendliche. Er betrieb in der Folge eine Handelsstation, bis er 1901 verhaftet und nach Sydney gebracht wurde.

10 Joest bezieht sich hier auf den traditionellen Nasenschmuck nelo, einen Nasenring mit 2–4 cm Durchmesser aus Schildpatt oder Perlmutt, der von vollständig initiierten Männern auf Nendö getragen wird. Vgl. Gerd Koch, *Materielle Kultur der Santa Cruz-Inseln, unter besonderer Berücksichtigung der Riff-Inseln*, Berlin 1971, und Oliver Lueb, *Die Macht der Artefakte. Tanzkleidung und -Schmuck auf Santa Cruz, Salomonen*, Göttingen 2018.

11 Doppelt durchgestrichene Wörter zeigen Streichungen im Original an.

12 James Graham Goodenough (1830–1875) war ein Kommodore der British Royal Navy. 1875 wurde er bei einem Landungsversuch auf Santa Cruz von einem vergifteten Pfeil getroffen und verstarb wenig später an Bord der HMS Pearl an Tetanus.
13 John Coleridge Patteson (1827–1871) war ein anglikanischer Missionar, Linguist und der erste Bischoff Melanesiens. Er wurde auf der zu den Reef Islands gehörenden Insel Nukapu von den Bewohner*innen getötet, mutmaßlich als Akt des Widerstands gegen die missionarische Praxis, Kinder von der Insel in entfernte Missionsschulen mitzunehmen.
14 Álvaro de Mendaña (1542–1595) war ein spanischer Seefahrer, der 1595 als erster Europäer Santa Cruz betrat. Er versuchte hier eine spanische Kolonie zu gründen, verstarb aber noch im selben Jahr an Malaria.
15 Mit »Einbeiner« meint Joest vermutlich auf einem Bein stehende Menschen. Er hatte zu diesem Thema einen kurzen Aufsatz mit dem Titel »Die einbeinige Ruhestellung der Naturvölker« geschrieben, der noch während seiner Reise im *Globus* erschienen war.
16 Kaliko ist ein grober Baumwollstoff, ursprünglich aus Calicut in Südindien. Er wurde im Pazifik neben Tabak, Streichhölzern und Metallwaren als Tausch- und Geldmittel eingesetzt.
17 Edward Morse (1838–1925) war ein US-amerikanischer Archäologe und Autor des 1885 veröffentlichen Buches *Ancient and Modern Methods of Arrow-Release*, auf das Joest sich hier wahrscheinlich bezieht.
18 Joest bedeutendstes wissenschaftliches Werk ist *Tätowiren, Narbenzeichnen und Körperbemalen. Ein Beitrag zur vergleichenden Ethnologie*, Berlin 1887. Seine Reise durch den Pazifik war auch als Materialsammlung für eine Fortsetzung geplant.
19 Tapa ist ein traditioneller ozeanischer Stoff aus geklopftem Rindenbast.
20 Prostitution oder Konkubinat war auf Nendö weit verbreitet. Frauen der Reef Islands konnten für Federgeld gekauft und zu Konkubinen für bestimmte Männerhäuser gemacht werden. Sie wurden dann komplett von ihren Geburtsfamilien abgeschnitten und standen den Männern sexuell zur freien Verfügung. Ihr gesellschaftlicher Stand war nicht grundsätzlich schlecht, sowohl sie als auch ihre etwaigen Kinder konnten aber jederzeit an andere Männerhäuser weiterverkauft werden. Vgl. William Davenport, »Social Structure of Santa Cruz«, in: Ward Hunt Goodenough (Hg.), *Explorations in Cultural Anthropology. Essays in Honor of George Peter Murdock*, New York 1964, S. 63.
21 Die Club- oder Männerhäuser bildeten das Zentrum der sozialen Struktur auf Nendö. Hier fanden alle wichtigen Treffen der Männer statt. Frauen war der Zutritt nicht gestattet, mit Ausnahme der Konkubinen, die ebenfalls im Männerhaus lebten.
22 Die Bewohner*innen Nendös benutzten Kalk als Haarpflege- und Schmuckmittel, eine weltweit verbreitete Praktik. Mit »dandies« bezieht sich Joest hier wahrscheinlich despektierlich auf die mittelalten Männer und deren ausgiebigen Schmuckgebrauch.
23 Joest verwendet in seinen Tagebüchern und Publikationen verschiedene rassistische Begriffe aus der rassenkundlichen Anthropologie, teils deskriptiv, teils explizit als Herabwürdigung. Der hier verwendete Begriff wird in seinem historischen Kontext voll wiedergegeben, sollte aber in Gegenwartstexten

nur zensiert oder gar nicht verwendet werden. Um dies auch visuell zu verdeutlichen, werden die entsprechenden Begriffe durchgestrichen. Wir orientieren uns dabei an Susan Arndt, *Rassistisches Erbe. Wie wir mit der kolonialen Vergangenheit unserer Sprache umgehen*, Berlin 2022.

24 Die Nüsse der Areca- oder Betelpalme werden in weiten Teilen Asiens und Ozeaniens als Genussmittel konsumiert. Dafür werden die Nüsse in mit gelöschtem Kalk bestrichene Blätter des Betelpfeffers gerollt und im Mund getragen, wo sie einen rötlichen, stimulierenden Saft abgeben, der zudem den Appetit hemmt.

25 Obgleich Joest nicht primär an anthropologischen Schädelvermessungen interessiert war, versuchte er doch stets, Schädel in seinen Besitz zu bringen, um sie dann in Berlin Rudolf Virchow und der Berliner Gesellschaft für Anthropologie, Ethnologie und Urgeschichte zu schenken. Im Gegensatz zu dem hier geschilderten Scheitern war er dabei auch mehrmals erfolgreich, teilweise indem er Gräber plünderte.

26 Joest meint hier M. Cheviard, den Leiter der Kolonie auf der Insel Efate (Vanuatu), mit dem er in einen Unfall verwickelt war, bei dem sich Joest mutmaßlich den Arm gebrochen hatte. In seinem Tagebuch vom 4. August 1897 schreibt Joest dazu: »Dann zu M. Cheviard, dem boss der Kolonie. freundlicher Schwätzer; behauptet in Rußland geboren + erzogen zu sein, wo sein Vater französischer Militärattaché. Er hat nur schmalspurige Bahn durch seine Plantage gebaut, die von Menschen gezogen, bzw. gestoßen + gebremst wird. Pflanzt hauptsächlich Bananen, Cocos + jetzt auch Cacao + Kaffee. Alles so gut gehalten wie in Ralum. Bei der Rückfahrt entgleisten + sausten wie die Lerchen in die Korallen[mauer]. Ich verletzte mir bös meinen rechten Arm, Cheviard sich glücklicherweise auch.«

27 Im späten 19. und frühen 20. Jahrhundert waren viele pazifische Inseln wie Nendö von Blackbirding betroffen: Männer wurden durch Täuschung, Drohung oder unter Anwendung von Gewalt auf Plantagen, zum Beispiel in Australien, entführt, damit sie dort für geringen oder ohne Lohn schwere Arbeit verrichten. Die hier von Joest euphemistisch als »*labour* Kerle« bezeichneten Männer konnten teilweise nach abgeleisteter Arbeit auf ihre Heimatinseln zurückkehren.

28 Rotes Federgeld spielte eine zentrale Rolle in der Ökonomie der Santa-Cruz-Inseln. Das Geld wurde ausschließlich auf Nendö hergestellt und dann verwendet, um Brautpreise für Frauen von der Insel und oft auch von den Reef Islands zu bezahlen. Außerdem konnten mit dem Federgeld Frauen gekauft und dann zu Konkubinen eines Männerhauses gemacht werden.

29 »Nap« ist die Kurzform für »Napoleon«, ein Kartenspiel mit Geldeinsatz.

30 Joest verwendete teilweise griechische Buchstaben, um Teile seines Tagebuchs zu zensieren, insbesondere wenn er über sexuelle oder andere körperbezogene Themen schrieb. Die benutzten Wörter sind aber zumeist trotzdem in deutscher Sprache.

31 »Marie« taucht seit den 1870er Jahren immer wieder in Joests Tagebüchern auf, ob es immer die gleiche Marie ist, ist unklar. Eventuell identisch mit Joests einer großen Liebe »Mietze« (mitunter auch »Mieze«), ein geläufiger Kosename für »Marie«.

32 Joest beschreibt in seinen Tagebüchern und teilweise auch in seinen publizierten Texten die angenommenen sexuellen Praktiken außereuropäischer

Gesellschaften mit einer Mischung aus wissenschaftlicher Faszination und begehrendem Voyeurismus. Oft benutzt er dafür eine ähnlich vulgäre Sprache wie in diesem Beispiel.

33 »Copra« oder Kopra bezeichnet das getrocknete Nährgewebe von Kokosnüssen und wurde zur Gewinnung von Kokosöl oder -raspeln eingesetzt. Es war im 19. Jahrhundert einer der wichtigsten kolonialen Exportartikel Ozeaniens.

34 Cecil Wilson (1860–1941) war von 1894 bis 1911 der dritte anglikanische Bischof von Melanesien.

35 Als Teil der »rassenkundlichen« Kolonial-Anthropologie sammelte Joest neben Schädeln auch Haarproben.

36 Joest verwendet hier ein vereinfachtes Pidgin-Englisch, das als Lingua Franca in weiten Teilen des Pazifiks verwendet wurde.

37 Joest hatte sein Leben lang mit gesundheitlichen Problemen infolge seines exzessiven Reisens und seines Alkoholismus zu kämpfen. Ein Aspekt hiervon war ein häufiges Erbrechen am Morgen, das Joest entweder als »vomitus« oder als »Würgeengel« bezeichnete.

38 90° Fahrenheit entsprechen etwa 32° Celsius.

39 Joest sprach neben seiner Muttersprache Deutsch fließend Englisch, Französisch, Spanisch und Niederländisch und nutzte diese sprachliche Vielfalt auch gerne in seinem Tagebuch.

40 Das entspricht ca. 33° Celsius.

41 Das entspricht 25° Celsius.

42 Zeitgenössischer studentischer Begriff für junge Frau.

43 Joest meint hier wahrscheinlich den Seehecht oder konkret Stockfisch, von dem Französischen »merluche«.

44 Kastoröl ist die Handelsbezeichnung von Rizinusöl, vgl. auch das engl. *castor oil*.

45 Bubonen bezeichnen Pestbeulen, es kann aber sein, dass Joest hier Geschwüre allgemein meint.

46 Die Reef Islands sind eine Gruppe von Inseln ca. 80 km nördlich der Santa-Cruz-Inseln.

47 Joest bezieht sich hier wahrscheinlich auf die Tanzkeulen, die bei solchen Tanzzeremonien zum Einsatz kamen und von denen sich einige Exemplare in seiner Sammlung befinden. Vgl. Lueb, *Die Macht der Artefakte*.

48 Das entspricht ca. 23° Celsius.

49 Bei »Cat's Cradle« handelt es sich um ein Fadenspiel. Die Bedeutung von »Jan's Harp« ist unklar.

50 »Ecarté« ist ein ursprünglich französisches Kartenspiel mit Geldeinsatz für zwei Personen.

51 Joest meint hier wahrscheinlich »morgendlich«, nach dem französischen »matutinaux«.

Biografische Daten

15. MÄRZ 1852 geboren als Wilhelm Carl Damian Eduard Joest in Köln

1870/71 Freiwilliger im Deutsch-Französischen Krieg

1870-1872 Chemie-/Physik-Studium in Bonn, Heidelberg, Berlin

1874 Reise nach Ägypten, Maghreb

1876-1878 Reise nach Nord- und Südamerika, Senegal/Gambia

1878-1881 Reise nach Asien, u. a. Indien, Afghanistan, Birma, Südostasien, China, Japan, Russland

1882 Erste wissenschaftliche Publikation: »Beiträge zur Kenntniss der Eingebornen der Inseln Formosa und Ceram«

1882 Umzug nach Berlin

1882/83 Ethnologie-Studium

1882 Publikation: »Die Ainos auf der Insel Yesso«

1883 Publikation: *Aus Japan nach Deutschland durch Sibirien*

1883 Promotion

1883 Publikation: *Das Holontalo. Glossar und Grammatische Skizze*

1883/84 Reise um Afrika

1885 Publikation: *Um Afrika*

1887 Reise nach Spanien, Marokko

1887 Publikation: *Tätowiren, Narbenzeichnen und Körperbemalen*

FRÜHJAHR 1885 Heirat mit Clara vom Rath; Umzug in Wohnung, Bendlerstraße 17, Berlin

1890 Reise in die Karibik und nach Guyana, Suriname, Französisch-Guyana, Venezuela

1891 Ernennung zum Titularprofessor

1893 Publikation: *Ethnographisches und Verwandtes aus Guayana*

1895 Umzug in neu gebaute Villa, Regentenstraße 19, Berlin

1895 Publikation: *Welt-Fahrten. Beiträge zur Länder- und Völkerkunde*, 3 Bände

28. NOVEMBER 1896 Scheidung

ENDE 1896 - NOVEMBER 1897 Reise nach Australien, Neuseeland, Ozeanien, den Santa-Cruz-Inseln

25. NOVEMBER 1897 gestorben unterwegs zwischen den Santa-Cruz-Inseln und Sydney, beerdigt auf Ureparapara

Abbildungsverzeichnis

KAPITEL 1 | 1879, PATIALA

»Ein Besuch bei dem Maharadscha von Patiala«, in: *Welt-Fahrten. Beiträge zur Länder- und Völkerkunde*, Bd. 2, Berlin 1895, S. 3–38.

S. 16: Faksimile der Titelseite.

S. 19: Fotografie des Maharadschas Mohinder Singh (Originaltext Tafel 9, non pag.).

KAPITEL 2 | 1880, SULAWESI

»Die Minahassa«, in: *Welt-Fahrten. Beiträge zur Länder- und Völkerkunde*, Bd. 2, Berlin 1895, S. 179–223.

S. 45: Faksimile der Titelseite.

KAPITEL 3 | 1881, JAPAN

»Allerlei Spielzeug«, in: *Internationales Archiv für Ethnographie* VI (1893), S. 136–173.

S. 78: Faksimile der Titelseite.

S. 80: Faksimile der Tafel XV.

S. 84: Zeichnung, geöffnete *rin-no-tama* (Originaltext S. 166).

S. 91: Zeichnung, Rosenkranz-Perle (Originaltext S. 170).

KAPITEL 4 | 1883/84, AFRIKA

Auszüge aus:

»Reise in Afrika im Jahr 1883/4«, in: *Zeitschrift für Ethnologie* XVII, Separatdruck (1885), S. 1–16.

S. 100: Faksimile der Titelseite.

S. 114: Illustrationen von Faustkeilen und einer Tonscherbe (Originaltext S. 10).

»Kimberley«, in: *Um Afrika*, Köln 1885, S. 73–89.

S. 124: Faksimile der Titelseite.

KAPITEL 5 | 1890, GUYANA

Auszüge aus:

Wilhelm Joest: »Ethnographisches und Verwandtes aus Guayana«, 1890.

S. 142: Faksimile der Titelseite.

S. 160: »Instrument zum Brandmarken der Sklaven« (Originaltext S. 42).

S. 167: »Nacken-Ziernarben einer Buschnegerin« (Originaltext S. 50).

S. 180: »Buschnegerkämme und Buschnegerschloss« (Originaltext S. 59).

S. 183: Tafel III, »Buschneger, Kassave stampfend, Surinam«.

S. 184: Tafel VI, »Buschneger, Surinam«.

KAPITEL 6 | 1897, SANTA CRUZ

Tagebuch XXIV, 1897, S. 58–102.

S. 191: Faksimile der Titelseite.

S. 193: Joests Skizze des Vulkans Tinakula; Faksimile Tagebuch XXIV, 1897, S. 58.

S. 200: Joests Zeichnung des Tattoomusters; Faksimile Tagebuch XXIV, 1897, S. 71.

S. 210: Grundrisszeichnung von Forrests Haus; Faksimile Tagebuch XXIV, 1897, S. 85.

S. 219: oben: Zeichnung des Tattoomusters; unten: Grundriss des Yams-Felds; Faksimile Tagebuch XXIV, 1897, S. 100.

Literaturverzeichnis

Werke von Wilhelm Joest

— »Allerlei Spielzeug«, in: *Internationales Archiv für Ethnographie* VI (1893), S. 136–173.
— »Am Maroni. Bei den Sträflingen in Französisch-Guayana«, in: Wilhelm Joest, *Welt-Fahrten. Beiträge zur Länder- und Völkerkunde*, Bd. 1, Berlin 1895, S. 46–167.
— *Aus Japan nach Deutschland durch Sibirien*, Köln 1882.
— »Bei den Barolong«, in: *Das Ausland* 24 (1884), S. 461–465.
— »Beim König von Birma«, in: Wilhelm Joest, *Welt-Fahrten. Beiträge zur Länder- und Völkerkunde*, Bd. 2, Berlin 1895, S. 39–115.
— »Beiträge zur Kenntniss der Eingebornen der Inseln Formosa und Ceram«, in: *Zeitschrift für Ethnologie* 14 (1882), S. 53–76.
— »Ein Besuch bei dem Maharadscha von Patiala«, in: *Die Gegenwart* 3–4 (1880), S. 41–60.
— »Ein Besuch bei dem Maharadscha von Patiala«, in: Wilhelm Joest, *Welt-Fahrten. Beiträge zur Länder- und Völkerkunde*, Bd. 2, Berlin 1895, S. 3–38.
— »Ethnographisches und Verwandtes aus Guayana«, in: *Internationales Archiv für Ethnographie* V, Supplement, Leiden 1893.
— »Guyana im Jahre 1891«, in: *Verhandlungen der Gesellschaft für Erdkunde* 18 (1891), S. 386–403.
— *Das Holontalo. Glossar und Grammatische Skizze*, Berlin 1883.
— »Kimberley«, in: Wilhelm Joest, *Um Afrika*, Köln 1885, S. 73–89.
— »Die Minahassa«, in: *Revue Coloniale Internationale* 2 (1886), S. 102–125.
— »Die Minahassa (Nord-Celébes)«, in: Wilhelm Joest, *Welt-Fahrten. Beiträge zur Länder- und Völkerkunde*, Bd. 2, Berlin 1895, S. 179–223.
— »Guyana im Jahre 1891«, in: *Verhandlungen der Gesellschaft für Erdkunde* 18 (1891), S. 386–403.
— »Reise in Afrika im Jahre 1883/4«, in: *Zeitschrift für Ethnologie*, Separatabdruck (1885), S. 1–16.
— *Spanische Stiergefechte: Eine kulturgeschichtliche Skizze*, Berlin 1889.
— *Tätowiren, Narbenzeichnen und Körperbemalen. Ein Beitrag zur vergleichenden Ethnologie*, Berlin 1887.
— *Um Afrika*, Köln 1885.
— *Von Japan nach Deutschland durch Sibirien*, Köln 1883.
— *Welt-Fahrten. Beiträge zur Länder- und Völkerkunde*, 3 Bde., Berlin 1895.

Literatur

ANDERSON, Benedict, *Imagined Communities. Reflections on the Origin and Spread of Nationalism*, London, New York 2006 [1983].

ARITONANG, Jan S. und Karel A. Steenbrink, *A History of Christianity in Indonesia*, Studies in Christian Mission, Leiden, Boston 2008.

ARITONANG, Jan S. und Karel A. Steenbrink, »How Christianity Obtained a Central Position in Minahasa Culture and Society«, in: dies. (Hg.), *A History of Christianity in Indonesia*, Leiden, Boston 2008, S. 419–454.

ARNDT, Susan, *Rassistisches Erbe. Wie wir mit der kolonialen Vergangenheit unserer Sprache umgehen*, Berlin 2022.

BAESSLER, Arthur, »Wilhelm Joest's letzte Weltfahrt«, in: ders., *Neue Südseebilder*, Berlin 1900, S. 277–403.

BASTIAN, Adolf, »Allgemeine Begriffe der Ethnologie«, in: Georg von Neumayer, *Anleitung zum wissenschaftlichen Beobachten auf Reisen*, Berlin 1875, S. 516–533.

DAVENPORT, William, »Social Structure of Santa Cruz«, in: Ward Hunt Goodenough (Hg.), *Explorations in Cultural Anthropology. Essays in Honor of George Peter Murdock*, New York 1964, S. 57–93.

DE GROOT, Silvia W., »The Boni Maroon war 1765–1793, Surinam and French Guyana«, in: *Boletín de Estudios Latinoamericanos y del Caribe* 18 (Juni 1975), S. 30–48.

KOM, Anton de, *Wir Sklaven von Suriname*, aus dem Niederländischen von Birgit Erdmann, Berlin 2021 (niederländ. Original 1934).

DEUTSCHER BUNDESTAG, »Judenfeindschaft und Antisemitismus bei Kaiser Wilhelm II.«, in: *Wissenschaftliche Dienste des Deutschen Bundestags*, WD 1, 172/07 (2007).

ECKERT, Andreas, »Die Berliner Afrika-Konferenz (1884/85)«, in: Jürgen Zimmerer (Hg.), *Kein Platz an der Sonne. Erinnerungsorte der deutschen Kolonialgeschichte*, Frankfurt a. M. 2013, S. 137–149.

ELLIS, Havelock, »Auto-Erotism. A Psychological Study«, in: *The Alienist & Neurologist* 19 (1898), S. 260–299.

ELLIS, Havelock, *Studies in the Psychology of Sex*, Bd. 1: *The Evolution of Modesty; The Phenomena of Sexual Periodicity; Auto-Erotism*, Philadelphia 1910 [1897].

FRITSCH, Gustav, *Drei Jahre in Süd-Afrika: Reiseskizzen nach Notizen des Tagebuchs zusammengestellt*, Breslau 1868.

GEWECKE, Frauke, »Haiti in der Geschichte: Epilog auf eine glorreiche Revolution«, in: *Iberoamericana* 15.1 (1991), S. 7–20.

HAEMING, Anne, *Der gesammelte Joest. Biografie eines Ethnologen*, Berlin 2023.

HOFFMANN, Leon-François, Frauke Gewecke und Ulrich Fleischmann (Hg.), *Haïti 1804. Lumières et ténèbes. Impact et résonances d'une révolution*, Madrid, Frankfurt a. M. 2008.

KAPPLER, August, *Surinam, sein Land, seine Natur, seine Bevölkerung, seine Kultur-Verhältnisse mit Bezug auf Kolonialisation*, Stuttgart 1887.

KASFIR, Sidney Littlefield, »One Tribe, One Style? Paradigms in the Historiography of African Art«, in: *History in Africa* 11 (1984), S. 163–193.

KETTLER, Andrew, *The Smell of Slavery. Olfactory Racism and the Atlantic World*, Cambridge 2020.

KOCH, Gerd, *Materielle Kultur der Santa Cruz-Inseln, Unter besonderer Berücksichtigung der Riff-Inseln*, Berlin 1971.

KRAUSS, Friedrich Solomon, *Japanisches Geschlechtsleben*, Leipzig 1931.

KRISTEVA, Julia, *Pouvoirs de l'horreur. Essai sur l'abjection*, Paris 1980.

LIVIUS, Titus, *Ab urbe condita. Römische Geschichte*, übersetzt von Konrad Heusinger, Braunschweig 1821.

LOPEZ, A. C., *Conversion and Colonialism: Islam and Christianity in North Sulawesi, c. 1700–1900*, Leiden 2018.

LUEB, Oliver, *Die Macht der Artefakte. Tanzkleidung und -schmuck auf Santa Cruz, Salomonen*, Göttingen 2018.

MAFEJE, Archie, »The ideology of ›tribalism‹«, in: *The Journal of Modern African Studies* 9.2 (August 1971), S. 253–261.

MALINOWSKI, Bronisław, *Argonauts of the Western Pacific: An Account of Native Enterprise and Adventure in the Archipelagoes of Melanesian New Guinea*, London 1922.

N.N., *The Executive Documents of the Senate of the United States of America for the First Session for the Fifty-Second Congress 1891–1892*, Washington 1892.

PLOSS, Hermann Heinrich und Max Bartels, *Das Weib in der Natur- und Völkerkunde: Anthropologische Studien* (1885), Leipzig 1897.

SAID, Edward W., *Orientalismus*, Berlin 2009 (engl. Original 1978).

STROMMER, Martina Anissa, »Imagined communities, invented tribe? Early missionary language documentation and the creation of the Herero«, in: Klaus Zimmermann, Birte Kellermeier-Rehbein (Hg.), *Colonialism and Missionary Linguistics*, Berlin 2015, S. 107–128.

TROUILLOT, Michel-Rolph, *Silencing the Past: Power and the Production of History*, Boston 2015 [1995].

WHITEHEAD, Neil L., »Post-Human Anthropology«, in: *Identities: Global Studies in Culture and Power* 16 (2009), S. 1–32.

WHITEHEAD, Neil L., Peter Sigal und Zeb Tortorici (Hg.), *Ethnopornography. Sexuality, Colonialism, and Archival Knowledge*, Durham 2020.

CARL DEUSSEN, *1992, studierte Liberal Arts am University College Freiburg und Museum Studies an der Universität Amsterdam. Seine Forschung beschäftigt sich mit der Rolle von Affekten in der kolonialen Ethnologie und den Dekolonialisierungsprozessen im ethnografischen Museum der Gegenwart.

ANNE HAEMING, *1978, hat über 20 Jahre lang als Kulturjournalistin gearbeitet. Sie hat in Postcolonial Literature promoviert und fokussiert sich auf Provenienzforschung und Museumsarbeit, 2021–2023 als Teil des Joest-Forschungsprojekts für das Kölner Rautenstrauch-Joest-Museum. Sie lebt in Berlin.

DANK
Der vorliegende kommentierte Sammelband mit Auszügen aus Wilhelm Joests Texten entstand als Teil des Forschungsprojekts »Wilhelm Joest and the Intimacies of Colonial Collecting« (2019–2023) am Rautenstrauch-Joest-Museum, Kulturen der Welt, in Köln. Für die Projektförderung danken wir der Fritz Thyssen Stiftung (2020–2023) und der Museumsgesellschaft RJM e.V. (2019–2020). Wir danken den Kolleg*innen des Rautenstrauch-Joest-Museums für die inhaltliche, strukturelle und logistische Unterstützung der Forschung.

Erste Auflage Berlin 2023

Copyright © 2023
MSB Matthes & Seitz Berlin Verlagsgesellschaft mbH
Großbeerenstraße 57A, 10965 Berlin
info@matthes-seitz-berlin.de
Alle Rechte vorbehalten.

EINBAND, TYPOGRAFIE Pauline Altmann, Palingen
SCHRIFT Scala Pro von Martin Majoor/FontFont und
Harpers Grotesque von Jani Paavola/Cloud9 Type Dept.
HERSTELLUNG Hermann Zanier, Berlin
DRUCK UND BINDUNG GGP Media GmbH, Pößneck

ISBN 978-3-7518-0401-1

www.matthes-seitz-berlin.de